《蘇州全書》編纂出版委員會 編

·翻譯名義集

蘇州全書

甲編

古吳軒出版社
蘇州大學出版社

圖書在版編目(CIP)數據

翻譯名義集 / (宋) 釋法雲撰. -- 蘇州 : 古吳軒出版社 : 蘇州大學出版社, 2023.12
(蘇州全書)
ISBN 978-7-5546-2267-4

Ⅰ. ①翻… Ⅱ. ①釋… Ⅲ. ①佛教–辭書–中國–宋代 Ⅳ. ① B94-61

中國國家版本館 CIP 數據核字 (2023) 第 245647 號

責任編輯 韓桂麗
助理編輯 黄超群
裝幀設計 周 晨 李 璇
責任校對 戴玉婷

書　　名 翻譯名義集
撰　　者 〔宋〕釋法雲
出版發行 古吳軒出版社
地址：蘇州市八達街118號蘇州新聞大厦30F 電話：0512-65233679
蘇州大學出版社
地址：蘇州市十梓街1號 電話：0512-67480030
印　　刷 常州市金壇古籍印刷廠有限公司
開　　本 889 × 1194 1/16
印　　張 61.25
版　　次 2023 年 12 月第 1 版
印　　次 2023 年 12 月第 1 次印刷
書　　號 ISBN 978-7-5546-2267-4
定　　價 480.00 元(全二册)

《蘇州全書》編纂工程

總主編

劉小濤　吳慶文

學術顧問

（按姓名筆畫爲序）

王　芳　王　宏　王　堯　王　鍔　王紅蕾　王華寶　王爲松　王衛平
王餘光　王鍾陵　朱棟霖　朱誠如　任　平　全　勤　江慶柏　江澄波
汝　信　阮儀三　杜澤遜　李　捷　吳　格　吳永發　何建明　言恭達
沈坤榮　沈燮元　武秀成　范小青　范金民　茅家琦　周　秦　周少川
周國林　周勛初　周新國　胡可先　胡曉明　姜　濤　姜小青　韋　力
姚伯岳　馬亞中　袁行霈　華人德　莫礪鋒　徐　俊　徐　海　徐　雁
徐惠泉　徐興無　唐力行　陸振嶽　陸儉明　陳子善　陳正宏　陳尚君
陳紅彥　陳廣宏　黃愛平　黃顯功　崔之清　張乃格　張志清　張伯偉
張海鵬　葉繼元　葛劍雄　單霽翔　程章燦　程毅中　喬治忠　鄔書林
賀雲翱　詹福瑞　趙生群　廖可斌　熊月之　樊和平　劉　石　劉躍進
閻曉宏　錢小萍　戴　逸　韓天衡　嚴佐之　顧　薌

前言

中華文明源遠流長，文獻典籍浩如烟海。這些世代累積傳承的文獻典籍，是中華民族生生不息的文脉和根基。蘇州作爲首批國家歷史文化名城，素有『人間天堂』之美譽。自古以來，這裏的人民憑藉勤勞和才智，創造了極爲豐厚的物質財富和精神文化財富，使蘇州不僅成爲令人嚮往的『魚米之鄉』，更是實至名歸的『文獻之邦』，爲中華文明的傳承和發展作出了重要貢獻。

蘇州被稱爲『文獻之邦』由來已久，早在南宋時期，就有『吴門文獻之邦』的記載。宋代朱熹云：『文，典籍也；獻，賢也。』蘇州文獻之邦的地位，是歷代先賢積學修養、劬勤著述的結果。明人歸有光《送王汝康會試序》云：『吴爲人材淵藪，文字之盛，甲於天下。』朱希周《長洲縣重修儒學記》亦云：『吴中素稱文獻之邦，蓋子游之遺風在焉，士之嚮學，固其所也。』《江蘇藝文志·蘇州卷》收録自先秦至民國蘇州作者一萬餘人，著述達三萬二千餘種，均占江蘇全省三分之一强。古往今來，蘇州曾引來無數文人墨客駐足流連，留下了大量與蘇州相關的文獻。時至今日，蘇州仍有約百萬册的古籍留存，入選『國家珍貴古籍名録』的善本已達三百一十九種，位居全國同類城市前列。其中的蘇州鄉邦文獻，歷宋元明清，涵經史子集，寫本刻本，交相輝映。此外，散見於海内外公私藏家的蘇州文獻更是不可勝數。它們載録了數千年傳統文化的精華，也見證了蘇州曾經作爲中國文化中心城市的輝煌。

蘇州文獻之盛得益於崇文重教的社會風尚。春秋時代，常熟人言偃就北上問學，成爲孔子唯一的南方弟子。歸來之後，言偃講學授道，文開吴會，道啓東南，被後人尊爲『南方夫子』。西漢時期，蘇州人朱買臣負薪讀書，穹窿山中至今留有其『讀書臺』遺迹。兩晉六朝，以『顧陸朱張』爲代表的吳郡四姓涌現出大批文士，在不少學科領域都貢獻卓著。及至隋唐，蘇州大儒輩出，《隋書·儒林傳》十四人入傳，其中籍貫吳郡者二人；《舊唐書·儒學傳》三十四人入正傳，其中籍貫吳郡（蘇州）者五人。文風之盛可見一斑。北宋時期，范仲淹在家鄉蘇州首創州學，並延名師胡瑗等人教授生徒，此後縣學、書院、社學、義學等不斷興建，蘇州文化教育日益發展。故明人徐有貞云：『論者謂吾蘇也，郡甲天下之郡，學甲天下之學，人才甲天下之人才，偉哉！』在科舉考試方面，蘇州以鼎甲萃集爲世人矚目，清初汪琬曾自豪地將狀元稱爲蘇州的土産之一，有清一代蘇州狀元多達二十六位，占全國的近四分之一，由此而被譽爲『狀元之鄉』。近現代以來，蘇州在全國較早開辦新學，發展現代教育，涌現出顧頡剛、葉聖陶、費孝通等一批大師巨匠。中華人民共和國成立後，社會主義文化教育事業蓬勃發展，蘇州英才輩出，人文昌盛，文獻著述之富更勝於前。

蘇州文獻之盛受益於藏書文化的發達。蘇州藏書之風舉世聞名，千百年來盛行不衰，具有傳承歷史長、收藏品質高、學術貢獻大的特點，無論是卷帙浩繁的圖書還是各具特色的藏書樓，以及延綿不絕的藏書傳統，都成爲中華文化重要的組成部分。據統計，蘇州歷代藏書家的總數，高居全國城市之首。南朝時期，蘇州就出現了藏書家陸澄，藏書多達萬餘卷。明清兩代，蘇州藏書鼎盛，絳雲樓、汲古閣、傳是樓、百宋一廛、藝芸書舍、鐵琴銅劍樓、過雲樓等藏書樓譽滿海内外，彙聚了大量的珍貴文獻，對古代典籍的收藏保護厥功至偉，亦於文獻校勘、整理裨益甚巨。《舊唐書》自宋至明四百多年間已難以考覓，直至明嘉靖十七年（一五三八），聞人詮在蘇州爲官，搜討舊籍，方從吳縣王延喆家得《舊唐書》『紀』和『志』部分，從長洲張汴家得《舊唐書》『列傳』部分，『遺籍俱出宋時模板，旬月之間，二美璧合』，于是在蘇州府學中槧刊，《舊唐書》自此得以彙而成帙，復行於世。清代嘉道年間，蘇州黃丕烈和顧廣圻均爲當時藏書名家，且善校書，『黃跋顧校』在中國文獻史上影響深遠。

蘇州文獻之盛也獲益於刻書業的繁榮。蘇州是我國刻書業的發祥地之一，早在宋代，蘇州的刻書業已經發展到了相當高的水平，至今流傳的杜甫、李白、韋應物等文學大家的詩文集均以宋代蘇州官刻本爲祖本。宋元之際，蘇州磧砂延聖院還主持刊刻了中國佛教史上著名的《磧砂藏》。明清時期，蘇州成爲全國的刻書中心，所刻典籍以精善享譽四海，明人胡應麟有言：『凡刻之地有三，吳也、越也、閩也。』他認爲『其精，吳爲最』，『其直重，吳爲最』。又云：『余所見當今刻本，蘇常爲上，金陵次之，杭又次之。』清人金埴論及刻書，仍以胡氏所言三地爲主，則謂『吳門爲上，西泠次之，白門爲下』。明代私家刻書最多的汲古閣、清代坊間刻書最多的掃葉山房均爲蘇州人創辦，晚清時期頗有影響的江蘇官書局也設於蘇州。據清人朱彝尊記述，汲古閣主人毛晉『力搜秘册，經史而外，百家九流，下至傳奇小説，廣爲鏤版，由是毛氏鋟本走天下』。由於書坊衆多，蘇州還産生了書坊業的行會組織崇德公所。明清時期，蘇州刻書數量龐大，品質最優，裝幀最爲精良，爲世所公認，國内其他地區不少刊本也都冠以『姑蘇原本』，其傳播遠及海外。

蘇州傳世文獻既積澱着深厚的歷史文化底蘊，又具有穿越時空的永恒魅力。從范仲淹的『先天下之憂而憂，後天下之樂而樂』，到顧炎武的『天下興亡，匹夫有責』，這種胸懷天下的家國情懷，早已成爲中華民族精神的重要組成部分，傳世留芳，激勵後人。南朝顧野王的《玉篇》，隋唐陸德明的《經典釋文》、陸淳的《春秋集傳纂例》等均以實證明辨著稱，對後世影響深遠。明清時期，馮夢龍的《喻世明言》《警世通言》《醒世恒言》，在中國文學史上掀起市民文學的熱潮，具有開創之功。吳有性的《温疫論》、葉桂的《温熱論》，開温病學研究之先河。蘇州文獻中藴含的求真求實的嚴謹學風、勇開風氣之先的創新精神，已經成爲一種文化基因，融入了蘇州城市的血脉。不少蘇州文獻仍具有鮮明的現實意義。明代費信的《星槎勝覽》，是記載歷史上中國和海上絲綢之路相關國家交往的重要文獻。鄭若曾的《籌海圖編》和徐葆光的《中山傳信録》，爲釣魚島及其附屬島嶼屬於中國固有領土提供了有力證據。魏良輔的《南詞引正》、嚴澂的《松絃館琴譜》、計成的《園冶》，分别是崑曲、古琴及園林營造的標志性成果，這些藝術形式如今得以名列世界文化遺產，與上述名著的嘉惠滋養密不可分。

維桑與梓，必恭敬止；文獻流傳，後生之責。蘇州先賢向有重視鄉邦文獻整理保護的傳統。方志編修方面，范成大《吴郡志》爲方志創體，其後名志迭出，蘇州府縣志、鄉鎮志、山水志、寺觀志、人物志等數量龐大，構成相對完備的志書系統。地方總集方面，南宋鄭虎臣輯《吴都文粹》、明錢穀輯《吴都文粹續集》、清顧沅輯《吴郡文編》先後相繼，收羅宏富，皇皇可觀。常熟、太倉、崑山、吴江諸邑，周莊、支塘、木瀆、甪直、沙溪、平望、盛澤等鎮，均有地方總集之編。及至近現代，丁祖蔭彙輯《虞山叢刻》《虞陽説苑》，柳亞子等組織『吴江文獻保存會』，爲搜集鄉邦文獻不遺餘力。江蘇省立蘇州圖書館於一九三七年二月舉行的『吴中文獻展覽會』規模空前，展品達四千多件，並彙編出版吴中文獻叢書。然而，由於時代滄桑，圖書保藏不易，蘇州鄉邦文獻中『有目無書』者不在少數。同時，囿於多重因素，蘇州尚未開展過整體性、系統性的文獻整理編纂工作，許多文獻典籍仍處於塵封或散落狀態，没有得到應有的保護與利用，不免令人引以爲憾。

進入新時代，黨和國家大力推動中華優秀傳統文化的創造性轉化和創新性發展。習近平總書記强調，要讓收藏在博物館裏的文物、陳列在廣闊大地上的遺産、書寫在古籍裏的文字都活起來。二〇二二年四月，中共中央辦公廳、國務院辦公廳印發《關於推進新時代古籍工作的意見》，確定了新時代古籍工作的目標方向和主要任務，其中明確要求『加强傳世文獻系統性整理出版』。盛世修典，賡續文脉，蘇州文獻典籍整理編纂正逢其時。二〇二二年七月，中共蘇州市委、蘇州市人民政府作出編纂《蘇州全書》的重大決策，擬通過持續不斷努力，全面系統整理蘇州傳世典籍，着力開拓研究江南歷史文化，編纂出版大型文獻叢書，同步建設全文數據庫及共享平臺，將其打造爲彰顯蘇州優秀傳統文化精神的新陣地，傳承蘇州文明的新標識，展示蘇州形象的新窗口。

『睹喬木而思故家，考文獻而愛舊邦。』編纂出版《蘇州全書》，是蘇州前所未有的大規模文獻整理工程，是不負先賢、澤惠後世的文化盛事。希望藉此系統保存蘇州歷史記憶，讓散落在海内外的蘇州文獻得到挖掘利用，讓珍稀典籍化身千百，成爲認識和瞭解蘇州發展變遷的津梁，並使其中藴含的積極精神得到傳承弘揚。

觀照歷史，明鑒未來。我們沿着來自歷史的川流，承荷各方的期待，自應負起使命，砥礪前行，至誠奉獻，讓文化薪火代代相傳，並在守正創新中發揚光大，爲推進文化自信自强、豐富中國式現代化文化内涵貢獻蘇州力量。

《蘇州全書》編纂出版委員會

二〇二二年十二月

凡例

一、《蘇州全書》(以下簡稱「全書」)旨在全面系統收集整理和保護利用蘇州地方文獻典籍，傳播弘揚蘇州歷史文化，推動中華優秀傳統文化傳承發展。

二、全書收録文獻地域範圍依據蘇州市現有行政區劃，包含蘇州市各區及張家港市、常熟市、太倉市、崑山市。

三、全書着重收録歷代蘇州籍作者的代表性著述，同時適當收録流寓蘇州的人物著述，以及其他以蘇州爲研究對象的專門著述。

四、全書按收録文獻内容分甲、乙、丙三編。每編酌分細類，按類編排。

(一)甲編收録一九一一年及以前的著述。一九一二年至一九四九年間具有傳統裝幀形式的文獻，亦收入此編。按經、史、子、集四部分類編排。

(二)乙編收録一九一二年至二〇二一年間的著述。按哲學社會科學、自然科學、綜合三類編排。

(三)丙編收録就蘇州特定選題而研究編著的原創書籍。按專題研究、文獻輯編、書目整理三類編排。

五、全書出版形式分影印、排印兩種。甲編書籍全部采用繁體竪排；乙編影印類書籍，字體版式與原書一致；乙編排印類書籍和丙編書籍，均采用簡體横排。

六、全書影印文獻每種均撰寫提要或出版説明一篇，介紹作者生平、文獻内容、版本源流、文獻價值等情况。影印底本原有批校、題跋、印鑒等，均予保留。底本有漫漶不清或缺頁者，酌情予以配補。

七、全書所收文獻根據篇幅編排分册，篇幅適中者單獨成册，篇幅較大者分爲序號相連的若干册，篇幅較小者按類型相近原則數種合編一册。數種文獻合編一册以及一種文獻分成若干册的，頁碼均連排。各册按所在各編下屬細類及全書編目順序編排序號。

翻譯名義集

〔宋〕釋法雲 撰

據上海圖書館藏宋紹興二十七年（一一五七）刻修補印本影印。

提　要

《翻譯名義集》七卷，宋釋法雲撰。

釋法雲（一〇八八—一一五八），字天瑞，俗姓戈，號無機子。世居長洲彩雲里。年少出家，二十歲受具足戒，後得法於南屏清辯法師，博通經史。曾駐錫松江大覺教寺多年，得賜號普潤大師，講《法華》《金光明》《涅槃》《净名》等經，學者輻輳。撰有《注解金剛經》《心經疏鈔》和《息陰集》等，今多亡佚。

《翻譯名義集》爲法雲歷時二十餘年撰成，共七卷，分六十四篇。卷一爲十種通號、諸佛別名、通別三身、釋尊姓字、三乘通號、菩薩別名、度五比丘、十大弟子、總諸聲聞、宗釋論主、宗翻譯主、七衆弟子、釋氏衆名等十三篇；卷二爲八部、四魔、仙趣、人倫、長者、外道、六師、鬼神、畜生、地獄、時分等十一篇；卷三爲帝王、皇后、世界、諸國、衆山、諸水、林木、五果、百華、衆香、七寶、數量、什物、顯色等十四篇；卷四爲總明三藏、十二分教、律分五部、論開八聚、示三學法、辨六度法、釋十二支、明四諦法、止觀三義、衆善行法等十篇；卷五爲三德秘藏、法寶衆名、四十二字、名句文法、增數譬喻、半滿書籍等六篇；卷六爲唐梵字體、煩惱惑業、心意識法、陰入界法等四篇；卷七爲寺塔壇幢、犍椎道具、沙門服相、齋法四食、篇聚名報、統論二諦等六篇。後有《翻譯名義續補》。全書共收録梵語音譯詞兩千四十餘條，各條列其異譯及出處，並引經據典，詳加解釋，對涅槃、菩提、阿賴耶等重要的佛教名相闡釋尤爲詳盡，所説以天台宗觀點爲主，頗有助於研讀佛教經典，爲重要佛教辭書，歷來廣受關注，與《釋氏要覽》《教乘法數》並稱『佛學三書』。

《翻譯名義集》初刊於宋紹興二十七年（一一五七），前有周敦義序，其時法雲尚在世，應屬最後定本。

此本爲多方集資刊刻，除卷七外，每卷後均有刊刻情况題記，内容涉及捐刻者姓名、捐資銀兩數額及其祈願等，捐刻者僧俗皆有，或高官顯宦，或普通百姓，除來自平江府城外，還涉及常熟、崑山、吴江等轄縣，亦有來自湖州者，對研究當時宗教信仰及集資刊經方式，均具有重要價值。

明代《永樂北藏》收入《翻譯名義集》，並進行重編，不僅分七卷爲二十卷，各篇次序及部分文字亦經調整變動，頗失其原貌，後被《嘉興藏》和《龍藏》所沿用。本次影印以上海圖書館藏宋紹興二十七年（一一五七）刻修補印本爲底本，原書框高十九厘米，廣十二・五厘米，曾經季振宜、汪士鐘、徐乃昌等名家收藏。

翻譯名義序

唯心居士荆谿周　敦義述

余閱大藏嘗有意效崇文總目撮取諸經要義以爲內典總目見諸經中每用梵語必搜檢經教具所譯音義表而出之別爲一編然未及貢而顯親深老示余平江景德寺普潤大師法雲所編翻譯名義余一見而喜曰是余意也他日總目成別錄可置矣已而過平江雲遂來見願求叙引余謂此書不惟有功於讀佛經者亦可護謗法人意根唐奘法師論五種不翻一祕密故如陀羅尼二含多義故如薄伽梵具六

義三此無故如閻浮樹中夏實無此木四順古故如阿耨菩提非不可翻而摩騰以來常存梵音五生善故如般若尊重智慧輕淺而七迷之作乃謂釋迦牟尼此名能仁能仁之義位卑周孔阿耨菩提名正遍知此土老子之教先有無上正眞之道無以爲異菩提薩埵名大道心衆生其名下劣皆掩而不翻夫三寶尊稱譯人存其本名而肆爲謗毀之言使見此書將無所容其喙矣然佛法入中國經論日以加多自晉道安法師至唐智昇作爲目録圖經蓋十餘家今大藏諸經猶以昇法師開元釋教録爲準後人但增

宗鑑錄法苑珠林於下藏之外如四卷金光明經摩
訶衍論及此土證道歌尚多有不入藏者我
國家嘗命宰輔爲譯經潤文使所以流通佛法至矣
特未有一人繼昇之後翻譯久遠流傳散亡眞贋相
乘無所攷據可重嘆也雲雖老矣尚勉之哉紹興丁
丑重午日序

雪山大士求半偈而施身法愛
梵志敬四句而析骨久沉苦海

今遇羔舟秉志竭誠釆經集
論冝安像前燒香禮拜息塵
勞之雜念游般若之法林終卷
掩帙攝心静坐照元明之本體
復常寂之性原雖万有以施為
然一無而無亦絶

無機子　法雲　奉勉

翻譯名義集一

姑蘇景德寺普潤大師　法雲　編

夫翻譯者謂翻梵天之語轉成漢地之言音雖似別義則大同宋僧傳云如翻錦繡背面俱華但左右不同耳譯之言易也謂以所有易其所無故以此方之經而顯彼土之法周禮掌四方之語各有其官東方曰寄南方曰象西方曰狄鞮北方曰譯今通西言而云譯者蓋漢世多事北方而譯官兼善西語故摩騰始至而譯四十二章因稱譯也言名義者能詮曰名所以爲義能詮之名胡梵音別自漢至隋皆指西域

以爲胡國唐有彥琮法師獨分胡梵葱嶺巳西並屬梵種鐵門之左皆曰胡鄉言梵音者劫初廓然光音天神降爲人祖宣流梵音故西域記云詳其文字梵天所制原始垂則四十七言寓物合成隨事轉用流演枝派其源浸廣因地隨人微有改變語其大較未異本源而中印度特爲詳正辭調和雅與天音同氣韻清亮爲人軌則　或問玄奘三藏義淨法師西游梵國東譯華言指其古翻證曰舊訛豈可初地龍樹論梵音而不親（如以耆闍名鷲掘名頭奘云訛也合云姞栗羅矩吒）三賢羅什譯秦言而未正（什譯羅睺羅爲覆障奘譯羅怙羅爲執日）旣皆紕繆安得感通

澤及古今福資幽顯今試釋曰秦楚之國筆聿名殊殷夏之時文質體別況其五印度別千載日遥時移俗化言變名遷遂致梁唐之新傳乃殊秦晉之舊譯苟能曉意何必封言設筌雖殊得魚安別法雲十歲無知三衣濫服後學聖教殊昧梵言由是思義思類隨見隨録但經論文散蹤記義廣前後添削時將二紀編成七卷六十四篇十号三身居然列目四洲七趣燦尒在掌免撿閱之勞資誠證之美但媿義天弥廣管見奚周教海幽深蠡測焉盡其諸鈌疑傾俟博達者也時大宋紹興十三年歲次癸亥仲秋晦日居

弥陀院扶病云爾

十種通號第一　諸佛別名第二
通別三身第三　釋尊姓字第四
三乘通號第五　菩薩別名第六
度五比丘第七　十大弟子第八
愍諸聲聞第九　宗釋論主第十
宗翻譯主第十一　七衆弟子第十二
僧伽衆名第十三

十種通號第一

福田論叙三寶曰功成妙智道登圓覺佛也玄理幽

微正教精誠法也禁戒守眞威儀出俗僧也皆是四聖導首六趣舟航故名爲寶無機子問曰如涅槃云諸佛所師所謂法也則應立教舉法爲初何緣垂訓佛居先耶釋曰人能弘道非道弘人佛有能演之功法無自顯之力猶若伏藏藉人指出故初稱佛然後示法佛有無量德亦有無量名故今此集先列十號言十號者一倣同先跡号二堪爲福田号三徧知法界号四果顯因德号五妙往菩提号六達僞通眞号七攝化從道号八應機授法号九覺悟歸眞号十三界獨尊号

梵語**多陀阿伽陀**亦云怛闥阿竭後秦翻爲如來金剛經云無所從來亦無所去故名如來此以法身釋轉法輪論云第一義諦名如正覺名來此以報身釋成實論云乘如實道來成正覺故名如來此約應身釋

阿羅訶秦云應供大論云應受一切天地衆生供養亦翻殺賊又翻不生觀經疏云天竺三名相近阿羅訶翻應供阿羅漢翻無生阿盧漢翻殺賊

三藐三佛陀亦云三耶三菩秦言正徧知大論云是言正徧知一切法

什師言正徧覺也言法無差故言正智無不周故言徧出生死夢故言覺妙宗云此之三号即召三德今就所觀義當三諦正徧知即般若眞諦也應供即解脱俗諦也如來即法身中諦也故維摩云阿難若我廣說此三句義汝以劫壽不能盡受

鞞侈遮羅那三般那 秦言明行足大論云宿命天眼漏盡名爲三明三乘雖得三明明不滿足佛悉滿足是爲異也

修伽陀 秦言好去大論云於種種諸深三摩提無量智慧中去或名修伽度此云善逝

菩薩地持經云第一上升永不復還故名善逝**路伽憊**大論云是名知世間知二種世間一衆生二非衆生及如實相知世間果世間因出世間滅出世間道地持經云知世間衆生界一切種煩惱及清淨名世間解**阿耨多羅**秦云無上大論云如諸法中涅槃無上衆生中佛亦無上地持經云唯一丈夫名無上士大經云有所斷者名有上士無所斷者名無上士**富樓沙曇藐婆羅提**秦云可化丈夫調御

師大論云佛以大慈大智故有時輭美語有時苦切語有時雜語令不失道若言佛爲女人調御師爲不尊重若説丈夫一切都攝

舍多提婆魔㝹舍喃 此云天人教師大論云佛示導是應作是不應作是善是不善是人隨教行又云度餘道衆生者少度天人衆生者多

佛陀 大論云秦言知者知過去未來現在衆生非衆生數有常無常等一切諸法菩提樹下了了覺知故名佛陀後漢郊祀志云漢言覺也覺具三義一者自覺悟性眞常

了惑虛妄二者覺他運無緣慈度有情界三者覺行圓滿窮原極底行滿果圓故華嚴云一切諸法性無生亦無滅奇哉大導師自覺能覺他肇師云生死長寢莫能自覺自覺覺彼者其唯佛也妙樂記云此云知者覺者對迷名知對愚說覺佛地論云具一切智一切種智離煩惱障及所知障於一切法一切種相能自開覺亦能開覺一切有情如睡夢覺如蓮華開故名為佛

路迦那他

大論云翻世尊成論云具上九号為物欽重故曰世尊天上人間所共尊故此十号義若惣略釋無虛妄

名如來良福田名應供知法界名正徧知具三明名明行足不還來名善逝知衆生國土名世間解無與等名無上士調他心名調御丈夫爲衆生眼名天人師知三聚名佛具茲十德名世間尊涅槃疏云阿含及成論合無上士與調御丈夫爲一號故至世尊十數方滿涅槃及大論開無上士與調御丈夫爲兩號而輔行云大論合無上士調御丈夫以爲一句此文誤也學者詳之

婆伽婆

應法師云薄伽梵惣衆德至尚之名也大論云一名有德二名巧分別諸法三名有名聲無有得名聲如佛者

四能破婬怒癡新云薄伽梵名具六義佛地論曰薄伽梵聲依六義轉一自在二熾盛三端嚴四名稱五吉祥六尊貴頌曰自在熾盛與端嚴名稱吉祥及尊貴如是六德義圓滿是故彰名薄伽梵其義云何謂如來永不繫屬諸煩惱故具自在義猛焰智火所燒煉故具熾盛義妙三十二大士相等所莊飾故具端嚴義一切殊勝功德圓滿無不知故具名稱義一切世間親近供養咸稱讚故具吉祥義具一切德常起方便利益安樂一切有情無懈廢故具尊貴義唐奘法師明五種不翻一祕密故不翻陀羅尼是二多含故不

翻如薄伽梵含六義故三此無故不翻如閻浮樹四順古故不翻如阿耨菩提實可翻之但摩騰已來有梵音故五生善故不翻如般若尊重智慧輕淺令人生敬是故不翻

諸佛別名第二

仰則眞法俯立俗號名雖各異義亦互通故法苑云如釋迦翻能仁豈有一佛非能仁也阿弥陀云無量壽豈有一佛非長壽也但以逗機設化隨世建立題名則功能雖殊顯義乃力用齊等方知三世無量之名具顯諸佛無量之德也

釋迦

文淨名跡云天竺語釋迦爲能文爲儒義名能儒
大論云釋迦文佛先世作瓦師名大光明爾時
有佛名釋迦文弟子名舍利弗目伽連阿難佛與弟
子俱到瓦師舍一宿爾時瓦師布施草座燈明石蜜
漿便發願言我於當來作佛如今佛名弟子名字亦
如今佛優婆塞戒經云我於釋迦最初發心於迦葉
佛滿三僧祇須知三祇正滿在於勝觀今言迦葉無
百劫故大論云初阿僧祇中心不自知我當作佛不
作佛二阿僧祇中心雖能知我必作佛而口不稱我
當作佛三阿僧祇中了知得佛口自發言無所畏難

我於來世當得作佛從過去釋迦文佛到剌那尸棄佛爲初阿僧祇是中菩薩永離女人身從剌那尸棄佛至燃燈佛爲二阿僧祇是時菩薩七枚青蓮華供養燃燈佛敷鹿皮衣布髮掩泥便授其記汝當作佛名釋迦牟尼從燃燈佛至毗婆尸爲三僧祇過三僧祇種三十二相業

罽那尸棄

名出俱舍大論則名剌那尸棄此云寶髻亦云寶頂吾佛世尊初僧祇滿時值此佛與七佛中第二尸棄隔二僧祇先達謂同故今辯異

提洹竭

或云提和竭羅此云燃燈

大論云太子生時一切身邊光如燈故故云燃燈以至成佛亦名燃燈鐙字說文從金徐鉉云錠中置燭故謂之燈聲類云有足曰錠無足曰燈故瑞應經翻爲錠光撫華云錠音定燈屬也古來翻譯迴文不同或云燃燈或云錠光語異義同故須從金釋尊修行名儒童時二僧祇滿遇燃燈佛得受記莂

婆尸　亦名維衛此云勝觀俱舍云三無數劫滿逆次逢勝觀燃燈寶髻佛初釋迦牟尼此由釋尊於勝觀佛初種相好故毗婆尸爲七佛首以讃弗沙精進力故超九大劫故至于今過九十一大

劫也
尸棄 亦名式棄大論翻火依佛名經過三十劫
毗舍浮 翻徧一切自在藥王藥上經云莊嚴劫中最後一佛
俱留孫 此云所應斷又翻作用莊嚴賢劫第九減六萬歲出成佛道為千佛首
拘那含牟尼 此云金寂大論名迦那迦牟尼秦言金仙人四萬歲時出現閻浮
迦葉波 此云飲光二萬歲時出成正覺至百歲時釋迦牟尼居兜率天四種觀世故大論云一者觀時人壽百歲佛出時到二觀土地

諸國常在中國生故三觀種姓刹利種姓勢力大婆羅門種智慧大隨時所貴佛於中生四觀生處何等毋人能懷那羅延力菩薩亦能自護淨戒如是觀竟唯中國迦毗羅婆淨飯王后能懷菩薩如是思惟已於兜率天下不失正慧入於毋胎

弥勒 西域記云梅呾麗耶唐云慈氏即姓也舊曰弥勒訛也什曰姓也阿逸多字也南天竺婆羅門子淨名疏云有言從姓立名今謂非姓恐是名也何者弥勒此翻慈氏過去爲王名曇摩流支慈育國人自尒至今常名慈氏姓阿逸多此云無能勝有言阿逸多是名

既不親見正文未可定執觀下生經云時修梵摩即與子立字名曰弥勒

袍休蘭羅 漢言大寶即多寶佛出薩雲分陀利經

弗沙 正名富沙清涼云亦云勃沙此云增盛明達勝義故也亦底沙亦云提舍此翻明又云說度說法度人也什師解弗沙菩薩云二十八宿中鬼星名也生時相應鬼宿因以爲名或名佛星或名孛星

樓夷亘羅 清淨平等覺經翻世饒王無量壽經翻世自在王

曇摩迦 此翻法藏比丘乃無

量壽行因時名**阿彌陀**淸淨平等覺經翻無量淸淨佛無量壽經翻無量壽佛稱讚淨土經云其中世尊名無量壽及無量光**阿閦**淨名經云有國名妙喜佛号無動跡云阿之言無閦之言動**剌那那伽羅**此云寶積以無漏根力覺道等法寶集故名爲寶積問若尒一切佛皆應号寶積荅但此佛即以此寶爲名**樓至**此翻啼泣又名盧遮亦名曾支此翻愛樂**鞞恕婆附**大論云秦言一切勝**提**

和羅耶晉言天人王佛授調達作佛之號須扇多亦云須扇頭此云甚淨弟子未熟便入涅槃留化佛一劫

通別三身第三別標釋迦通貫諸佛

萬彙沈迷居三道而流轉十力超悟證三身以圓通由是三諦一境合名法身此彰一性也三智一心合名報身三脫一體合名應身此顯二修也以斯定慧互嚴致使法身圓顯境智冥合應物現形三身明矣

毗盧遮那輔行曰此云徧一切處煩惱體淨衆德悉備身土相稱徧一切

處唯識論云一自性身謂諸如來眞淨法界受用變化平等所依離相寂然絕諸戲論具無邊際眞實功德是一切法平等實性即此自性亦名法身光明玄云法名可軌諸佛軌之而得成佛故經言諸佛所師所謂法也摩訶衍論云尅其法身眞實自體湛湛絕慮寂寂名斷能爲色相作所依止今問寂寂名斷安名法身荅法實無名爲機詮辯召寂寂體強稱法身問湛湛之體當同太虛荅凡所有相皆是非相覺五音如谷響知實無聲了萬物如夢形見皆非色空有不二中道照然不可聞無謂空斷絕　盧

舍那 賢首梵網疏云梵本盧舍那此云光明徧照照有二義一內以智光照眞法界此約自受用義二外以身光照應大機此約他受用義淨覺雜編云盧舍那寶梁經翻爲淨滿以諸惡都盡故云淨衆德悉圓故云滿此多從自受用報得名或翻光明徧照此多從他受用報爲目若論色心皆得淨滿身智俱有光明則二名並通自他受用也唯識論云二受用身此有二種一自受用身謂諸如來三無數劫修習無量福德資粮所起無邊眞實功德又極圓淨常徧色身相續湛然盡未來際常自受用廣大

法樂二他受用身由平等智示現妙淨功德身居純淨土爲住十地菩薩現大神通轉正法輪决衆疑網令彼受用大乘法樂合此二身名曰報身摩訶衍云所言報身者具勝妙因受極樂果自然自在决定安樂遠離苦相故名爲報

釋迦牟尼 撫華云此云能仁寂默寂默故不住生死能仁故不住涅槃悲智兼運立此嘉稱發軫云本起經翻釋迦爲能仁本行經譯牟尼爲寂默能仁是姓寂默是字姓從慈悲利物字取智慧冥理以利物故不住涅槃以冥理故不住生死長水云寂者現相無

相默者示說無說此則即眞之應也能仁是姓者長阿含云昔有輪王姓甘蔗氏聽次妃之譖擯四太子至雪山北自立城居以德歸人不數年間欝爲强國父王悔憶遣使往召四子辭過不還父王三歎我子釋迦因此命氏又云住直樹林又號釋迦旣於林立國即以林爲姓此以釋迦翻爲直林寂默是字者本行經云又諸釋種立性憍慢多言及見太子悉皆默然王去宜字牟尼稱讚淨土經名釋迦寂靜又釋迦牟尼翻度沃焦如舊華嚴名字品及十住婆沙所列大海有石其名曰焦萬流沃之至石皆竭所以大海

水不增長衆生流轉猶如焦石五欲沃之而無猒足唯佛能度故此爲名釋迦牟尼屬應身也摩訶衍云所言應者隨順根機而不相違隨時隨處隨趣出現非安樂相故名爲應而此應身周帀千華上復現千釋迦一華百億國一國一釋迦故召釋迦牟尼名千百億化身也唯識論云三變化身謂諸如來由成事智變現無量隨類化身居淨穢土爲未來登地菩薩及二乘異生稱彼機宜現通説法若就應身開出變化則成四身以現同始終名應無而欻有名化然此三身之法或執即義名失三身或執離義相乖一體今約三

義通而辯之一者體用智與體冥能起大用自報上
冥法性體名眞身他報下赴機緣用名應身故光明
云佛眞法身猶如虛空應物現形如水中月而觀世
音普門示現令無涯人獲乎冥顯兩種利益者由此
二身也二者權實權名權暫實謂實錄以施權故從
勝起劣三佛離明以顯實故從劣起勝秖是一身故
曰吾今此身即是法身又云微妙淨法身具相三十二
是知順機則權設三身就應乃實唯一佛也三者事
理觀經疏云佛本無身無壽亦無叅量隨順世間而
論三身是則仰觀至理本實無形俯隨物機迹垂化

事猶明鏡也像體本虛若水月焉影元非實苟於迹事而起封執則同癡猴墮井而死學出世法宜誡之哉

釋尊姓字第四

世本云言姓即在上言氏即在下西域記云姓者所以繫統百世使不別也氏者所以別子孫之所出也族姓殊者有四流焉一婆羅門淨行也守道居貞潔白其操二刹帝利王種也奕世君臨仁恕爲志三吠奢商賈也貿遷有無逐利遠近四戍陀羅農人也肆力疇壠勤身稼穡智度論云隨時所尚佛生其中釋迦出剛強之世托王種以振威迦葉生善順之時居

淨行以標德故佛諸文姓有六種一瞿曇二甘
蔗三日種四釋迦五舍夷六剎利今具釋之瞿
曇或憍曇彌或俱譚西域記云喬荅摩舊云瞿
曇訛略也古翻甘蔗泥土等南山曰非也瞿曇
星名從星立稱至于後代改姓釋迦慈恩云釋迦之
群望也文句曰瞿曇此云純淑應法師翻爲地最勝
謂除天外人類中此族最勝如十二游經明阿僧祇
時大茅草王捨位付臣師婆羅門遂受其姓名小瞿
曇仁賢劫初識神託生立瞿曇姓故知瞿曇遠從過
去近自民主二姓甘蔗者菩薩本行經云大茅草王

得成王仙壽命極長老不能行時諸弟子出求飲食以籠盛仙懸樹枝上獵師遥見謂鳥便射滴血于地生二甘蔗日炙開剖一出童男一出童女占相師立男名善生即灌其頂名甘蔗王女名善賢爲第一妃三姓日種者本行經云又以日炙甘蔗出故亦名日種四姓釋迦具三身篇

舍夷 文句云舍夷者貴姓也此名訛略正云奢夷耆耶本行經云以住釋迦大樹蓊鬱枝條之林是故名爲奢夷耆耶此以其處而立於姓故國名舍夷

剎帝利 肇曰王種也秦言田主劫初人食地

味轉食自然粳米後人情漸僞各有封殖遂立有德處平分田此王者之始也故相承爲名爲其尊貴自在強暴怏意不能忍和也什曰梵音中含二義一言忍辱二言能嗔言此人有大力勢能大嗔恚忍受苦痛剛強難伏因以爲姓

薩婆悉達　唐言頓吉太子生時諸吉祥瑞悉皆具故大論翻爲成利西域記云薩婆曷剌他悉陀唐言一切義成舊云悉達訛也此乃世尊小字耳

摩納縛迦　或号摩那婆瑞應翻爲儒童本行翻爲雲童又云善慧又翻年少淨行燃燈佛

時爲菩薩号今問瑞應明昔爲摩納獻燈華諸文引此證二僧祇何故妙玄證通行因耶答經中既云得不起法忍三藏由伏惑故無此法忍故證通教而諸文中證二僧祇者以瑞應是三藏故淨名跡中義以初祇爲伏二三祇爲順百劫爲無生三十四心爲寂滅故諸文中證二僧祇發軫問若通別圓妙玄何故判爲通教答非但通二亦通三藏隨教所說淺深不同一往瑞應多屬通義以得忍故異前三藏不說行因不思議相異後別圓況復若判屬通必兼後二又云餘經說遇燃燈是八地正是通教辟支佛地

三乘通號篇第五

佛教詮理化轉物心超越凡倫升入聖域其或知苦常懷厭離斷集永息潤生證滅高契無爲修道唯求自度此聲聞乘也其或觀無明是妄始知諸行爲幻源斷二因之牽連滅五果之纏縛此緣覺乘也其或等觀一子普濟群萌秉四弘之誓心運六度之梵行此菩薩乘也語其渡河雖象馬兎之有殊論乎出宅實羊鹿牛之無别矣

菩薩　肇曰正音云菩提薩埵菩提佛道名也薩埵秦言大心衆生有大心入佛道名菩提

薩埵無正名譯也安師云開士始士荆溪釋云心初開故始發心故淨名疏云古本翻爲高士既異翻不定須留梵音但諸師翻譯不同今依大論釋菩提名佛道薩埵名成衆生天台解云用諸佛道成就衆生故名菩提薩埵又菩提是自行薩埵是化他自修佛道又化他故賢首云菩提此謂之覺薩埵此曰衆生以智上求菩提用悲下救衆生

鳩摩羅伽或云鳩摩羅馱或名究磨羅浮多此云童眞亦云毫童亦云童子重聞云內證眞常而無取著如世童子心無染愛卽法王子之号也大論云

復次又如王子名鳩摩羅伽佛爲法王菩薩入法正位乃至十地故悉名王子皆任爲佛如文殊師利十力四無所畏等悉具佛事故住鳩摩羅伽地佛地論云從世尊口正法所生紹繼佛身不斷絶故名法王子觀經疏云以法化人名法王子什注淨名云妙德以法身遊方莫知其所生又來補佛處故言法王子荆溪問曰經稱文殊爲法王子其諸菩薩何人不是法王之子荅有二義一於王子中德推文殊二諸經中文殊爲菩薩衆首

辟支迦羅 孤山云此翻緣覺觀十二緣而悟道故亦翻獨覺出

無佛世無師自悟故今楞嚴云復有無量辟支者將非他方無佛之土大權引實而來此會乎雪川云或佛知此衆當獲大益威神攝至不亦可乎獨覺稱麟喻者名出俱舍名爲犀角出大集經雋李云獨覺亦觀十二因緣亦可名爲緣覺但約根有利鈍值佛不值佛之殊分二類也

畢勒支底迦　此云各各獨行音義云獨覺正得其義也義鈔中間獨覺爲有戒耶解云亦得雖出無佛世緣於別等得脫亦得別解脫也若尒此戒佛世有旣出無佛世云何得有戒荅別解脫有二一在

家諸戒二出家別解脫又善見云五戒十戒一切時有乃至無佛出世辟支輪王等亦有教受妙玄云今明三藏三乘無別衆不得別有菩薩緣覺之戒也

須陀洹 金剛跡云此翻入流又曰逆流斷三法者約逆而言即四流中逆見流也得果證者約入流而說即入入聖道之流也今經云名爲入流又云不入色聲香等不亦二義乎四教義翻修習無漏刋正釋云初見眞理故

斯陀含 此云一往來金剛跡云是人從此死一往天上一來人間得盡衆苦大論云息忌伽弥息忌名

一伽弥名來是名一來四教義翻云薄前斷已多其所未斷少故名薄**阿那含**此云不來金剛疏云是人欲界中死生色無色界於彼漏盡不復來生大論名阿那伽弥阿那名不伽弥名來四教義翻云不還**阿羅漢**大論云阿羅名賊漢名破一切煩惱賊破復次阿羅漢一切漏盡故應得一切世間諸天人供養又阿名不羅漢名生後世中更不生是名阿羅漢法華疏云阿颰音跋經云應眞瑞應云眞人悉是無生釋羅漢也或言無翻名含三義無明糠脫後世田中不受生死果報

故云不生九十八使煩惱盡故名殺賊具智斷功德堪爲人天福田故言應供含此三義故存梵名

摩訶那伽　大論云那伽或名龍或名象是五千阿羅漢諸羅漢中最大力以是故言如龍如象水行中龍力最大陸行中象力大中阿含經佛告鄔陀夷若沙門等從人至天不以身口意害我說彼是龍象淨名跡云羅漢若得超越名摩訶那伽心調柔輭三乘事定齊此爲極記云如涅槃歎德云人中之龍也

阿離野　此翻聖者亦云出苦者孔氏傳云於事無不通謂之

聖孔子對魯哀公云所謂聖人者智通大道應變不窮惻物之情性者也商太宰嚭匹鄙問孔子曰夫子聖者歟曰丘博識強記非聖人也三王聖者歟曰三王善用智勇聖非丘所知五帝聖者歟曰五帝善用仁信聖非丘所知三皇聖者歟曰三皇善用時政聖非丘所知太宰大駭曰然則孰為聖人乎夫子有間動容而對曰西方有聖者焉不治而不亂不言而自信不化而自行蕩蕩乎人無能名焉

菩薩別名篇第六

文殊師利 此云妙德大經云了了見佛性猶如妙德等淨名疏云若見佛性即具三德不蹤不橫故名妙德無行經名滿殊尸師利或翻妙首觀察三昧經并大淨法門經名普首阿目佉經普超經名濡首無量門微密經名敬首西域記云曼殊室利唐言妙吉祥首楞嚴經說是過去無量阿僧祇劫有佛号龍種上尊王佛央掘經說是現在北方常喜世界歡喜藏摩尼寶積佛慈恩上生經疏引經云未來成佛名曰普現

邲輸䟦陁（邲蒲必） 或三曼䟦陀此云普賢悲華云

我行要當勝諸菩薩寶藏佛言以是因緣今改汝字名曰普賢文句云今明伏道之頂其因周徧曰普斷道之後隣于極聖曰賢檇音醉李云行弥法界曰普位隣極聖曰賢請觀音經跡云䟦陀云賢首等覺是衆賢位極故佛聖首極故觀經大論並翻徧吉圓覺略跡云一約自體體性周徧曰普隨緣成德曰賢二約諸位曲濟無遺曰普鄰極亞聖曰賢三約當位德無不周曰普調柔善順曰賢表於理行清涼國師制華嚴三聖圓融觀中先明二聖三對表法一普賢即所信如來藏理趣般若云一切衆生皆如來藏普賢菩薩自體徧故初會即入如來藏身三昧故也文殊即能信之

心佛名經說一切諸佛皆因文殊而發心故善財始見發大心故二普賢表所起萬行上下經文皆云普賢行故文殊表能起之解慈氏云汝先得見諸善知識聞菩薩行入解脫門皆文殊力也三普賢表證出纏法界經云身相如虛空故善財入其身故善財見之即得智波羅蜜者依體起用故也文殊表能證大智本所事佛名不動智故常爲諸佛母故再見文殊方見普賢者顯其有智方證理故故古德名後文殊爲智照無二相也然此二聖各相融攝謂依體起行行能顯理故三普賢而是一體信若無解信是無明解若無信解是邪見信解眞正方了本源成其極智極智返照不異初心故三文殊亦是一體又二聖亦互相融二而不二没同果海即是毗盧遮那是爲三聖故此菩薩常爲一對阿那婆婁吉低輸文句名婆婁吉低稅別行

玄此云觀世音能所圓融有無兼暢照窮正性察其本末故稱觀也世音者是所觀之境也萬象流動隔別不同類音殊唱俱蒙離苦菩薩弘慈一時普救皆令解脫故曰觀世音應法師云阿婆盧吉低舍婆羅此云觀世自在雪山已來經本云娑婆羅則譯爲音無量淸淨平等覺經名盧鴿樓亘此云光世音西域記云阿縛盧枳多伊濕伐羅唐言觀自在合字連聲梵語如上分文散音即阿縛盧枳多譯曰觀伊濕伐羅譯曰自在舊譯爲光世音或世自在皆訛謬也唐奘三藏云觀有不住有觀空不住空聞名不惑於名見

相不沒於相心不能動壞不能隨動隨不亂其眞可謂無礙智慧也

摩訶那鉢此云大勢至思益云我投足之處震動三千大千世界及魔宮殿故名大勢至觀經云以智慧光普照一切令離三塗得無上力是故号此菩薩名大勢至

維摩羅詰什曰秦言淨名垂裕記云淨即眞身名即應身眞即所證之理應即所現之身生曰此云無垢稱其晦迹五欲超然無染清名遐布故致斯号大經云威德無垢稱王優婆塞西域記毗摩羅詰唐言無垢稱舊曰淨名然淨則無垢名則

是稱義雖取同名乃有異舊曰維摩詰者訛也**純陁**舊云本名純陀後大衆稱德号爲妙義補
注云不應名德兩分純陀是西音妙義乃此語**阿迦雲**此云藥王觀藥王藥上菩薩經
云過去有佛号瑠璃光照滅度之後時有比丘名爲
日藏宣布正法時有長者名星宿光聞說法故持呵
梨勒及諸雜藥奉上日藏并諸大衆因此立名藥王
後當作佛名爲淨眼星宿光弟名電光明聞說法故
以其醍醐上妙之藥而用供養因此立名名爲藥上
後當作佛名爲淨藏文句云若推此義星光應在喜

見之後從捨藥發誓已來名藥王故本草序云醫王子姓韋名古字老師元是踈勒國得道人也身被毳袍腰懸數百葫蘆頂戴紗巾手持藜杖常以一黑犬同行壽年五百餘歲洎開元中孟夏之月有人疾患稍多疹困師發願心存目想遂普施藥餌無不痊平覩之者便愈後乃圖形供養皇帝欽禮爲藥王菩薩又神仙傳云昔堯舜之時殷湯之際周秦已後大漢至唐凡五度化身來救貧病其犬化爲黑龍背負老師沖天而去

颰（颰蒲活）**陁婆羅** 大論翻云善守思益云若衆生聞名者畢竟得三菩

提故云善守孤山云賢守自守護賢德復守護衆生
或云賢首以位居等覺爲衆賢之首亦名跋陀和此
云賢護妙樂云善即
賢也王城在家菩薩

薩陁波崙大論云秦言常啼是菩薩求佛
故憂愁啼哭七日七夜
故號常啼具如智論

欝伽陁達磨大論云欝伽陀
秦言盛達磨秦
言法故号法盛

尸棃伽那大論此云厚德

和須蜜多亦云婆須蜜多西域記云伐蘇蜜呾多唐言世友舊曰和須蜜多訛也觀法師云亦

翻天友隨世人天方便化故

乾陀訶提 此云不休息念念流入薩婆若海初無休息

瞿沙 西域記云此云音

瞿師 此云美音

提婆達多 亦名調達亦名提婆達兜法苑云本起經提婆達多齊云天熱以其生時人天等衆心皆驚熱無性攝論云唐云天授亦云天與謂從天乞得故入大乘論問彼提婆達多世世爲佛怨云何而言是大菩薩荅若是怨者云何而得世世相值如二人行東西各去步步轉遠豈得爲伴又云是賔伽羅菩薩

商

莫迦此云善西域記云舊曰睒摩菩薩訛阿差末此云無盡意天台云知一切法性無盡故菩薩發心無盡般若拘羅此云智積淨名疏云觀於實相智慧積聚跋陁婆羅賒塞迦下生經曰秦言善教那羅延維摩經那羅延菩薩涅槃疏翻爲金剛

度五比丘篇第七

法華云即趣波羅柰爲五比丘說原其由也太子入

山父王思念乃命家族三人謂阿鞞跋提拘利舅氏二人謂陳如迦葉尋訪往止隨侍動静二人著五欲太子初食麻麦遽介退席三人著苦行太子後受乳糜亦復遠去洎成佛果念誰堪度初思二仙空言巳死復念五人當往先度故至波羅柰一夏調根初爲陳如說四諦得道次爲阿鞞跋提說布施生天福樂同時證果三爲迦葉拘利亦如前說皆得聖道是爲三番度五比丘既先入道故首列之

阿若憍陳如 亦名俱隣法華疏云阿若名也此翻巳知或言無知無知者非無

所知乃是知無耳又翻爲解㮇嚴云我初稱解等具云解本際孤山云以第一解法者也憍陳如姓也此翻火器婆羅門種其先事火從此命族

頞鞞 烏葛　亦阿說示此云馬勝亦云馬師亦名阿輸波踰祇此云馬星

跋提 亦名婆提本行集云跋提梨迦此云小賢文句亦名摩訶男若五分律及本行集則跋提與摩訶男兩別

十力迦葉 亦名婆敷

拘利太子 若涅槃疏則摩訶男與拘利是一

十大弟子篇第八

舍利弗智慧目犍連神通大迦葉頭陀阿那律天眼須菩提解空富樓那說法迦旃延論義優波離持律羅睺羅密行阿難陀多聞淨名䟽云今十弟子各執一法者人以類聚物以群分隨其樂欲各一法門攝爲眷屬雖各掌一法何曾不具十德自有偏長故稱第一又增一阿含明一百比丘各有偏好爲善不同例亦如此

舍利弗 大論云有婆羅論義師名婆陀羅王云云婦生一女眼似舍利鳥眼即名此女爲舍利云云衆人以其舍利所生皆共名之爲

舍利弗弗秦言子也涅槃云如舍利弗母名舍利因母立字故名舍利弗又翻身子文句云此女好形身身之所生故言身子亦云鶖鷺子母眼明淨如鶖(七由)鷺(來故)眼

大目犍(巨焉)連(什曰)

目連婆羅門姓也名拘律陀拘律陀樹名禱樹神得子因以爲名垂裕記問大經云目犍連即姓也因姓立名目連何故名拘律陀耶荅本自有名但時人多召其姓故大經云耳淨名疏云文殊問經翻萊(音羅)茯(蒲北)根父母好食以標子名眞諦三藏云勿伽羅此翻胡豆綠色豆也上古仙人好食於此仍以爲姓正云

摩訶没特伽羅新翻采菽氏菽亦豆也西域記云没特伽羅舊曰目揵連訛略也

摩訶迦葉波　文句此翻大龜氏其先代學道靈龜負仙圖而應從德命族故云龜氏時人多以姓召之其實有名名畢鉢羅父母禱樹神而生子故名畢鉢羅言大者若約所表或因智大德大心大故稱大迦葉若約事釋者佛弟子中多名迦葉如十力三迦葉等於同姓中尊者最長故標大以簡之迦葉或翻飲光文句云迦葉身光亦能映物真諦翻光波古仙人身光炎涌能映餘光

阿那

律或云阿那律陀此云無滅昔施食福人天受樂于今不滅淨名疏云或云阿泥盧豆或阿(音遏)㝹(乃侯)樓駄(唐賀)如楚夏不同耳此云如意或云無貧過去餓世曾以稗飯施辟支佛九十一劫天人之中受如意樂故名如意尒來無所乏斷故名無貧佛之須從弟西域記云阿泥律(盧骨)陀舊曰阿那律者訛也

菩提淨名疏云此云善吉亦云善業亦云空生其生之日家室皆空父母驚異請問相師相師占云此是吉相因名善吉稟性慈善不與物諍及其出家見空得道兼修慈心得無諍三昧是以常能將

護物心故名善業以生時家宅皆空因名空生家宅
皆空即表其長成解空之相生曰無諍三昧者解空
無致論處爲諍也西域記云蘇部底唐言善現舊曰
須扶提或云須菩提譯曰善吉皆訛熏聞云應知善
相不唯空物亦能感物故譬喻經云舍衛國長者名
鳩留產子小字須菩提有自然福報食器皆空所欲
皆滿然則空非斷無表妙有之不亡也眞諦云是東方
青龍陀佛又增一阿含云喜著好衣行本清淨所謂
天須菩提是知釋　富樓那弥多羅尼子
門有二須菩提

文句云富樓那翻滿願弥多羅翻慈尼女也父於滿江禱梵天求子正值江滿又夢七寶器盛滿中寶入母懷母懷子父願獲從諸遂願故言滿願弥多羅尼翻慈行亦云知識四韋陀有此品其母誦之以此爲名或名弥窒音質子翻善知識支讖譯度無極經名蒲祝子謂父於滿江禱梵天而得其子西域記云布剌拏梅呾麗衍尼弗呾羅唐言滿慈子舊訛略云弥多羅尼子

摩訶迦旃延

什曰南天竺婆羅門姓也善解契經者淨名䟽云此翻不定有云扇繩有云文飾未知孰正或曰此云離有無

破我慢心 安古 **鄔波離** 有翻化生或翻上首以其持律爲衆紀綱故名優波離或翻近執以佛爲太子時彼爲親近執事之臣古人云佛之家人非也訛云優波離

羅睺羅 什曰阿脩羅食月時名羅睺羅秦言覆障謂障月明也羅睺羅六年處母胎所覆障故因以爲名西域記云羅怙羅舊曰羅睺羅又曰羅云皆訛略也此云執日淨名疏曰有翻宮生太子出家太妃在宮何得有娠佛共淨飯王於後證是太子之子親是宮之所生因名宮生

阿難 大論秦言歡喜佛成道時斛飯

王家使來白淨飯王言貴弟生男王心歡喜言今日大吉語來使言是男當字爲阿難舉國欣慶又名慶喜亦翻無染雖殘思未盡隨佛入天人龍宮見女心無染著故文云持三藏教

阿難䟦陀 此云喜賢文云持通教

阿難迦羅 此云喜海文云持圓教付法藏有三一阿難此云慶喜傳聲聞藏二阿難䟦陀此云喜賢持緣覺藏三阿難迦羅此云喜海持菩薩藏圓覺略䟽云略是一人隨德名别

揔諸聲聞篇第九

法華論明四種聲聞一決定聲聞定入無餘故二增上慢聲聞未證謂證故三退菩提聲聞退大取小故四應化聲聞內祕外現故論自釋云後二與記前兩不記根鈍未熟故天台加佛道聲聞準經以佛道聲令一切聞約義據新入者又以決定聲聞及退菩提名爲住果荆溪據三種逢值第三但論遇小不論遇大名元住小故聲聞義浩然非一也。

賓頭盧 翻不動字也

頗羅墮 姓也眞諦云捷疾亦云利根或廣語本行集翻重幢婆羅門凡十八姓此居其一或云賓度羅跋

羅憧闍感通傳云今時有作賓頭盧聖僧像立房供養亦是一途然須别施空座前置椀鉢至僧食時令大僧爲受不得以僧家盤盂設之以凡聖雖殊俱不觸僧食器若是俗家則隨俗所設恐僧不知附此編出

薄拘羅 文句此翻善容色皃端正故準賢愚經應翻重姓中阿含異學又問汝於八十年起欲想不否荅不應作如是問我八十年未曾起欲想尚未曾起一念貢高未曾受居士衣未曾割截衣未曾倩他衣未曾針縫衣未曾受請未曾從大家乞食未曾倚壁未曾視女人面未曾入尼房未曾與尼

相問訊乃至道路亦不共語八十**難陁**文句云亦年坐荆溪云弘法之徒觀斯龜鏡云放牛難陀此翻善歡喜亦翻欣樂文句記云從初慕道爲名歡喜中勝故云善也

離呂知**婆多**正言頡結賢隸伐多亦云離越此翻星宿或室宿從星辰乞子

摩訶拘絺丑夷**羅**大論云秦言大膝摩陀羅次生一子膝骨麁大故名拘絺羅舍利弗舅與姊舍利論義不如俱絺羅思惟念言非姊力也必懷智人寄言母口未生乃尒及生長大當如之何故出家作梵志入南天竺

誓不剪爪讀十八種經

憍梵鉢提 或云憍梵波提伽梵婆提笈房鉢底此翻牛呞

法華疏云昔五百世曾爲牛王牛若食後常事虛哨餘報未夷時人稱爲牛呞楞嚴云於過去世輕弄沙門世世生生有牛呞病爾雅作齝與呞同郭璞云食之已久復出嚼之亦翻牛王又翻牛相

畢陵伽婆蹉 七何切此云餘習五百世爲婆羅門餘氣猶高過恒水叱小婢駐流非彼實心蓋習氣也或名畢蘭(呂進)陀筏蹉此云餘習五百生惡性麤言今得餘習

孫陀羅難

陀孫陀羅此云好愛妻名也或云孫陀羅利此云善妙難陀云歡喜已号也簡放牛難陀故標其妻

優樓頻螺迦葉文句翻云木瓜林近此林居故孤山云此云木瓜癃音隆背前有癃如木瓜故又云禱此林神而生故得名也

伽耶迦葉孤山云伽耶山名即象頭山也文句翻城近此山故家在王舍城南七由旬

那提迦葉那提翻河西域記云捺地迦葉波舊曰那提迦葉訛也緝諸迦葉例無波字此亦略也毗婆尸佛時共樹剎柱

緣是爲兄弟

劫賓那此云房宿音秀父母禱房星感子舊云金毗羅此翻威如王

諾矩羅此云鼠狼山

提婆犀那西域記唐言天軍

憂婆提舍大論云憂婆秦言豕提舍星名即舍利弗父字也

優波斯那本行集云隋云最上征將

嗢烏沒呾羅西域記云唐言上

阿折羅西域記云唐言所行

迦留陀夷此云黑光亦云麁黑

顏色黒光故

優陀夷 此云出現日出時生故

優波尼沙陀 資中此云塵性以觀塵性空而得道故亦名優波尼殺曇

周陀 或云周利此云大路邊生佛本行經云其母是長者之女隨夫他國乆而有孕垂産思歸行至中路即誕其子如是二度凡生二子乃以大小而區別之大即周陀小即莎伽陀

莎先戈**伽陀** 或云般陀伽此云小路邊生又翻繼道以其弟生繼於路邊故名繼道

波濕縛 西域記云唐言脇由自誓曰我

若不通三藏理不斷三界欲得六神通具八解脱終不以脇而至於席故号脇尊者

須跋陀羅 此云好賢西域記云唐言善賢舊曰蘇跋陀羅訛也鳩尸那城梵志年一百二十泥洹經云須跋聰明多智誦四毗陀經一切書論無不通達爲一切人之所崇敬聞佛湼槃方往佛所聞八聖道心意開解遂得初果從佛出家又爲廣說四諦即成羅漢

迦多演尼子 西域記云迦陀衍那佛滅度後三百年出造發智論舊訛云迦旃延

末田地 亦名摩田地亦名摩

田提此云中阿難化五百仙人在河中得戒故曰摩田地西域記云達麗羅川中大伽藍側有刻木慈氏菩薩像通高百餘尺末田底迦羅漢携引匠人升覩史多天親觀妙相往來三返尒乃功畢

優波毱多 或名優波掘多此云大護或云笈其劫多佛滅百年出得無學果西域記云烏波毱多唐言近護秣音末兎羅國城東五六里嵓巖間有石室高二十餘尺廣三十餘尺四寸細籌填積其內尊者近護說法化導夫妻俱證羅漢果者乃下一籌異室別族雖證不記

室縷力主**多頻**

設底俱胝 丁尼切西域記云唐言聞二百億舊譯曰億耳謬也長者豪富晚有繼嗣時有報者輒賜金錢二百億因名其子曰聞二百億洎乎成立未曾履地故其足跖音隻毛長尺餘光潤細輭又西域記云富一億財一洛叉便耳著珠墜人知富也或云耳有珠環價直一億

摩訶波闍波提 此云大生主又云大愛道亦云憍曇弥此翻衆主西域記云鉢邏闍鉢底唐言生主舊云波闍波提者訛也

耶輸陀羅 此云華色亦云名聞悉達次妃天人

知識出家爲尼衆之主

宗釋論主篇第十

群生昏寢長夜冥冥先覺警世慧日爀爀故西域記明四日照世東有馬鳴南有提婆西有龍猛北有童受或通宗乎衆典或别釋於一經既分照乎四方乃俱破於群翳故今此集列論主焉

阿濕縛窶瞿庚**沙** 或名阿濕矩沙西域記云唐言馬鳴摩訶衍論曰若剋其本大光明佛若論其因第八地内住位菩薩西天竺誕生盧伽爲父瞿那爲毋同生利益過去世中有一大王名曰輪陁有千

白鳥皆悉好聲若鳥出聲大王增德若不出聲大王損德如是諸鳥若見白馬則其出聲若不見時常不出聲尒時大王徧求白馬終日不得作如是言若外道衆此鳥鳴者都破佛教獨尊獨信若佛弟子此鳥鳴者都破外道獨尊獨信尒時菩薩用神通力現千白馬鳴千白鳥紹隆正法令不斷絕是故世尊名曰馬鳴律宗統要鈔引緣異此學者須撿

那伽是龍曷樹那義翻爲猛

此出龍樹勸誡王頌彩字函西域記云那伽閼音遏剌那此云龍猛舊曰龍樹訛也什曰本傳云其母樹下

生之因自阿周那阿周那者樹名也以龍成其道故以龍字号曰龍樹輔行云樹學廣通天下無敵欲謗佛經而自作法表我無師龍接入宫一夏但誦七佛經目知佛法妙因而出家降伏國王制諸外道外道現通化爲花池坐蓮花上龍樹爲象拔蓮華撲外道作三種論一大悲方便論明天文地理作寶作藥饒益世間二大莊嚴論明修一切功德法門三大無畏論明第一義中觀論者是其一品大乘入楞伽云大慧汝應知善逝涅槃後未來世當有持於我法者南天竺國中大名德比丘厥号爲龍樹能破有無宗世

聞中顯我無上大乘法得
初歡喜地往生安樂國

提婆 此云天龍樹弟子
波吒釐城僧屈外
道經十二年不擊揵巨寒稚音地提婆重聲摧伏異道提婆
因入大自在廟廟金爲像像高六丈瑠璃爲眼大有
神驗求願必得怒目動睛提婆語曰神則神矣本以
精靈訓物而假以黃金瑠璃威炫音驕於世何斯鄙哉
便登梯鑿神眼衆人咸云神被屈辱婆曰欲知神智
本無漫心神知我心復何屈辱夜營厚供明日祭神
神爲肉身而無左眼臨祭歎曰能此施設眞爲希有
而我無眼何不施眼提婆即剜於洹已眼施之隨剜隨

出凡施萬眼神大歡喜問汞何願婆曰我辭不假他但未信受神曰如願即没不現神理交通咸皆信伏

鳩摩羅邏多 西域記翻童受

室利邏多 西域記唐言勝受起信論疏明五日論師以此論主照北印度

訶梨跋摩 宋言師子鎧苦亥佛涅槃後九百年出中天竺國婆羅門子初依薩婆多部出家造成實論

阿僧伽 西域記唐言無著是初地菩薩天親之兄佛滅千年從弥沙塞部出家三藏傳云夜升覩史陀天於慈氏所受

瑜珈師地論莊嚴大乘論中邊分別論晝則下天爲衆說法

婆藪蘇后盤豆

西域記云伐蘇畔度唐言世親舊曰婆藪盤豆譯曰天親訛謬言天親者菩薩乃是毗紐天親故云天親於說一切有部出家受業本自北印度至於此也無著命其門人令往迎候至此伽藍遇而會見無著弟子止戶牖外夜分之後誦十地經世親聞已感悟追悔甚深妙法昔所未聞毀謗之愆源發於舌舌爲罪本今宜斷除即執銛息廉刀將自斷舌乃見無著住立告曰夫大乘教者至真之理也諸佛所讚衆聖攸宗

言欲誨汝尔令自悟悟其時矣何善如之諸佛聖教斷舌非悔昔以舌毀大乘今以舌讚大乘補過自新猶爲善矣杜口絶言其利安在作是語已忽復不見世親承命遂不斷舌旦詣無著諮受大乘於是研精覃思製大乘論凡百餘部並盛宣行

佛陁僧訶 西域記云唐言師子覺無著弟子密行莫測高才有聞二三賢哲每相謂曰凡修行業願覲慈氏若先捨壽得遂宿心當相報語以知其至其師子覺先捨壽命三年不報世親菩薩尋亦捨壽時經六月亦無報命時諸異學咸皆譏誚以爲流轉惡

趣遂無靈鑒其後無著菩薩於夜初分方爲門人教授定法燈光忽翳空中大明有一天仙乘虛下降即進堦庭敬禮無著無著云尒來何暮今至何謂對曰從此捨壽往覩史多天慈氏内衆蓮華中生蓮華纔開慈氏讃曰善來廣慧旋遶纔周即來報命無著曰師子覺者今在何處曰我纔旋遶時見師子覺在外衆中躭著五欲無暇相顧無著曰慈氏何相演説何法曰慈氏相好言不能宣演説妙法義不異此然菩薩妙音清暢和雅聞者忘倦

陳那　西域記云唐言童授妙吉祥菩薩指誨傳授如慈恩

云因明論者元唯佛說文廣義散備在衆經故地持論云菩薩求法當於何求當於一切五明處求求因明者為破邪論安立正道劫初題目創標真似爰暨世親再陳軌式雖紀綱已列而幽致未分故使賓主對揚猶疑破立之則有陳那菩薩是稱命世賢劫千佛之一也匿跡巖藪栖巒等持觀述作之利害審文義之繁約于時巖谷震吼雲霞變彩山神捧菩薩足高數百尺唱言佛說因明論道願請重弘菩薩乃放神光照燭機感時彼南印土按達羅國王見放光明疑入金剛喻定請證無學果菩薩曰入定觀察將釋深

經心期大覺非願小果王言無學果者諸聖攸仰請
尊速證菩薩撫之欲遂王請妙吉祥菩薩因彈指警
曰何捨大心方興小志爲廣利益者當轉慈氏所說
瑜珈匡正頹綱可製因明重成規矩陳那敬受指誨
奉以周旋於是覃思研精乃作因明正理門論又輔
行云迦毗羅仙恐身死往自在天問天令往頻陀山
取餘甘子食可延壽食已於林中化爲石牀大有
不逮者書偈問石後爲陳那菩薩斥之書偈石裂

賓伽羅 中論序云天竺諸國敢預學者之流無不
翫味斯論以爲喉襟其染翰申釋者甚亦

不少今所出者是天竺梵志名賔伽羅秦言青目之所釋也其人雖信解深法而辭亦雅中其間乖闕繁重者法師皆裁而裨之

波毗吠伽

西域記唐言清辯靜而思曰非慈氏成佛誰決我疑遂於觀音菩薩像前誦隨心陀羅尼經涉三年菩薩現身謂論師曰何所志乎對曰願留此身待見慈氏菩薩曰人命難保宜修勝善生覩史天乃見慈氏對曰志不可奪也菩薩又云若其然者宜往馱那羯磔國城南山巖執金剛神所志誠誦持執金剛陀羅尼者當遂此願論師於是往而誦焉三載之後神出問云

伊何所願論師對曰願留此身待見慈氏神又謂曰此巖石內有脩羅宮如法行請石壁當開開即入中可以見也神又謂曰慈氏出世我當相報矣論師受命專精誦持又經三載乃呪芥子以擊石壁石壁乃開論師乃與六人入石壁裏入已石壁仍復如故

達磨波羅

西域記云唐言護法神負遠邇因即出家清辯論師外示僧佉之服內弘龍猛之學聞護法菩薩在菩提樹宣揚法教乃命門人往問訊曰仰德虛心爲日久矣然以宿願未果遂乖禮謁菩提樹者誓不空見見當有證稱天人師護

法菩薩謂其使曰人世如幻身命若浮未遑談議竟不會見

瞿拏鉢類婆

西域記云唐言德光作辯眞等論凡百餘部論主本習大乘未窮玄奥因覽毗婆沙論退業而學小乘作數十部論破大乘綱紀成小乘執著研精雖久疑情未除時有提婆犀那羅漢往來覩史多天德光願見慈氏決疑請益天軍以神通力接上天宮既見慈氏長揖不禮天軍謂曰慈氏菩薩次紹佛位何乃自高敢不致敬方欲受業如何不屈德光對曰尊者此言誠爲指誨然我具戒苾頻必芻丑朱出家弟子慈氏菩薩

受天福樂非出家之侶而欲作禮恐非所宜菩薩知其我慢心故非是法器往來三返不得請疑

達磨組莊呂邏多西域記云唐言法救舊曰達磨多羅訛也

伊濕伐邏西域記云唐言自在

佛地羅西域記云唐言覺取

布剌拏西域記云唐言圓滿

僧伽跋陀羅西域記云唐言衆賢

佛陀馱娑西域記云唐言覺使

尸羅跋陀羅

西域記云唐言戒賢唐奘三藏親承經論瞿那末底西域記云唐言德慧跋羅縷支西域記云唐言賢愛西印度人妙極因明摧大慢婆羅門生陷地獄慎那弗呾羅西域記云唐言最勝子製瑜珈師地釋論末笯乃胡曷利他西域記云唐言如意即婆沙論師般若羯羅奘傳云唐言慧生達摩畢利奘傳云唐云法愛達摩羯

羅裴傳云唐言法性阿黎耶馱娑裴傳云唐言聖使阿黎斯那裴傳云唐言聖軍阿黎耶伐摩裴傳云唐言聖冑秣奴若瞿沙裴傳云唐言如意聲達摩欎多羅此云法尚佛滅八百年出造雜毗曇

宗翻譯主篇第十一

彥琮法師云夫預翻譯有八備十條一誠心受法志

在益人二將踐勝場先牢戒足三文詮三藏義貫五乘四傍涉文史工綴典詞不過魯拙五襟抱平恕器量虛融不好專執六沉於道術淡於名利不欲高衒七要識梵言不墜彼學八傳閱蒼雅粗諳篆隸不昧此文十條者一句韻二問荅三名義四經論五歌頌六呪功七品題八專業九字部十字聲宋僧傳云譯場經館設官分職可得聞乎曰此務所司先宗譯主即齎葉書之三藏明練顯密二教者是也次則筆受者必言通華梵學綜有空相問委知然後下筆西晉僞秦巳來立此員者即沙門道含玄賾姚嵩聶承

遠父子至于帝王執翰即興梁武太后中宗又謂之綴文也次則度語正云譯語亦名傳語傳度轉令生解矣如翻顯識論沙門戰陀譯語是也次則證梵本者求其量果密以證知能詮不差所顯無謬失如居士伊舍羅證譯毗奈耶梵本是也至有立證梵義一員乃明西義得失貴令華語下不失梵義也復立證禪義一員沙門大通曾充之次則潤文一位員數不恒令通內外學者充之良以筆受在其油素文言豈無俚俗儻不失於佛意何妨刋而正之故義淨譯場李嶠韋嗣立盧藏用等二十餘人次文潤色也次則證

義一位盖證巳譯之文所詮之義也如譯婆沙論慧嵩道朗等三百人考證文義唐復禮累場充其任焉次有梵唄者法筵肇啓梵唄前興用作先容令生物善唐永泰中方闡此位也次有校勘清隋彦琮覆疎文義盖重慎之至也次有監護大使後周平高公侯壽爲惣監檢校唐房梁公爲奘師監護相次觀楊慎交杜行顗等充之或用僧負則隋以明穆曇遷等十人監掌翻譯事詮定宗旨也譯經圖紀云惟孝明皇帝永平三年歲次庚申帝夢金人項有日光飛來殿庭上問群臣太史傅毅對曰臣聞西域有神号之爲

佛陛下所夢其必是乎至七年歲次甲子帝勑郎中蔡愔挹淫中郎將秦景博士王遵等一十八人西尋佛法至印度國請迦葉摩騰竺法蘭用白馬馱經并將畫釋迦佛像以永平十年歲次丁卯至于洛陽帝悦造白馬寺譯四十二章經至十四年正月一日五岳道士褚善信等負情不悦因朝正之次表請較試勑遣尚書令宋庠引入長樂宮帝曰此月十五日大集白馬寺南門尔日信等以靈寶諸經置道東壇上帝以經像舍利置道西七寶行殿上信等遶壇涕泣啓請天尊詞情懇切以栴檀柴等燒經冀經無損並爲

灰燼先時升天入火履水隱形皆不復能善蓋呪者呼策不應時太傅張衍語信曰所試無驗即是虛妄宜就西域眞法時南岳道士費叔才等慙愧自感而死時佛舍利光明五色直上空中旋環如蓋徧覆大衆映蔽日輪摩騰先是阿羅漢即以神足游空飛行坐卧神化自在時天雨寶華及奏衆樂感動人情摩騰復坐法蘭說法時衆咸喜得未曾有時後宮陰夫人王婕音接好以諸等一百九十人出家司空楊城侯劉善峻等二百六十人出家四岳道士呂慧通等六百二十人出家京都張子尚等三百九十一人出家帝親與

群官爲出家者剃髮給施供養經三十日造寺城外七所安僧城內三寺安尼具如漢明法本內傳道家尹文操斥法本內傳是羅什門僧安造通慧辨云明帝夢金人事出後漢紀此若虛安豈名信史耶又吳書闞澤對吳主云褚善信費叔才自感而死豈是羅什門徒所造

迦葉摩騰中印度人婆羅門種幼而敏悟兼有風姿博學多聞特明經律思力精拔探賾鈎深敷文抉理義出神表嘗游西印度有一小國請騰講金光明經俄而隣國興師來將踐境輒有事礙兵不能進彼國兵衆疑有異術密遣使覘康穀但見君臣安然共聽其所講經明地神王護國之

法於是彼國覩斯神驗請和求法時蔡愔等邀請於騰騰與愔等俱來見帝終于洛陽

竺法蘭

中印度人少而機悟淹雅博愛多通禪思妙窮毗尼誦經百餘萬言學徒千餘居不求安常懷弘利戒軌嚴峻衆莫能窺遇愔求請便有輕舉之志而國主不聽密與騰同來間行後至共譯四十二章騰卒自譯五經

曇摩迦羅

此云法時印度人也幼而才敏質像傀公回偉善四韋陀妙五明論圖讖運變靡所不該自謂在世無過於己嘗入僧坊遇見法勝毗曇尋勤省莫知旨趣乃

深歎曰佛法鈎深因即出家誦大小乘游化許洛事鈔云自漢明夜夢之始迦竺傳法已來迄至曹魏之初僧徒極盛未禀歸戒止以翦落殊俗設復齋懺事同祀祠後有中天竺曇摩迦羅誦諸部毗尼以魏嘉平至雒陽立羯磨受法中夏戒律始也準用十僧大行佛法改先妄習出僧祇戒心又有安息國沙門曇諦亦善律學出曇無德羯磨即大僧受法之初也

康僧鎧 印度人廣學群經義暢幽旨嘉平四年於洛陽白馬寺譯無量壽經

支謙 月氏國優婆塞也漢末游洛該覽經籍及諸伎

藝善諸國語細長黑瘦白眼黃睛時人語曰支郎眼中黃形軀雖細是智囊武烈皇帝以其才慧拜爲博士譔譯經典深得義旨

維祇難　此云障礙印度人學通三藏妙善四含游化爲業武昌譯經

康僧會　康居國大丞相之長子世居印度年未齒學俱喪二親至性篤孝服畢入道厲行清高弘雅有量解通三藏慧貫五明辯於樞機頗屬文翰以吳初染佛法大化未全欲使江左興立圖寺赤烏四年仗錫建康楊都譯經

竺曇摩羅察　此云

法護月氏國人甚有識量天性純懿操行精苦篤志好學萬里尋師屆茲未久博覽六經游心七籍解三十六種書詁訓音義無不備識日誦萬言過目咸記先居燉煌後處青門大周目録云大康七年譯正法華

尸利密多羅 此云吉友西域太子以國讓弟遂爲沙門天姿高朗風神俊邁儀皃卓然出於物表晉元帝世來游建康王公雅重世号高座法師譯灌頂等經

瞿曇僧伽提婆 或名提和此云衆天罽賓國人風采可範樞機有彰沉慮

四禪研心三藏初於符秦帝國譯阿毗曇八犍度等

卑摩羅叉 此云無垢眼罽賓國人澄靜有志履道苦節世号青目律師羅什師事改譯什公十誦

佛馱跋陀羅 此云覺賢大乘三果人甘露飯王之苗裔於此與羅什相見什所有疑多就咨決東晉義熙十四年於謝司空寺譯華嚴六十卷堂前池内有二童子常從池出捧香散華

法顯 姓龔平陽武陽人常翫經律舛缺誓志尋求以晉安帝隆安三年歲次己亥游歷印度義熙元年歲次乙巳

汎海而還楊都譯經

曇摩耶舍

此云法稱罽賓國人少而好學長而弥篤神爽高雅該覽經律陶思八禪游心七覺明悟出群幽鑒物表欲苦節求果天神語云何不觀方弘化而獨守小善於是歷游諸國譯差摩等經

九

鳩摩羅什婆

此云童壽祖印度人父以聰敏見稱龜茲王聞以女妻之而生於什什居胎日母增辯慧七歲出家日誦千偈義旨亦通至年九歲與外道論義辯挫邪鋒咸皆愧伏年十二有羅漢奇之謂其母曰常守護之若年三十五不破戒者當

大與佛法度無數人又習五明四韋陀典陰陽星筭必窮其妙後轉習大乘數破外道近遠諸國咸謂神異毋生什後亦即出家聰拔衆尼得第三果什既受具毋謂之曰方等深教應大闡秦都於汝自身無利如何什曰菩薩之行利物亡軀大化必行鑪鑊無恨從此已後廣誦大乘洞其祕奧西域諸王請什講説必長跪座側命什踰登符堅建元九年太史奏云有德星現外國當有大德智人入輔中國堅曰朕聞西域有羅什襄陽有道安將非此耶後遣將軍呂光等率兵七萬西伐龜茲光與什同來什在道數言應變光

盡用之光據西涼亦請什留至姚秦弘始三年興滅西吕方入長安秦主興厚加禮之延入西明閣及逍遥園别館安置勑僧䂮（音略）等八百沙門諮受什旨興畢萬乘之心尊三寶之教於草堂寺共三千僧手執舊經而參定之莫不精究洞其深旨時有僧叡興甚嘉焉什所譯經叡並參正然什詞喻婉約出言成章神情鑒徹傲岸出群應機領會鮮有其匹且篤性仁厚汎愛爲心虚己善誘終日無倦南山律師嘗問天人陸玄暢云什師一代所翻之經至今若新受持轉盛何耶荅云其人聰明善解大乘已下諸人並皆俊

乂一代之寶也絕後光前御之所不及故其所譯以悟達爲先得佛遺寄之意也又從毗婆尸佛已來譯經又云什師位階三賢文殊指授令其删定

佛馱耶舍　此云覺明　罽賓國人操行貞白戒節堅固儀止祥淑視瞻不凡五明四韋之論三藏十二之典特悟深致流辯無滯以姚秦弘始年達于姑臧什先師之勸與往邀與即勑迎并有贈遺笑不受曰明旨既降便應載馳檀越待士既厚脫如羅什見處未敢聞命重使敦喻方至長安與自出迎別立新省於逍遙園四事供養並皆不受時至

分衛一食而已耶舍赤髭時人號爲赤髭毗婆沙與凡所供給衣服卧具滿三間屋不以關心興爲貨之造寺

曇摩讖

或曇無讖此云法豐中印度人日誦萬言初學小乗五明諸論後遇白頭禪師敎以大乗十日交諍方悟大旨讖明解呪術所向皆驗西域号爲大神呪師以北凉沮渠玄始元年至姑臧賫涅槃經前分十卷并菩薩戒止於傳舍慮失經本枕之而卧夜有神人牽讖墮地讖謂爲盜如是三夕乃聞空中聲曰此是如來解脫之藏何爲枕之讖聞慚寤乃安高處盜者夜捉提舉不能明旦讖持

不以爲重盜謂聖人悉來拜謝遂聞識名厚遇請譯

佛馱斯那 此翻覺軍天才聰朗誦半億偈經明了禪法西方諸國号爲人中師子口誦梵本北涼譯經

浮陀跋摩 此云覺鎧西域人志操明直聰悟出群雖復徧集三藏偏善毗婆沙論常誦此部用爲心要

智猛 雍州人禀性端厲明行清白少襲法服修業專誠志度宏邈情深佛法西尋靈迹北涼永和年中西還翻譯

曇摩蜜多 此云法秀罽賓國人生而連眉

沉竄遂慧鑒常有善神潛形密護每之國境神夢告王去亦如之宋文元嘉建業翻譯

畺梁耶舍 此云時稱西域人性剛直寡嗜欲深善三藏多所諳知尤工禪思宋文元嘉元年鐘山翻譯僧含筆受

伊葉波羅 此云自在西域人善通三藏解貫四舍宋文元嘉彭城翻譯

智嚴 涼州人道化所被幽顯咸伏未出家前曾犯五戒後受僧具疑不得戒遂泛海至印度咨問羅漢亦不能決爲詣彌勒慈氏咨云得戒嚴甚喜焉得經梵本宋文元嘉楊都翻

譯**求那跋摩** 宋云功德鎧罽賓王之少子洞明九部博曉四含深達律品妙入禪要誦經百餘萬言罽賓王薨衆請紹位恐爲戒障遂林栖谷飲孤行山野遁跡人世形儀感物見者發心宋文元嘉達于建業帝見弟子常欲齋戒不殺迫以身徇於物不獲從志法師何以教之對曰夫道在心不在事法由己非由人且帝王與匹夫所修各異匹夫身賤名劣言令不威若不尅己苦躬將何爲用帝王以四海爲家兆民爲子出一嘉言士女咸悅布一善政人神以和固當形不夭命役無勞力則使風

雨適時寒暖應節百穀滋繁桑麻欝茂如此持齋
齋亦大矣如此不殺德亦衆矣寧在鈌半日之飡全
一禽之命然後方爲弘濟耶帝大悦曰法師所言眞
謂開悟人心明達物理談盡於人天之際矣事鈔云
宋元嘉七年至楊州譯善戒等經爲比丘尼受具初
緣又後有師子國尼八人來至云宋地未經有尼何
得二衆受戒摩云尼不作本法者得戒得罪尋佛制
意法出大僧但使僧法成就自然得戒所以先令作
本法者正欲生其信心爲受戒方便耳至於得戒在
大僧羯磨時生也諸尼苦求更受荅曰善哉夫戒定

慧品從微至著若欲增明甚相隨喜且令西尼學語更往中國請尼令足十數至元嘉十年有僧伽跋摩者此云衆鎧解律雜心自涉流沙至楊州初求那許尼重受未備而終俄而師子國尼鐵索羅等三人至京足前十數便請衆鎧爲師於壇上爲尼重受

寶雲 證第二果西涼州人自少出家精勤碩學志韻剛潔不偶世群求法懇惻忘身徇道以晉隆安年初西尋靈迹經羅刹之野聞天鼓之音禮釋迦影迹受羅漢之語歷遊西方善梵書語印度字音訓釋詞句悉皆備解後來長安復至江左

求

那跋陀羅此云功德賢中印度人幼學五明四韋陀論志性明敏度量該博後遇雜心莫測涯際方悟佛法崇深投簪落彩專精志業博通三藏慈和恭恪事師盡禮捨小學大深悟幽旨宋文勅住祇洹荆州刺史南譙王劉義宣嘗請講華嚴經跋陀自愧未善宋言旦夕禮懺求觀世音忽夢有人白服持劒擎一人頭來謂陀曰何故憂耶陀以意對荅曰不須多憂即便以劒易於陀首更安新頭問曰得無痛耶荅曰不痛既寤心神喜悅於是就講辯注若流後還楊都屬帝宴會王公畢集帝欲試

其機辯弁解人意不帝見其白首而謂曰師今日不負遠來之意自外知何唯有一在賢即荅言慕化遠來天子恩遇垂三十載今年七十一唯一死在帝大悦

曇無竭 此云法勇亦云法上姓李黃龍人㓜爲沙弥勤修苦行持戒誦經爲師所重甞聞法顯躬踐佛國慨然有忘身之誓以武帝永初年招集同志僧猛等二十五人共遊西域二十餘年自餘並死唯竭獨還於罽賓得梵經本楊都翻譯

功德直 西域人道契既廣善誘日新宋大明年到荆州爲釋玄暢翻譯暢刊正文義詞

旨婉密舒手出香掌中流水莫之測也

達摩摩提 此云法意西域人悟物情深隨方啓喻齊武永明譯提婆達多品

求那毗地 此云德進中印度人誦大小乘二十萬言陰陽圖讖莫不窮究執錫戒塗威儀端肅齊武永明翻譯

曇摩流支 此云法希亦曰法樂南印度人偏以律藏傳名弘道爲務感物而動遊魏洛陽

菩提流支 此名覺希北印度人遍通三藏妙入惣持志在弘法廣流視聽魏宣武帝洛陽翻譯

勒那摩提 或云婆提此言寶意中印度人誦一億偈博贍之富理事兼通尤明禪法魏宣武帝請講華嚴詞義開悟忽於高座見大官執笏云天帝請師講華嚴意曰今法席未終經訖從命然法不獨貴都講香火維那梵唄請亦定之使如其言講將了見前使來迎果與都講等五人俱於座終道俗咸覩

曼陁羅 此言弱聲亦云弘弱扶南國人神解超悟幽明畢觀無憚夷險志存弘化梁武揚都翻譯

波羅末陀 此云眞諦亦云拘那羅陀此曰親依西印

度優禪尼國人景行澄明器宇清肅風神爽拔悠然自遠群藏廣部罔不措懷藝術異解偏素諳練梁武泰清於寶雲殿譯經屬侯景紛糺乃適豫章始興南康等雖復栖惶譯業無輟即汎舶西歸業風賦命飄還廣州住制止寺翻譯訖陳泰建譯五十部

闍那崛多 此言志德北印度人刹帝利種少懷達量長垂清範遊涉行化來達兹境周武帝世譯普門重頌

達摩笈多 隋言法密南賢豆國人開皇十年來屆瓜州文帝延入京寺義理允正稱經微旨然而慈

恕立身恭和成性心非道外行在説前戒地夷而靜
定水幽而潔經洞字原論探聲意容儀祥正勤節高
猛誦響繼昏晨法言通内外好端居而簡務貴寡欲
而息求無倦誨人有踰利己至煬帝定鼎東都置翻
譯館

波羅頗迦羅 唐言作明知識或云波頗
此云智光中印度人刹帝
利種識度通敏器宇沖邃博窮内外研精大
小揩傳法化不憚艱危遠涉葱河貞觀届此

奘 河南洛陽人俗姓陳氏潁川陳仲弓之後鳩車
之齡落髮竹馬之齒通玄墻仞干霄風神朗月

京洛名德咸用器之戒具云畢徧肆毗尼儀止祥淑妙式群範閱筌蹄乎九丘探幽旨于八藏常慨敎缺傳匠理翳譯人遂使如意之寶不全雪山之偈猶半於是杖錫裹足履險若夷既屆梵境籌諮無倦五明四含之典三藏十二之筌七例八轉之音三聲六釋之句皆盡其微畢究其妙法師討論一十七周遊覽百有餘國貞觀十九年迴靶訮布上京勅弘福寺翻譯已上多出靜邁法師譯經圖紀伽梵達摩智昇續譯經圖紀云唐云尊法西印度人譯大悲經阿地瞿多唐言

無極高中印度人學窮滿字行潔圓珠精練五明妙通三藏天皇永徽長安翻譯

那提唐言福生具依梵言則云布如焉伐耶此但訛略而云那提也本中印度人慈恩翻譯

地婆訶羅唐言日照中印度人洞明八藏博曉四含戒行清高學業優贍尤工呪術兼洞五明志在利生來譯弘福

佛陀多羅唐云覺救罽賓人也於白馬寺譯圓覺經

佛陀波利唐云覺護罽賓國人忘身徇道遍觀靈跡聞文殊在清涼山遠涉流沙躬來禮謁天皇儀

鳳元年杖錫五臺虔禮聖容倏見一翁從山出來作
婆羅門語謂波利曰師何所求波利荅曰聞文殊隱
山來欲瞻禮翁曰師將佛頂尊勝陁羅尼經來不此
土衆生多造諸罪佛頂呪除罪祕方若不將經徒來
無益縱見文殊何必能識可還西國取經傳此弟子
當示文殊所在波利便禮舉頭不見老人遂返本國
取得經來肰奏天皇遂令杜行顗及日照三藏於内
共譯經留在内波利泣奏志在利人請布流行帝愍
專志遂留所譯之經還其梵本波利將向西明與僧
順貞共譯佛頂尊勝陀羅尼經所願已畢持經梵本

入於五臺于今不出

實叉難陁 唐言學喜于闐國人智度弘曠利物爲心善大小乘兼異學論天后明揚佛日敬重大乘以華嚴舊經處會未備遠聞于闐有斯梵本發使迎請實叉與經同來赴洛重譯

義淨 齊州人俗姓張字文明髫齔之年辤榮落髮徧詢名匠廣探群籍內外通曉今古徧知年十有五志遊西域徧師名匠學大小乘所爲事周還歸故里凡所遊歷三十餘國往來問道出二十年天后證聖河洛翻譯

達摩流支 唐言法希天后

改爲菩提流志唐云覺愛南印度人婆羅門種姓迦葉氏聡叡絶倫風神爽異生年十二外道出家年登耳順自謂孤行撩僧論議賭爲居委以身事時有耶舍瞿沙知其根熟遂與交論未越幾關詞理俱屈始知佛日高明匪螢燈並照法海深廣豈涓滴等潤投身敬事専學佛乗未越五年通達三藏天皇遠聞雅譽遣使往邀未及使還白雲遽駕暨天后御極赴京翻譯至和帝龍興譯寶積經此經玄奘昔翻數行乃歎此土群生未有緣矣余氣力衰竭因而遂輟和帝命志續奘餘功遂譯于世

般剌蜜

帝唐云極量中印度人懷道觀方隨緣濟度展轉遊化達我支那乃於廣州制旨道場譯首楞嚴自漢至唐翻譯儒釋惣有二百九十二人今略編集現行經人苟欲具知當披新舊譯經圖紀

釋迦弥多羅此云能支師子國長壽沙門三果聖人唐高宗欽重

彌伽釋迦說題云釋迦稍訛正云鑠佉此曰雲峰璿云此云能降伏

七衆弟子篇第十一

大論云佛弟子七衆一比丘二比丘尼三學戒尼四

沙弥五沙弥尼六優婆塞七優婆夷然諸經中標四衆者自古皆以比丘比丘尼優婆塞優婆夷爲四衆天台乃立發起當機影響結緣以爲四衆是則七衆雖别四衆咸通七四共成二十八衆

室灑 舊翻弟子新云所敎南山曰學在我後名弟解從師生名子天台云師有匠成之能學者具資稟之德資則捨父從師敬師如父師之謙讓處資如弟故夫子云回也處余如父余也處回如弟律云和尚於弟子當生兒想弟子於和尚當生父想司馬彪曰徒弟子謂門徒弟子老子云善人

不善人之師不善人善人之資也南山云佛法增益廣大實由師資相攝互相敦遇財法兩濟日益業深行久德固皆賴此矣比眞教陵遲慧風掩扇俗懷侮慢道出非法並由師無率誘之心資鈌奉行之志二彼相捨妄流鄙境欲今道光焉可得乎

比丘 大論云比丘名乞士清淨活命故復次比名破丘名煩惱能破煩惱故復次比名怖丘名能能怖魔王及魔人民淨名疏云或言有翻或言無翻言有翻者翻云除饉衆生薄福在因無法自資得報多所饉乏出家戒行是良福田能生物善除因果之饉乏也

言無翻者名含三義智論云一破惡二怖魔三乞士一破惡者如初得戒即言比丘以三羯磨發善律儀破惡律儀故言破惡若通就行解戒防形非定除心亂慧悟想虛能破見思之惡故名破惡二怖魔者既能破惡魔羅念言此人非但出我界域或有傳燈化我眷屬空我宮殿故生驚怖通而言之三魔亦怖三名乞士者乞是乞求之名士是清雅之稱出家之人內修清雅之德必須遠離四邪淨命自居福利衆生破憍慢心謙下自卑告求資身以成清雅之德故名乞士又云此具三義一殺賊從破惡以得名二不生從

怖魔而受稱三應供因乞士以成德涅槃說四種比丘一者畢竟道無學二者示道初二三果三者受道通內外凡四者汙道犯四重者善見論云善來得戒三衣及瓦鉢貫著左肩上鉢色如青鬱鉢羅華袈裟鮮明如赤蓮華針線斧子漉囊備具

比丘尼

善見云尼者女也文句云通稱女爲尼智論云尼得無量律儀故應次比丘佛以儀法不便故在沙門後比丘尼稱阿姨師姨者通慧指歸云阿平聲即無遏音盖阿音轉爲遏也有人云以愛道尼是佛姨故傚嗄阿姨今詳梵云阿梨夷此云尊者或翻聖者今言阿姨略也

僧祇云阿梨耶僧聽是也事鈔尼衆篇云善見佛初不度女人出家爲滅正法五百年後爲説八敬聽出家依教行故還得千年今時不行隨處法滅會正記云佛成道後十四年姨母求出家佛不許度阿難爲陳三請佛令慶喜傳八敬向説若能行者聽汝出家彼云頂戴持言八敬者一者百歲比丘尼見初受戒比丘當起迎逆禮拜問訊請令坐二者比丘尼不得罵謗比丘三者不得舉比丘罪説其過失比丘得説尼過四者式叉摩那已學於戒應從衆僧求受大戒五者尼犯僧殘應半月在二部僧中行摩那埵六者尼

半月内當於僧中求教授人七者不應在無比丘處夏安居八者夏訖當詣僧中求自恣人如此八法應尊重恭敬讃歎盡形不應違今述頌曰禮不罵謗不舉過從僧受戒行摩那半月僧中求教授安居近僧請自恣

式叉摩那 此云學法女四分十八童女應二歲學戒又云小年曾嫁年十歲者與六法十誦中六法練心也能持六法方與受具二年者練身也可知有胎無胎事鈔云式叉尼具學三法一學根本謂四重是二學六法即羯磨所謂染心相觸盜人四錢斷畜生命小妄語非時食飲

酒也三學行法謂一切大尼戒行並須學之若學法中犯者更與二年羯磨僧祇云在大尼下沙弥尼上坐今述頌曰染心相觸盜四錢斷畜生命小妄語戒非時食及飲酒是名式叉學六法

沙弥

南山沙弥別行篇云此翻息慈謂息世染之情以慈濟群生也又云初入佛法多存俗情故須息惡行慈也音義云沙弥二字古訛略也唐三藏云室利摩拏路迦此翻勤策男寄歸傳云授十戒巳名室羅末尼譯爲求寂最下七歲至年十三者皆名駈烏沙弥若年十四至十九名應法沙弥若年二十巳上皆号名字沙

弥

沙弥尼 奘三藏云室利摩拏理迦此云勤策女

優婆塞

優婆夷 肇曰義名信士男信士女淨名疏云此云清淨士清淨女亦云善宿男善宿女雖在居家持五戒男女不同宿故云善宿此未可定用荆溪云依餘經文但云近佛得善宿名不可定云男女不同宿也涅槃疏云一日一夜受八戒者名爲善宿優婆塞西域記云鄔波索迦唐言近事男舊曰伊蒲塞又曰優婆塞皆訛也鄔波斯迦唐言近事女舊優婆斯又曰優婆夷皆訛也言近事者親近

承事諸佛法故後漢書名伊蒲塞注云即優婆塞也中華翻爲近住言受戒行堪近僧住也或名檀那者要覽曰梵語陀那鉢底唐言施主今稱檀那訛陀爲檀去鉢底留那也思大乘論云能破慳悋嫉妬及貧窮下賤苦故稱陀後得大富及能引福德資粮故稱那又稱檀越者檀即施也此人行施越貧窮海

釋氏衆名篇第十三

古者出家從師命氏如帛法祖竺道生之流也東晉安法師受業佛圖澄乃謂師莫過佛宜通稱釋氏後增一阿含流傳此土經敘佛告諸比丘有四姓出家者

無復本姓但言沙門釋子是釋子非沙門乃王種也是沙門非釋子婆羅門也是沙門是釋子乃比丘也非沙門非釋子二賤姓也所以然者生由我生成由法成其猶四大河皆從阿耨泉出又弥沙塞云汝等比丘離類出家皆捨本姓稱釋子沙門又長阿含云弥勒弟子皆稱慈子自非大權應迹豈能立姓與經懸會故天神稱爲印手菩薩然淨名云夫出家者爲無爲法天台釋云若見佛性出二死家方真出家應具四句一形心俱不出二形出心不出三形不出心出即是觀行出家什曰若發無上道心心超三界形雖有繫乃真出家四者形心俱出故南山云真誠出家者怖四怨之多苦厭三界之無常辭六親之至

愛捨五欲之深著能如是者名眞出家則可紹隆三寶度脫四生利益甚深功德無量其衆名號今列翻譯

僧伽　大論秦言衆多比丘一處和合是名僧伽譬如大樹叢林是名爲林淨名䟽云律名四人已上皆名衆律鈔曰此云和合衆和合有二義一理和謂同證擇滅故二事和別有六義戒和同修見和同解身和同住利和同均口和無諍意和同悅什師云欲令衆和要由六法一以慈心起身業二以慈心起口業三以慈心起意業四若得食時減鉢中飯供養上座一人下座一人五持戒清淨六徧盡智慧肇曰

非眞心無以具六法非六法無以和群衆衆不和非敬順之道也又僧名良福田者報恩經云衆僧者出三界之福田謂比丘具有戒體戒爲萬善之根是故世人歸信供養種福如沃壤之田能生嘉苗故号良福田大論云是僧四種一有羞僧持戒不破身口清淨能別好醜未得道二無羞僧破戒身口不淨無惡不作三啞羊僧雖不破戒根鈍無慧不別好醜不知輕重不知有罪無罪若有僧事二人共諍不能斷決默然無言如白羊人殺不能作聲四實僧若學無學住四果中行四向道是名實僧唐太宗嘗問玄奘三

藏欲樹功德何最饒益法師對曰衆生寢惑非慧莫啓慧芽抽植法爲其資弘法由人即度僧爲最

沙門　或云桑門或名沙迦懣（門字上聲）曩皆訛正言室摩那拏或舍羅磨拏此言功勞言修道有多勞也什師云佛法及外道凡出家者皆名沙門肇云出家之都名也秦言義訓勤行勤行取涅槃阿含經云捨離恩愛出家修道攝御諸根不染外欲慈心一切無所傷害遇樂不忻逢苦不戚能忍如地故號沙門後漢書郊祀志云沙門漢言息心削髮去家絕情洗欲而歸於無爲也瑞應云息心達本源故號爲沙

門或云具名沙門那此云乏道以爲良福田故能斷
衆生饉乏以修八正道故能斷一切邪道故迦葉品
云沙門那者即八正道沙門果者從道畢竟永斷一
切貪嗔癡等云云世言沙門名之那者名道如是道者
斷一切乏斷一切道以是義故名八正道爲沙門那
從是道中獲得果故名沙門果或以沙門翻勤息垂
裕記云謂勤行衆善止息諸惡息界內惡者藏通沙
門次第息界内外惡者别教沙門一心徧息内外諸
惡者圓融沙門瑜伽論云有四沙門一勝道沙門即
佛等二説道沙門謂説正法者三活道沙門謂修諸

善品者四汙道沙門謂諸邪行者

苾芻 古師云含五義一體性柔輭喻出家人能折伏身語麁獷故二引蔓旁布喻出家人傳法度人連延不絕故三馨香遠聞喻出家人戒德芬馥爲衆所聞四能療疼痛喻出家人能斷煩惱毒害故五不背日光喻出家人常向佛日故智論云出家多修智慧智慧是解脫因緣俗人多修福德福德是樂因緣僧祇云供養舍利造塔寺非我等事彼國王居士樂福之人自當供養比丘事者所謂結集三藏勿令佛法速滅

和尚 或和闍羯磨疏云自古翻譯多

雜蕃胡胡傳天語不得聲實故有訛僻傳云和尚梵本正名鄔波遮迦傳至于闐翻爲和尚傳到此土什師翻名力生舍利弗問經云夫出家者捨其父母生死之家入法門中受微妙法蓋師之力生長法身出功德財養智慧命功莫大焉又和尚亦翻近誦以弟子年少不離於師常逐常近受經而誦善見云和尚外國語漢言知有罪知無罪也明了論本云優波陀訶翻爲依學依此人學戒定慧故即和尚也義淨云鄔波陀耶此云親教師由能教離出世業故故和尚有二種一親教即受業也二依止即禀小學也毗柰耶云弟子門人纔見師時即須起立

若見親教即捨依止

闍梨 或阿祇利寄歸傳云梵語阿遮黎耶唐言軌範今稱闍黎訛略菩提資粮論云阿遮梨夜隋言正行南山鈔云能糾正弟子行故四分律明五種阿闍梨一出家阿闍梨所依得出家者二受戒阿闍梨受戒作羯磨者三教授阿闍梨教授威儀者四受經阿闍梨所從受經若說義乃至四句偈五依止阿闍梨乃至依住一宿者和尚及依止多已十夏者爲之上四師皆多已五夏者爲之

頭陀 新云杜多此云抖擻亦云修治亦云洮汰垂裕記云抖擻煩惱故也善住

意天子經云頭陀者抖擻貪欲嗔恚愚癡三界内外六入若不取不捨不修不著我説彼人名爲杜多今訛稱頭陀大品云須菩提説法者受十二頭陀一作阿蘭若二常乞食三納衣四一坐食五節量食六中後不飲漿七塚間住八樹下九露地住十常坐不卧十一次第乞食十二但三衣大論六十七云十二頭陀不名爲戒能行則戒莊嚴不能行不犯戒然論但依經次第廣釋不分部位諸文引用多誤故此點出南山律鈔位分爲四衣二一納衣二但三衣食四一乞食二不作餘食法三一坐四一揣徒端切揣者雜也一和雜者不以種種感貯名一揣

食處五一蘭若二塜間三樹下四露坐五隨坐威儀常坐此無次第乞食處加隨坐通源記引南山云季世佛法崇尚官榮僥倖之夫妄生朋異庶因斯語自省厥躬至若謂利養如毛繩視朱門爲蓬戶尚思曳尾猶被輿嘲況乎以咳唾爲恩眄睞成餙潛通惠好強事趨馳縱假寵於一時終受嗤於羣口榮不補辱夫何誤哉

婆檀陀 大論秦言大德毗柰耶律云佛言從今日後小下苾蒭於長宿處應喚大德

體毗履 此云老宿他毗利此云宿德

悉替那 此云上座五分

律佛言上更無人名上座道宣勅爲西明寺上座列寺主維那之上毗尼毋云從無夏至九夏是下座自十夏至十九夏是中座自二十夏至四十夏是上座五十夏已上一切沙門之所尊敬名耆宿毗婆沙論云有三上座一生年上座即尊長者具舊戒名真生故二世俗上座即知法富貴大財大位大族大力大眷屬雖年二十皆應和合推爲上座三法性上座即阿羅漢律云瓶沙王稱佛弟子爲上人大品經佛言若菩薩一心行阿耨多羅三藐三菩提心不散亂是名上人瑜珈論云無自利利他行者名下士有自利

無利他名中士有二利名上士

摩摩帝 或云毗呵羅莎弭婢名此云寺主僧史略云詳其寺主起乎東漢白馬寺也寺既爰處人必主之于時雖無寺主之名而有知事之者東晉以來此職方盛故梁武造光宅寺召法雲爲寺主創立僧制

維那 南山云聲論翻爲次第謂知僧事之次第寄歸傳云華梵兼舉也維是綱維華言也那是梵語刪去羯磨陀三字也僧史略云梵語羯磨陀那譯爲事知亦云悅衆謂知其事悅其衆也稽其佛世飲光統衆於靈鷲身子涖事於竹林音義指

歸云僧如綱假有德之人爲綱繩也隋智琳潤州刺史李海游命琳爲斷事綱維迩後寺立三綱上座維那典座也

鐸曷攞 寄歸傳云唐言小師毗奈耶云難陀比丘呼十夏比丘爲小師如僧叡謂僧導云君當爲萬人法主豈可對揚小師乎

阿夷恬 此云新學亦云新發意

翻譯名義集第一

宋太尉宅施錢十四貫足助開
此集增崇福慧

東掖白蓮教院住持 與咸
翻譯名義回施五貫助集流布
開元寺都僧正普照大師 智善 助錢開集二版
比丘 淨行 遂 各開一版並用莊嚴淨土
比丘 祖輝 等回施蓮華淨社剩十七貫足助開
此集莊嚴淨土
傳法寺比丘尼 彦楷 施五貫足
莊嚴淨土
常熟縣明靜菴淨人蘇 彦億 募錢十二貫足
各隨施主願心如意

翻譯名義集二

姑蘇景德寺普潤大師　法雲　編

八部第十四　四魔第十五
仙趣第十六　人倫第十七
長者第十八　外道第十九
六師第二十　鬼神第二十一
畜生第二十二　地獄第二十三
時分第二十四

八部篇第十四

一天二龍三夜叉四乾闥婆五阿脩羅六迦樓羅七

緊那羅八摩睺羅伽原夫佛垂化也道濟百靈法傳世也慈育萬有出則釋天前引入乃梵王後隨左輔大將由滅惡以成功右弼房密金剛用生善而爲德三乘賢聖旣肅尒以歸投八部鬼神故森然而翊衞今此篹集宜應編録

提婆

此云天法華疏云天者天然自然勝樂勝身勝故論云清淨光潔最勝最尊故名爲天苟非最勝之因豈生最勝之處言最勝因者所謂十善身三語四及意三行由其三業防止過非有順理義即名十善以茲十善運出五道故此十戒名曰天乘若單修習上品十善乃生

欲界一四天王天二忉利天若修十善坐未到定乃生三夜摩天四兜率天五化樂天六他化自在天由禪定力故使四天皆悉居空不依于地言未到定者亦云未至由其未入根本定故如止觀云若端坐攝身調和氣息泯然澄靜身如雲影虛豁清淨而猶見有身心之相是則名爲欲界定也從此巳去忽然不見欲界定中身首衣服牀鋪等事猶如虛空同同顧安隱身是事障事障未來障去身空未來得發如是名爲未到定相是爲欲界六天因果。若修根本四禪離欲麤散則生色界然此色界依薩婆多但十六處俱舍疏云除大梵天謂梵輔天中有高樓閣名大梵天一主所居更無別地除無想天謂廣果天中有高勝處名無想天非別有地若依經部立十七天故頌釋云謂大梵王與梵輔等處雖不別身形壽量皆不等故別立大梵若上座部謂無想廣果因果別故立十八天分爲四禪初禪三天一梵衆乃所統之民也二梵輔輔弼梵王之臣佐也三大梵得中間禪爲世界主劫初先生劫盡後沒威德既勝褒（博毛）美稱大二禪三天一少光於二禪中光最少故二無量光光明轉增無限量故三光音口絕言音光當語故梵語

盧合安天晉云有光壽亦云少光梵云盧波摩那此云
無量光梵語阿波會此云光音三禪三天一少淨意
地樂受離喜貪故少分清淨二無量淨淨勝於前不
可量故三徧淨梵云首訶既那樂受最勝淨周普故
四禪九天一無雲下之三禪皆依雲住至此四禪方在
空居二福生具勝福力方得往生三廣果異生果報
此最勝故梵云惟于頗羅而此三天是凡夫住四無
想天外道所居計爲涅槃但是一期心想不行故名
無想五無煩無於見思煩惱雜故六無熱意樂調柔
離熱惱故七善見梵語須[illegible]是訥於天定障漸微見極明

徹八善現形色轉勝善能變現九色究竟色法最極是究竟處無煩等天那含所居呼此五天名五那含。若厭色籠修四空定生四空天名無色界一空處禪門云此定最初離三種色心緣虚空既與無色相應故名虚空定二識處禪門云捨空緣識以識爲處正從所緣處受名三無所有處禪門名不用處修此定時不用一切内外境界外境名空内境名心捨此二境因初修時故言不用處四非有想非無想禪門云有解云前觀識處是有想不用處是無想今雙除上二想亦有解言約凡夫説言非有想約佛法中説言非無想合而論之故言非有想非無想然此四空大小乘教論其無色其義碩異且小乘教如俱舍云無色無身依同分命根轉令心相續（不相應行有二十四種一得二命根三衆同分號釋曰獲成就者名之為得第八識種令色心不斷名為命根或種實命假業為命類相似故名衆同分）又世品云無色界都無處所以非色法無方所故謂於是處得彼定者命終即於是處生故又成實論云色是無教不至無色今謂若云都無處所華嚴安云菩薩鼻根聞無色界宮殿之香若大衆部乃云但無麁色非無細色故阿含說舍利弗入涅槃時無色界天空中淚下如春細雨故知無色非無細色此是小乘宗計兩殊若大乘

教如楞嚴云是四空天身心滅盡定性現前無業果色也孤山釋云非業果色者顯有定果色也俱舍纂云無業果色非異熟身如輔行云曾聞有一比丘得無色定定起摸空人問何求荅覓我身旁人語言身在床上於此得定尚不見身驗知四空無業果色而言顯有定果色者顯揚論名定自在所生色謂勝定力故於一切色皆得自在即以定變起五塵境故論云變身萬億共立毛端空量地界中陰經云無色諸天禮拜世尊楞嚴亦云無色稽首仁王經說無色界天雨諸香華香如須弥華如車輪然涅槃云非想等

天若無色者云何得有去來進止如是之義諸佛境界非聲聞緣覺所知以聲聞經說所證空遂謂極處悉皆無色大乘實說界外尚受法性之色豈此四天唯空空然故斥二乘非所知也淨名疏云若不了義教明無色界無色若了義教明無色界有色然大論云諸天命欲終時五死相現一華冠萎二腋下汗出三蠅來著身四見更有天坐已坐處五自不樂本座諸天見是死相念惜天樂見當生惡處心即憂毒又俱舍論明其五衰有小大異小五衰者一衣服嚴具出非愛聲二自身光明忽然昧劣三於沐浴位水滴著身

四本性嚚（許嬌）馳今滯一境五眼本凝寂今數瞬（舒閏）動此五相現非定命終遇勝善緣猶可轉故復有五種大衰相現一衣染塵埃二華鬘萎悴三兩液汗出四臭氣入身五不樂本座此五相現必定當死又大論明天通辨四種一名天二生天三淨天四淨生天一名天者如今國王名天子二生天者從四天王至非有想非無想天三淨天者人中生諸聖人四淨生天者三界天中生諸聖又涅槃亦明四天一者世間天如諸國王二者生天從四天王至非非想三者淨天謂四果支佛四者義天謂十住菩薩以見

一切法是空義故如是諸天名廣義豐當區別矣

提多羅吒 陟嫁切 大論云秦言治國主乾闥婆及毗舍闍光明疏云上升之元首下界之初天居半須彌東黃金埵王名提頭賴吒此云持國又翻安民

毗流離 大論云秦言增長主弓槃荼及薜荔多光明疏云南瑠璃埵王名毗留勒又亦翻免離

毗流波叉 大論云秦言雜語主諸龍及富樓多那光明疏云西白銀埵王名毗留博叉又翻非好報又翻惡眼亦翻廣目

鞞 部迷 **沙門**

大論云秦言多聞主夜叉及羅刹光明跡云北水精埵王名毗沙門索隱云福德之名聞四方故亦翻普聞佛令掌擎古佛舍利塔僧史略云唐天寶元年西蕃五國來寇安西二月十一日奏請兵解援發師萬里累月方到近臣奏且詔不空三藏入内持念玄宗秉香爐不空誦仁王護國陁羅尼方二七遍帝忽見神人五百員帶甲荷戈在殿前帝問不空對曰此毗沙門天王第二子獨健副陛下心往救安西其年四月奏二月十一日巳時後城東北三十里雲霧冥晦中有神可長丈餘皆被金甲至酉時鼓角大鳴地動山搖

經二日蕃冠奔濆斯須城樓上有光明天王現形謹
圖樣隨表進呈因勑諸道州府於西北隅各置天王
形像此四天王居須弥腹故俱舍云妙高層有四相去
各十千傍出十六千八四二千量堅首及持鬘常憍
大王衆如次居四級亦住餘七山此四名曰四王八
部或標二十八部者一云一方有四部六方則成二
十四部四維各一合爲二十八部一云二方有五部謂地
水火風空四方成一十部并四王所領八部爲二十
八部感通傳天人費氏云一王之下有八將軍四王
三十二將周四天下往還護助諸出家人四天下中

北天一洲少有佛法餘三天下佛法大弘然出家人多犯禁戒少有如法東西天下少有黠慧煩惱難化南方一洲雖多犯罪化令從善心易調伏佛臨涅槃親受付囑並令守護不使魔撓若不守護如是破戒誰有行我之法教者故佛垂誡不敢不行雖見毀禁愍而護之見行一善萬過不咎事等忘瑕不存往失韋將軍三十二將之中最存弘護多有魔子魔女輕弄比丘道力微者並爲惑亂將軍栖惶奔赴應機除翦故有事至須往四王所時王見皆起爲韋將軍修童眞行護正法故

忉利　應法師云

梵音訛略正言多羅夜登陵舍此云三十三俱舍頌云妙高頂八万三十三天居四角有四峰金剛手所住中宫名善現周萬踰繕那高一半金城中有殊勝殿周千踰繕那

釋提桓因

大論云釋迦秦言能提婆秦言天因提秦言主合而言之云釋提婆那民或云釋迦提婆因陀羅今略云帝釋蓋華梵雙舉也雜阿含云有一比丘問佛何故名釋提桓因荅本爲人時行於頓施堪能作主故名釋提桓因瓔珞經云汝今天帝釋功德衆行至千佛兄弟過無復賢劫名中間永曠絶二十四中劫後乃有

佛出剎土名普忍彼佛壽七劫遺法亦七劫其法已沒盡曠絕經五劫汝於彼剎土當紹如來位号名無著尊淨名疏云若此間帝釋是昔迦葉佛滅有一女人發心修塔復有三十二人發心助修修塔功德爲忉利天主其助修者而作輔臣君臣合之名三十三天

須夜摩 此云善時分又翻妙善新云須燄摩此云時分時時唱快樂故或云受五欲境知時分故

兜率陀 此云妙足新云覩史陀此云知足西域記云覩史多舊曰兜率陀兜術陀訛也於五欲知止足故佛地論名憙足謂

後身菩薩於中敎　**須湼密陀**　或尼摩羅大
化多修憙足故　論云秦言化
自樂自化五塵而自娛樂故　**婆舍䟦提**　或波
言化自樂楞嚴名樂變化天　羅尼
密大論云秦言他化自在此天奪他所化而自娛樂故
言他化自在亦名化應聲天別行䟽云是欲界頂天
假他所作以成　**大梵**　經音義梵迦夷此言淨身
已樂即魔王也　初禪梵天淨名䟽云梵是
西音此云離欲或云淨行法華䟽云除下地繫上升
色界故名離欲亦稱高淨淨名䟽云梵王是娑婆世

界主住初禪中間即中間禪也在初禪二禪兩楹之中毗曇云二禪已上無言語法故不立王法瓔珞禪禪皆有梵王今謂但加修無量心報勝爲王無統御也初禪有覺觀言語則有主領故作世主次第禪門云佛於仁王經說十八梵亦應有民主之異又云四禪中有大靜王而佛於三藏中但說初禪有大梵天王者以初禪內有覺觀心則有語言法主領下地衆生爲便證眞云劫初成時梵王先生獨住一劫未有梵侶後起念云願諸有情來生此處作是念已梵子即生外道不測便執梵王是常梵子無常　尸

棄大論云秦言火或翻火首法華疏云外國喚火爲樹提尸棄此王本修火定破欲界惑從德立名又云經標梵王復舉尸棄似如兩人依大論正以尸棄爲王今舉位顯名恐目一人耳肇曰尸棄梵王名秦言頂髻

梵富樓此云前益天在梵前行恒思梵天利益亦名梵輔

首陁娑大論云秦言淨居天通五淨居

阿迦尼吒竹稼切正名阿迦抳女几瑟搋勑佳或云阿迦尼沙此云質礙究竟即色究竟天

摩醯首羅大論

此云大自在正名摩訶莫醯伊濕伐羅八臂三眼騎白牛普門跡云樓炭稱爲阿迦尼吒華嚴稱爲色究竟或有人以爲第六天而諸經論多稱大自在是色界頂釋論云過淨居天有十住菩薩號大自在大千界主十住經云大自在天光明勝一切衆生涅槃獻供大自在天最勝故非第六天也灌頂云字威靈帝

摩利支 此云陽炎在日前行

散脂脩摩 此云密謂名行理智四皆密故天台釋天大將軍乃云金光明以散脂爲大將大經云八臂健提天中力士大論又稱鳩摩羅

伽此云童子騎孔雀擎鷄持鐸捉赤幡復有韋紐此云徧聞四臂捉貝持輪持金翅鳥皆是諸天大將未知此大將軍定是何等光明疏云二十八部巡遊世間賞善罰惡皆爲散脂所管

跋闍羅波膩　梁云金剛應法師云跋闍羅此云金剛波膩此云手謂手執金剛杵以立名正法念云昔有國王夫人生千子欲試當來成佛之次第故俱留孫探得第一籌釋迦當第四籌乃至樓至當千籌第二夫人生二子一願爲梵王請千兄轉法輪次願爲密跡金剛神應法師云梵語散那譯云密主知佛三密功德故也梵本都無迹義

以示迹爲神譯者義立故云密迹護千兄教法世傳樓至化身非也乃法意王子據經唯一人今狀於伽藍之門而爲二像夫應變無方多亦無咎出索隱記

訶利帝南光明云訶利帝南此標梵語鬼子母等此顯涼言名雖有二人秖是一故律中明鬼子母後惣結云時王舍人衆皆稱爲訶離帝母神寄歸傳云西方施主請僧齋日初置聖僧供次行衆僧食後於行末安一盤以供訶利帝母

毗首羯磨正理論音云毗濕縛羯磨此云種種工業西土工巧者多祭此天

別他

那梁言圍亦云吠率怒天

耆婆天長水云耆婆此云命西國風俗皆事長命天神此說未知所出準法華疏云耆域此翻故活生仞利天目連弟子病乘通往問值諸天出園游戲耆域乘車不下但合掌而已目連駐之域云諸天受樂忽遽不暇相看尊者欲何所求具說來意答云斷食爲要目連放之車乃得去據此耆婆天即是醫師耆域也

蘇利耶或蘇梨耶或修利此云日神日者說文云實也太陽之精起世經云日天宮殿縱廣正等五十一由旬上下亦尒

蘇摩 上上聲此云月神釋名云月者缺也言滿而復缺淮南子云月者太陰之精起世經云月天宮殿縱廣正等四十九由旬問何故月輪初後時缺荅如涅槃云月性常圓實無增減因須彌山故有盈虧又俱舍云近日自影覆故見月輪缺世施設足論云以月宮殿行近日輪光所侵照餘邊發影自覆月輪故於爾時見不圓滿然一日月普照四洲者長阿含云閻浮提日中弗婆提日沒瞿耶尼日出鬱單越夜半經文次第四方徧說

此二名出大孔雀呪王經

那伽 此云龍別行疏云龍有四種一守天宮殿持令不落人間屋上作龍像之爾二興雲致雨益人間者三地龍決江開瀆四伏藏守轉輪王大福人藏也龍有四生俱舍云卵生金翅鳥能食四生龍罵意經云墮龍中有四因緣一多布施二嗔恚三輕傷以鼓人四自貢高華嚴云龍王降雨不從身出不從心出無有積集而非不見但以龍王心念力故霈然洪霔周徧天下如是境界不可思議

難陀

跋難陀 文句云難陀此云歡喜跋此翻善兄弟常護摩竭提國雨澤以時國無飢年瓶

沙王年爲一會百姓聞皆歡喜從此得名慈恩云第一名喜次名賢喜此二兄弟善應人心風不鳴條雨不破塊初令人喜後性復賢令喜又賢故以爲名大論云有龍王兄弟一名姞巨乙利二名阿伽和羅降雨以時

娑伽羅 從海標名如下所出 和修吉 此云多頭 德叉迦 此云現毒亦云多舌 阿那婆達多 此云無熱從池得名池中有五柱堂

摩那斯 此云大身或云大意或云大力 漚鉢羅 亦云優鉢亦云優波

陀此云黛色蓮華又青蓮華龍依此住從池得名　伊羅鉢闌義鈔云亦云伊羅䟦羅伊羅樹名此云臭氣䟦羅此云極謂此龍往昔由損此極臭樹葉故致頭上生此臭樹因即爲名

迦梨迦又名加羅加此云黑龍

○夜叉此云勇健亦云暴惡舊云閱叉西域記云藥叉舊訛曰夜叉能飛騰空中什曰秦言貴人亦言輕健有三種一在地二在虛空三天夜叉地夜叉但以財施故不能飛空天夜叉以車馬施故能飛行肇曰天夜叉居下二天守天城池門閣　和

夷羅洎闍叉即執金剛神羅刹此云速疾鬼叉云可畏亦云暴
惡或羅叉娑此云護士若女則名囉叉斯跋陀波羅賒塞迦下生
經云秦言善敎此護弥勒城夜叉。乾闥婆或犍陀羅淨名疏此云香陰此亦陵
空之神不噉酒肉唯香資陰是天主幢倒樂神在須
弥南金剛窟住什曰天樂神也處地十寶山中天欲
作樂時此神身有異相出然後上
天新云尋香行應法師云齅香童籠磨大論秦言

樹是乾闥婆名

○阿脩羅

舊翻無端正男醜女端正新翻非天淨名疏云此神果報最勝鄰次諸天而非天也新婆沙論云梵本正音名素洛素洛是天彼非天故名阿素洛又素洛名端正彼非端正名阿素洛西域記云阿素洛舊曰阿脩羅阿須倫阿須羅皆訛也什曰秦言不飲酒不飲酒因緣出雜寶藏法華疏云阿脩羅採四天下華醖於大海龍魚業力其味不變嗔妒誓斷故言無酒大論云佛去久遠經法流傳五百年後多有别異或言五道或言六道觀諸經義應有六道以善有上中下故有

三善道惡有上中下故有三惡道若不尒者惡有三果報而善二果報是事相違若有六道於義無違故此脩羅在因之時懷猜忌心雖行五常欲勝他故作下品十善感此道身華嚴云如羅睺阿脩羅王本身長七百由旬化形長十六萬八千由旬於大海中出其半身與須弥山而正齊等楞嚴經云復有四種阿脩羅類若於鬼道以護法力成通入空此阿脩羅從卵而生鬼趣所攝若於天中降德貶墜其所卜居鄰於日月此阿脩羅從胎而出人趣所攝有阿脩羅執持世界力洞無畏能與梵王及天帝釋四天爭權

此阿脩羅因變化有天趣所攝別有一分下劣脩羅生大海心沈水穴口旦遊虛空暮歸水宿此阿脩羅因濕氣有畜生趣攝淨覺問此四阿脩羅既爲四趣所攝應無別報同分之處耶荅雖屬四趣非無別報今云卜居鄰於日月等即同分之處也又長阿含云南洲有金剛山中有脩羅宮所治六千由旬欄楯行樹等然一日一夜三時受苦苦具來入其宮中起世經云脩羅所居宮殿城郭器用降地居天一等亦有婚姻男女法式略如人間正法念經云阿脩羅略有二種一者鬼道所攝魔身餓鬼有神通力二者畜生所

攝住大海底須弥山側問法華所列四種脩羅與楞嚴四爲同爲異荅資中云同淨覺云彼四秖可攝在此四之中不可次第分屬其類荆溪師云法華四種皆與帝釋鬬戰一往觀之但同今經第三類耳

娑稚 正名跋稚迦此云團圓今誤譯云被縛或云五䫂被縛或云五惡物繫頸不得脱爲帝釋所縛經音義云居脩羅前鋒爲帝釋所縛因撍得脱故以名焉

佉羅騫馱 文句此云廣肩胛亦云惡陰湧海水者

毗摩質多 文句此云淨心亦云種種疑即

舍脂父也　羅睺　文句此云障持化身長八萬四千由旬舉手掌障日月世言日月蝕釋名云日月虧曰蝕稍小侵虧如蟲食草木之葉也京房易傳云日月赤黃爲薄或曰不交而食曰薄韋昭云氣往薄之爲薄虧毀曰食成論云譬如天日月其性本明淨煙雲塵霧等五翳則不現等取脩羅故佛誡云脩羅脩羅汝莫吞月月能破暗能除衆熱　○迦樓羅　文句此云金翅翅翮金色兩翅相去三百三十六萬里頭有如意珠以龍爲食肇曰金翅鳥神　○緊那羅

文句亦名眞陀羅此云疑神什曰秦言人非人似人而頭上有角人見之言人耶非人耶因以名之亦天伎神也小不及乾闥婆新云歌神是諸天絲竹之神。

摩睺羅伽亦云摩呼羅伽此云大腹行什曰是地龍而腹行也肇曰大蟒神腹行也淨名疏云即世間廟神受人酒肉悉入蟒腹毀戒邪諂多嗔少施貪嗜酒肉戒緩墮鬼神多嗔蟲入其身而唼食之亦名莫呼洛諸經云人非人者天台云此乃結八部數尒

四魔篇第十五

大論云魔有四種煩惱魔五衆魔死魔天子魔煩惱魔者所謂百八煩惱等分别八萬四千諸煩惱五衆魔者是煩惱業和合因緣得是身四大及四大造色眼根等是名色衆百八煩惱等諸受和合名爲受衆小大無量無所有想分别和合名爲想衆因好醜心發能起貪欲嗔恚等心相應不相應法名爲行衆六情六塵和合故生六識是六識分别和合無量無邊心是名識衆死魔者無常因緣故破相續五衆壽命盡離三法識斷壽故名爲死魔天子魔者欲界主深著世間樂用有所得故生邪見憎嫉一切賢聖涅槃

道法是名天子魔瑜伽論云由蘊魔徧一切隨逐義天魔障礙義死魔煩惱魔能與生死衆生作苦器故今謂煩惱魔是生死因也五陰魔死魔是生死果也天魔是生死緣也又罵意經有五魔一天魔二罪魔三行魔四惱魔五死魔輔行云苦空無常無我四是界外魔煩惱五陰死天子四是界内魔淨名疏云降魔即破愛論摧外即破見論但愛見有二界内即波旬六師之徒界外即二乘及通菩薩大品云須菩提菩薩摩訶薩成就二法魔不能壞何等爲二觀一切法空不捨一切衆生須菩提菩薩成就此二法魔不

能壞大經四依品四依驅逐魔云天魔波旬若更來者當以五繫繫縛於汝章安疏云繫有二種一者五屍繫二者繫五處五屍繫者如不淨觀治於愛魔五處如理治於見魔五屍表五種不淨觀五繫表五觀門

魔羅 大論云秦言能奪命死魔實能奪命餘者能作奪命因緣亦能奪智慧命是故名殺者又翻爲障能爲修道作障礙故或言惡者多愛欲故垂裕云能殺害出世善根第六天上別有魔羅所居天他化天攝輔行云古譯經論魔字從石自梁武來謂魔能惱人字宜從鬼

波

旬

訛也正言波卑夜此云惡釋迦出世魔王名也
什曰秦言殺者常欲斷人慧命故亦名惡中惡
惡有三種一曰惡若以惡加已還以惡報是名爲惡
二曰大惡若人不侵已無故加害是名大惡三曰惡
中惡若人來供養恭敬不念報恩而反害之是名惡
中惡魔王最甚也諸佛常欲令衆生安隱而反壞亂
故言甚也肇曰秦言或名殺者或云極惡斷人善因
名殺者違佛亂僧罪莫之大故名極惡也涅槃疏云
依於佛法而得善利不念報恩反欲加毀故云極
惡亦名波旬踰此云惡也常有惡意成惡法故

鴦窶瞿庚**利魔羅** 西域記云唐言指鬘舊曰央掘摩羅訛也殺人取指冠首爲鬘鴦崛摩鬘經云師敎殺人限至于百各貫一指以鬘其頭又翻一切世間現

魔登伽 長水云義翻本性楞嚴云性比丘尼是也又過去爲婆羅門女名爲本性今從昔号故曰性比丘尼孤山云以初見性淨明體乃立嘉名淨覺云名爲本性出摩登伽經據摩鄧女經女之母名摩鄧耳又云摩登皆梵音奢切應法師云摩登伽具云阿徙多摩登祇旃陀羅摩登祇女之惣

名阿徙多女之别名此女卑賤常掃市爲業用給衣食

頭師 此云惡瞋迦葉佛時魔名

室利毱多 西域記云唐言勝密以火坑毒飲請佛欲害

仙趣篇第十六

楞嚴云復有從人不依正覺修三摩地别修妄念存想固形游於山林人不及處有十種仙梵語茂泥此云仙釋名云老而不死曰仙仙遷也遷入山也故制字人傍山也莊子云千歲厭世去而上僊抱朴子云求仙者要當以忠孝和順仁信爲本若德不修而但

務方術終不得長生也高僧傳云純陀西域人年六百歲不衰唐代宗從之求留年之道陀曰心神好靜今爲塵境汩之何從冥寂乎若離簡靜外欲望留年如登木采芙蓉其可得耶陛下欲長年由簡潔安神神安則壽永寡欲則身安術斯已往貧道所不知也而言趣者婆沙毗曇皆云趣者到義乃仙人所到之處也

阿斯陀 或云阿夷此翻無比又翻端正大論云阿私陀仙白淨飯王言我以天耳聞諸天鬼神說淨飯王生子有佛身相故來請見王大歡喜勑諸侍人將太子出侍人荅王太子小

驕時阿私陀言聖王常警一切施以甘露不應睡也即從座起詣太子所抱著臂上上下相之相已涕零不能自勝王大不悅問相師曰有何不祥涕泣如是仙人荅言假使天雨金剛大山不能動其一毛豈有不祥太子必當作佛我今年暮當生無色天上不得見佛不聞其法故自悲傷耳

羼提

此云忍辱仙西域記云瞢揭釐城東有大窣堵波是忍辱仙被歌利王割截之處發軫問輔行引此明三藏忍度滿相金剛所說其義云何荅割截是同但隨藏衍說忍爲異藏謂伏惑正修事忍衍謂斷惑達事

即空亦猶儒童見燃燈佛通於四教行因之相

阿羅羅迦摩羅 亦名羅勒迦藍

鬱陀羅羅摩子 亦云鬱頭藍弗此云猛喜又云極喜

中阿含羅摩經云我爲童子時年二十九往阿羅羅迦摩羅所問言依汝法行梵行可不答言無不可云何此法自知證仙言我度識處得無所有處即往遠離處修證得已更往仙所述已所得仙問汝已證無所有處耶我之所得汝亦得耶即共領衆又自念此法不趣智慧不趣涅槃寧可更求安隱處耶是故更

往鬱陀羅羅摩子所云我欲於汝法中學彼荅無不可問曰自知證耶荅我度無所有處得非想定我久證得便修得之乃至領衆等復念言此法不至涅槃即往象頭山鞞羅梵志村尼連禪河邊揞不起座即得無上安隱涅槃

婆藪 思苟切 方等陀羅尼經云尒時婆藪從地獄出將九十二億罪人來詣娑婆世界十方亦然于時文殊師利語舍利弗此諸罪人佛未出時造不善行經於地獄因於華聚放大光明承光而出云云婆者言天藪言慧云何天慧之人地獄受苦又婆言廣藪言通又婆言高藪言妙又

婆言斷藪言智又婆言剛藪言柔又婆言慈藪言悲

佉盧虱音瑟吒隋言驢脣此乃大仙人名

殊致阿羅娑隋言光味般若燈論云聲聞菩薩等亦名仙佛於中最尊上故已有一切波羅蜜多功德善根彼岸故名大仙

人倫篇第十七

天界著樂四趣沉苦故此五道非成佛器由是諸佛唯出人間如智論云若菩薩行般若者從初發心終不墮三惡道常作轉輪聖王多生欲界何以故以無

色界無色故不可教化色界中多味著禪定樂無厭惡心故亦不生欲天妙五欲多故在人中世世以四事攝衆生等故論誡曰三惡道衆生不得修道業既得此人身當勉自利益覽此集者宜警覺焉

摩㝹舍喃　女函切大論此云人法苑云人者忍也於世違順情能安忍孔子曰人者仁也禮記曰人者天地之心五行之端周書云惟人萬物之靈孔安國云天地所生惟人爲貴今謂若無善因奚感羨報言善因者謂五戒也一不殺戒常念有情皆惜身命恕己憋彼以慎傷暴二不盜戒不與私取

是爲偷盜義既非宜故止攘汝陽竊三不邪婬女有三護法亦禁約守禮自防故止羅欲四不妄語覆實言虛誑他欺自端心質直所說誠實五不飲酒昏神亂性酒毒頗甚增長愚癡故今絕飲原佛五戒本化人倫與儒五常其義不異不殺即仁不盜即義不婬即禮不妄語即信不飲酒即智故梵摩喻經曰爲清信士守仁不殺知足不盜貞潔不婬執信不欺盡孝不醉當以意解勿執名別又四分律明受五戒分四種異但受三歸名無分優婆塞或受一戒名少分優婆塞受二三四名多分優婆塞具受五戒名滿分優

婆塞其如五戒全缺則人間之路終不復生以此五戒是大小乘尸羅根本故經云五戒者天下大禁忌若犯五戒在天違五星在地違五岳在方違五帝在身違五藏故佛成道未轉法輪先爲提謂授五戒法号曰人乘居五乘首由玆五戒超出三塗取運載義以立乘名古師通漫稱人天教天台謂無詮理破惑之功不得名爲教矣嵩輔教編罔究名義立三種教一曰世教二出世教指人天乘名曰世教斯恣肯臆而戾祖教今謂三教立名義意各異且儒宗名教者元命包云教之爲言傚也上行之下傚之此以下所

法傚名教道家名教者老子云處無爲之事行不言之教此寄教名而顯無爲釋氏名教者四教義云說能詮理化轉物心故言教也化轉有三義一轉惡爲善二轉迷成解三轉凡成聖所言詮理者藏通二教詮眞諦理別圓二教詮中道理良以如來依理而立言遂令群生修行而證理故佛聖教是出世法不可妄立世教之名問所詮中道爲指何法荅如輔教云夫大理者固常道之至謂此大理是本始二覺也今評本始二覺雖理智圓融既名爲覺正從智立所以經云本覺明妙又本始二覺分別言之屬生滅門故起

信云是心生滅因緣相能示摩訶衍自體相用故所詮之理屬眞如門故起信云是心眞如相即示摩訶衍體故此乃對事揀理若約即事說理理性無體全依無明無明無體全依法性就此相即之義則指無明爲所詮理由玆教理是吾宗之綱紀故寄人乘辨梗槩也

摩㝹賒　文句此云意昔頂生王初化諸有所作當善思惟善憶念即如王教諸有所作先思惟憶念故名爲意又人能息意能修道得達分又人名慢五道中多慢毗曇論云何故人道名摩㝹沙此有八義一聰明二爲勝三意微

細四正覺五智慧增上六能別處實七聖道正器八聰明業所生故

補特伽羅

或福伽羅或富特伽羅此云數取趣謂諸有情起惑造業即爲能取當來五趣名之爲趣古譯爲趣向中陰有情趣往前生故俱舍云未至應至處應至處即六趣也又論云死生二有中五蘊名中有故謂爲趣涅槃云中有五陰非肉眼見天眼所見瑜伽論說八種人執第六名補特伽羅謂數數取諸趣故或死於此能生於彼正能生者即是人執又翻有情又翻人大毗婆沙論佛言有二補特伽羅能住持正法

謂說者行者若持教者相續不滅能令世俗正法久住若持證者相續不滅能令勝義正法久住持正法人有二一持教法者謂讀誦解說經律論等二持正法者謂能修證無漏聖道

僕呼繕那或薩多婆或禪是戰豆或禪兜此云眾生摩訶衍云謂意及意識一切眾染合集而生故名眾生而別自體唯依心為體同性經佛言眾生者眾緣和合名曰眾生所謂地水火風空識名色六入因緣生楞伽王言世尊彼眾生者以何為本依何而住以何為因佛言此眾生者無明為本依愛

而住以業爲因楞伽王言世尊業有幾種佛言業有三種何等爲三謂身口意業又釋論明衆生有三聚一者正定必入涅槃二者邪定必入惡道三者不定能破顛倒者名正定不能破顛倒者名邪定得因緣能破不得則不能破是名不定漢書中衆生去呼釋氏相承平呼也

逋沙 博孤 或富樓沙

正言富盧沙此云丈夫大戴禮云丈者長也夫者扶也言長制萬物以道扶接也孟子曰富貴不能淫貧賤不能戚戚威武不能屈此之謂大丈夫又翻士夫傳云通古今辨然否謂之士數始於一終於十孔子曰

推一合十爲士詩傳云士事也白虎通曰士者任事之稱也周禮天子有元士中士下士涅槃云是大乘典有丈夫相所謂佛性若人不知是佛性者則無男相皆名女人

迦羅越 大品經中居士是也楞嚴云愛談名言清淨自居普門跡以多積財貨居業豐盈謂之居士鄭康成云道藝處士

婆羅 隋言毛道謂行心不定猶如輕毛隨風東西魏金剛云毛道凡夫應法師云梵語嚩羅此云毛婆羅此云愚梵音相近譯人致謬正言婆羅必栗託仡那此翻愚異生愚癡闇冥無有智慧但

起我見不生無漏亦名嬰愚凡夫凡夫耆義譯也梵言婆羅必利他伽闍那此云小兒别生以癡如小兒不同聖生也

鄔波弟鑠安古此云父母楊子云父母子之天地與無天何以生無地何以形撫華云天懸象地載形父受氣母化成詩曰哀哀父母生我劬勞無父何怙無母何恃出則銜恤入則靡至父兮生我母兮鞠我撫我育我長我畜我顧我復我出入復我欲報之恩昊天罔極梵網經云孝順父母師僧三寶

阿摩此云女母

蘇弗窒竹栗利此云善女

波帝　此云夫主大論云一切女身無所繫屬則受惡名女人之體幼則從父母少則從夫老則從子

婆棃耶　此云婦說文婦與巳齊者婦服也從女持帚洒掃也或稱命婦者夫尊於朝妻榮於室

阿那他　此云非正役人帝王略論曰習與正人居不能無正猶生長齊地不能不齊言也習與不正人居不能無不正猶生長楚地不能不楚言也易曰君子以常德行習教事譙子曰夫交人之道猶素之白也染之以朱則赤染之以藍則青大戴禮曰與君子游苾乎如

入蘭芷之室久而不聞其香則與之化矣與不善人居乎如入鮑魚之肆久而不知其臭與之變矣

鳩那羅 此云惡人亦云不好人蜀先主臨終謂太子曰勿以惡小而爲之勿以善小而不爲孔子云見善如不及見惡如探湯尚書曰彰善癉徒丹惡樹之風聲曾子云人之好善福雖未至去禍遠矣人之爲惡凶雖未至去福近矣辨魔書云見善養育如雨露之被草木遇惡勦絶若鷹鸇之逐鳥雀鷹意經云人所作善惡有四神知之一者地神二者天神三者旁人四者自意涅槃經明十六種惡一爲利

餧食羔羊肥已轉賣二爲利買已屠殺三爲利餧養猪豚肥已轉賣四爲利買已屠殺五爲利餧養牛犢肥已轉賣六爲利買已屠殺七爲利養鷄令肥肥已轉賣八爲利買已屠殺九釣魚十獵師十一劫奪十二魁膾十三網捕飛鳥十四兩舌十五獄卒十六呪龍

究磨羅浮多 應法師云是彼八歲已上乃至未娶之者惣名

拘摩羅 西域記云唐言童子釋名云十五曰童故禮有陽童牛羊之無角曰童山無草木曰童言人未冠者似之云耳

般吒 應言般茶迦此

云黃門

扇搋 勑皆切或扇荼此云生天然生者男根不滿

留拏 此云犍居言切或作劇以刀去勢也

伊梨沙掌拏 此云妬因見他婬方有妬心婬起

半擇迦 此云變今生變作

愽叉 此云半月能男半月不能男此依四分律出

扇提羅 此云石女無男女根故

槃大子 此出楞伽若大乘入楞伽則云石女兒

馱索迦 此云奴說文云男入罪曰奴女入罪曰婢風俗通云古制

無奴婢即犯事贓則郎者被贓罪沒入旃陀羅此云
官爲奴婢獲者逃亡獲得爲奴婢
屠者正言旃荼音途羅此云嚴熾謂惡業自嚴行時搖
鈴持竹爲幖音標幟尺志切通俗文云微号曰幖私記曰幟謂以絳帛書著背上曰徽廣雅云幡也故若不
介者王必罪之法顯傳云名爲惡人與人別居入
城市則擊竹自異人則避之或帶之人皆怖畏
由此云愛力士名也譚徒紺婆此云食狗肉人羯恥那此云煑狗人
薩拘盧栜徒帝切此云責姓也犍抵翻續那羅翻上伎戲

長者篇第十八

西土之豪族也富商大賈積財鉅萬咸稱長者此方則不然蓋有德之稱也風俗通云春秋末鄭有賢人著一篇號鄭長者謂年耆德艾事長於人以之爲長者韓子云重厚自居曰長者天台文句云長者十德一姓貴姓則三皇五帝之裔左貂（都寮）右揷之家二位高位則輔弼丞相鹽梅阿衡三大富富則銅陵金谷豐饒侈靡四威威猛威則嚴霜隆重不肅而成五智深智則胷如武庫權奇超抜六年耆年則蒼蒼稜稜物儀所伏七行淨行則白珪無玷所行如言八禮備禮則

節度庠序世所式瞻九上歎上則一人所欽十下歸下則四海所歸淨名疏云國內勝人稱爲長者必是貴族雖是貴族爵位卑微不稱姓望雖是高位貧無財德世所不重雖財充積無寵不威物不欽畏雖有大勢神用暗短智人所輕雖有神解明鑒而年在幼物情不揖雖年耆貌皓內行厮音斯惡人所鄙怪雖操行無瑕而外缺禮儀無可瞻愛雖進止容與若上人不睦名不徹遠雖豪貴歌詠無恩及下物所不崇故具十德方稱長者。須達多亦云修達多或婆須達多西域記云唐言善施或名

樂施舊曰須達訛也正名蘇達多勝軍王大臣仁而聰敏積而能散賑乏濟貧哀孤卹老時美其德号給孤獨孟子曰老而無妻曰鰥古頑切老而無夫曰寡老而無子曰獨幼而無父曰孤此四者天下之窮民而無告者今此長者給濟孤獨之人名給孤獨

邠彼貧**坻**直尼切正云阿那他擯茶陀揭利呵跛底阿那他云無依亦名孤獨擯茶陀此云園施好施孤獨因以爲名

耆婆或云耆域或名時縛迦此云能活又云故活影堅王之子善見庶兄柰女所生出胎即持針筒藥囊其母惡之即以

白衣褁之棄于巷中時無畏王乘車遥見乃問之有人荅曰此小兒也又問死活耶荅云故活王即勑人乳而養之後還其母四分律云耆婆初詣得叉尸羅國姓阿提黎字賓迦羅而學醫道經于七年其師即便以一籠器及掘草之具令其於得叉尸羅國面一由旬求覓諸草有不是藥者持來耆婆如教即於國内面一由旬周帀求覓所見草木盡皆分别無有草木非是藥者師言汝今可去醫道已成我若死後次即有汝耆婆經云耆婆童子於貨柴人所大柴束中見有一木光明徹照名爲藥王倚病人身照見身中一

切諸病**瞿史羅**此云守護心舊曰瞿師羅此譯羨音**郁伽**此云威德**珊**

檀那此云護弥

外道篇第十九

俱舍玄義云學乖諦理隨自妄情不返內覺稱爲外道均聖論云蔽理之徒封著外教辯正論曰九十五種騰翥之庶於西戎三十六部淆亂於東國垂裕云準九十六外道經於中一道是正即佛也九十五皆邪華嚴大論九十六皆邪者以大斤小故百論云順聲聞

道者皆悉是邪。

○**婆羅門** 普門跡云此云淨行劫初種族山野自閑故人以淨行稱之肇曰秦言外意其種別有經書世世相承以道學爲業或在家或出家多恃己道術我慢人也應法師云此訛略也具云婆羅賀磨拏義云承習梵天法者其人種類自云從梵天口生四姓中勝獨取梵名唯五天竺有餘國即無諸經中梵志即同此名正翻淨裔稱是梵天苗裔也

一闡提 大衆所問品純陀問佛一闡提者其義云何佛告純陀若有比丘及比丘尼優婆塞優婆夷發麁惡言誹謗正法造

是重業永不改悔心無慚愧如是等人名爲趣向一闡提道若犯四重作五逆罪自知定犯如是重事而心初無怖畏慚愧不肯發露於佛正法無護惜建立之心毀呰輕賤言多過咎如是等人亦名趣向一闡提道若復說言無佛法衆如是等人亦名趣向一闡提道梵行品云一闡提者不信因果無有慚愧不信業報不見現在及未來世不親善友不隨諸佛所說教誡如是之人名一闡提德王品云一闡名信提名不具信不具故名一闡提入楞伽經曰一闡提有二種一者焚燒一切善根二者憐愍一切衆生作盡一切衆生界

願大慧去何焚燒一切善根謂謗菩薩藏作如是言彼非隨順修多羅毗尼解脱説捨諸善根是故不得涅槃大慧憐愍衆生作盡衆生界願者是爲菩薩菩薩方便作願若諸衆生不入涅槃者我亦不入涅槃

又梵語闡底迦此云多貪阿闡底迦此云無欲阿顛底迦此云極惡唯識樞要云一名一闡底迦是樂欲義樂生死故二名阿闡底迦是不樂欲義不樂涅槃故三名阿顛底迦名爲畢竟以畢竟無涅槃性故他謂一闡底迦即焚燒一切善根二阿闡底迦即菩薩大悲三阿顛底迦即無性闡提故樞要云瑜珈唯識説

於無性一種闡提又云無種性者現當畢竟二俱不成此依相宗

娑毗迦羅 亦云劫毗羅此云金頭或云黃髮食米齊外道應法師云舊言食米齊也外道修苦行合手大指及第三指以物縛之往至人家舂穀簸補過米處以彼縛指拾取米齊聚至掌中隨得多少去以為食若全粒者即不取之亦名鷄音浮鳩行外道拾米如鷄鳩行也

瞿伽離 亦名瞿波利或名俱迦利此云惡時者調達弟子因謗身子目連梵王與佛訶之不受身瘡即死入大地獄緣出大論十三

蘇氣怛

羅 此云善星羅云庶兄佛之堂弟庶兄故說爲子佛與迦葉往善星所善星遥見生惡邪心生身陷入至阿鼻獄

離車 翻爲皮薄又云同皮或名弥戾車此翻仙族王又云邊地主又云傳集國政其國義讓五百長者遞爲國主故云傳集國政出外爲邊地主又云邊夷無所知者西記云名栗呫昌栗婆子舊訛云離車

彌戾車 興福曰惡見也資中曰應是邊邪不正見死墮邊地下賤也長水曰此樂垢穢人亦名蔑戾車弥離車

演若達多 此云祠授證眞

曰此人從神祠乞得故名祠授

迦毗羅 梁言青色亦名劫畢羅翻黃色輔行曰此云黃頭頭如金色又云頭面俱如金色造僧佉論具如下出

跋闍 此云避善見律云毗舍離王及夫人未登位時共牧牛見出門游戲乃以脚蹋牧牛人兒其兒泣向父母說云此無父母子脚蹋我等父母荅云汝等各自避去因此戲處名爲跋闍故翻爲避滅後百年跋闍比丘擅行十事舍那迦那白於七百往毗舍離重結毗尼舉跋闍過

薩遮尼乾 此云離繫自餓外道尼乾

亦翻不繫拔髮露形無所貯畜

先尼 亦云西你迦此翻有軍外道

六師篇第二十

什師云三種六師合十八部第一自稱一切智四教義云邪心見理發於邪智辯才無礙第二得五神通四教義云得世間禪發五神通亦有慈悲忍力刀割香塗心無憎愛第三誦四韋陀經四教義云博學多聞通四韋陀十八大經世間吉凶天文地理醫方卜相無所不知淨名疏將此三種約六師一師有三三六十八種外道師也輔行云六師元祖是迦毗羅支

流分異遂爲六宗故今此集列六師焉

富蘭那迦葉 什曰迦葉母姓也富蘭那字也其人起邪見謂一切法無所有如虛空不生滅也肇曰其人起邪見謂一切法斷滅性空無君臣父子忠孝之道也事鈔云色空外道以外道用色破欲有以空破色有謂空至極

末伽黎拘賒黎 末伽黎此云不見道什曰末伽黎字也拘賒黎是其母也肇曰其人起見謂衆生苦樂不因行得皆自然耳淨覺謂計自然者亦是斷滅自然然是也自如是也婆沙云法應尓不可改易

不可徵詰是法尒義自然與法尒同

刪闍夜毗羅胝 竹尼切刪闍夜

此云正勝毗羅胝此云不作什曰刪闍夜字也毗羅胝母名也其人起見謂要久逕生死弥歷劫數然後自盡苦際也肇曰其人謂道不須求逕生死劫數苦盡自得如轉縷劫圓於高山縷盡自止何假求也跡又云八萬劫滿自然得道

阿耆多翅舍欽婆羅 什曰阿耆

多翅舍字也欽婆羅麁衣也其人起計非因計因著麁皮衣及拔髮煙熏鼻等以諸苦行爲道也肇曰翅

舍欽婆羅麁弊衣名也其人著弊衣自拔髮五熱炙身以苦行爲道謂今身併受苦後身常樂

迦羅鳩馱迦旃延

迦羅鳩馱此云牛領迦旃延此云翦髮聲曰姓迦旃延字迦羅鳩馱其人謂諸法亦有相亦無相

尼犍陀若提子等

尼犍此翻離繫聲曰尼犍陀其出家惣名也如佛法出家名沙門若提毋名也其人謂罪福苦樂本自有定因要當必受非行道所能斷也輔行引什聲注與涅槃經以辨同異後學詳覽天台四念處云阿毗曇

中明三種念處謂性共緣對破此三外道有人釋性念處謂觀無生淺名爲相深細觀無生見細法皆生死苦諦名性念處有人專用慧數緣無生空理發眞斷結得慧解脱羅漢對破邪因緣無因緣顛倒執性一切智外道也共念處者以禪定助道正助合修亦名事理共觀發得無漏三明六通成俱解脱羅漢對破根本愛慢得五神通外道也緣念處者緣佛三藏十二部文言及一切世間名字所緣處廣非如支佛出無佛世不稟聲教但以神通以悦衆生不能說法緣念處人了達根性善知四辯堪集法藏成無礙大羅

漢對破世間韋陀外道

鬼神篇第二十一

鄭玄云聖人之精氣謂之神賢人之精氣謂之鬼尸子云天神曰靈地神曰祇人神曰鬼鬼者歸也故古人以死人爲歸人婆沙云鬼者畏也謂虛怯多畏又威也能令他畏其威也又希求名鬼謂彼餓鬼恒從他人希求飲食以活性命光明疏云神者能也大力者能移山填海小力者能隱顯變化肇師云神受善惡雜報見形勝人劣天身輕微難見淨名疏云皆鬼道也正理論說鬼有三種一無財鬼亦無福德不得

食故二少財鬼少得淨妙飲食故三多財鬼多得淨妙飲食故此三種中復各有三初無財三者一炬口鬼謂火炬炎熾常從口出二針咽鬼腹大如山咽如針孔三臭口鬼口中腐臭自惡受苦少財三者一針毛鬼毛利如針行便自刺二臭毛鬼毛利而臭三大癭於郢鬼咽垂大癭自決噉膿多財三者一得棄鬼常得祭祀所棄食故二得失鬼常得巷陌所遺食故三勢力鬼夜叉羅刹毗舍闍等所受富樂類於人天正理論云諸鬼本處琰魔王界從此展轉散趣餘方長阿含云一切人民所居舍宅一切街巷四衢道中屠兒市肆及丘

塚閒皆有鬼神無有空者凡諸鬼神皆隨所依即以爲名依人名人依村名村乃至依河名河一切樹木極小如車軸者皆有鬼神依止世品云鬼以人閒一月爲一日乘此成月歲彼壽五百年由諂誑心作下品五逆十惡感此道身

琰以冉**魔** 或云琰羅此翻靜息以能靜息造惡者不善業故或翻遮謂遮令不造惡故或閻磨羅經音義應云夜磨盧迦此云雙世鬼官之惣司也亦云閻羅焰魔聲之轉也亦云閻魔羅社此云雙王兄及妹皆作地獄主兄治男事妹治女事故曰雙王或翻苦樂並受故云雙也

婆沙顯揚并正法念皆言鬼趣所收瑜珈地獄趣收又瑜珈論問燄摩王爲能損害爲能饒益名法王荅由饒益衆生故若諸衆生執到王所令憶念故遂爲現彼相似之身告言汝等自作當受其果由感那落迦新業更不積集故業盡已脱那落迦是故燄摩由能饒益諸衆生故名法王論云此贍部洲下過五百踰繕那有琰魔王國縱廣亦爾

閃多 此云鬼立世論云鬼道名閃多爲閻摩羅王名閃多故其生與王同類故名閃多

闍黎哆 此云祖父文句云衆生最初生彼道名祖父後生者

亦名祖父妙樂云亦是後生者之祖父也

薜荔多 應法師云正言閉麗多此云祖父鬼或言餓鬼餓鬼劣者孔雀經作俾𧑃禮多

富單那 此云臭餓鬼主熱病鬼也亦名富多羅

迦吒富單那 此云奇臭餓鬼

鳩槃茶 亦云槃查亦云俱槃茶此云甕形舊云冬瓜此神陰如冬瓜行置肩上坐便踞之即厭魅鬼梵語烏蘇慢此云厭字苑云厭眠內不祥也蒼頡篇云伏合人心曰厭論衡曰臥厭不寤者也字本作厭後人加鬼

毗

舍闍亦云毗舍遮又云畢舍遮又云毗舍支又譬舍柘此云啖精氣噉人及五穀之精氣梁言顚鬼

毗舍佉或鼻奢佉此云別枝即是氐宿以生日所值宿爲名

弥栗頭韋陀羅此云妙善主厭禱鬼

弥栗頭虔伽他此云善品主蠱毒也左傳云皿蟲爲蠱說文云腹中蟲也

遮文茶舊云嫉妬女又曰怒神即役使鬼也

烏芻瑟摩資中此云火頭此力士觀火性得道故以名也

頻那夜迦 舊云頻那是猪頭夜迦是象鼻此二使者 惡祁尼 或名些計蘇吉利多耶尼此云火神書云燥萬物者莫熯乎火然蘊木中古者不知至燧人氏鑽木作火以敎天下變生爲熟 婆庚 此云風神書云撓萬物者莫疾乎風俱舍云安立器世間風輪最居下則知世界依風而住此二神名出孔雀經 諾健那 此云露形神即執金剛力士也 鉢健提 此云堅固 婆里早 梁云力士又梵云末羅此云力言力士者

那羅延（梵本無文譯人義立）翻鉤鎖力士或翻堅固　摩尼跋陀翻威伏行　富那跋陁翻集至成　金毗羅翻威如王　賓頭盧伽翻立不動　車鉢羅婆翻忍得脫　曇摩跋羅翻學帝王　摩竭羅婆翻除曲心　繡利蜜多翻有功勳　勒那翅奢翻調和平　鬪摩舍帝翻伏衆根

奢羅寠帝翻獨處快薩多琦梨翻大力天波利羅睺翻勇猛進毗摩質多此云高遠睺失冉摩利子翻英雄德波訶梨子翻威武盛佉羅騫馱翻吼如雷鳩羅檀提翻戰無敵醯摩跋陀翻應舍主地珂梁云長義淨譯本云地嘌伽此云長大脩涅多羅梁言善眼亦云

蘇泥怛羅此云妙目 分那柯梁言滿 設覩魯或名爍覩嚧此云怨家 儐起羅亦云商企羅此云螺 訶利亦云嗽里此云師子 訶利枳舍亦云嗽里鷄舍此云師子髮 波羅赴亦云鉢唎部此翻自在 陀羅那梁言持亦云唎拏此云能持 舜若多沇音究跡云未見誠釋應是主空神入楞伽云刹尼迦者名之爲空或呿⿰無丘提秦云虛空纂要云但無麄相

之身亦有微妙之色故云如來光中映令暫現又涅槃明虛空喻乃立三義一無變易亘古騰今時移俗化唯此虛空常無變易故南本三十三云虛空無故非三世攝佛性常故非三世攝善男子如來已得三菩提所有佛性一切佛法常無變易以是義故非三世攝二無邊際物分表裏空無内外故無邊際三十二云我爲衆生得開解故說言佛性非内非外何以故凡夫衆生或言佛性住五陰中如器中有果或言離陰而有猶如虛空是故如來說於中道衆生佛性非内六入非外六入内外合故名爲中道三無罣礙物

體質礙空性虛通故三十三云如世間中無罣礙處名爲虛空如來得三菩提已於一切法無有罣礙故言佛性猶如虛空無著云喻虛空者有三因緣一徧一切處謂於住不住相中福生故二寬廣高大殊勝故三無盡究竟不窮故淨覺云應以徧喻於假寬喻於空無盡喻中又楞嚴云縱令虛空亦有名皃虛空是名顯色是貌孤山釋曰如涅槃說空有四名謂虛空無所有不動無礙也貌謂體貌如雜集論說空一顯色沇跡釋曰小乘以明暗爲體大乘以空一顯色及極逈色爲體上見空名顯色下見空名逈色維摩跡問此虛空譬豈

有但空不可得空之殊荅空尚不一何得有二若約緣盡相顯非不有殊如大乘經論有破虛空之義即可以譬但空顯不可得空記釋緣盡等者謂雲霧暗緣盡虛空明相顯時或見万象或但見空可以喻但不但二種眞也今問虛空空界二名同異荅顯宗論云內外竅隙名空界光暗竅隙顯色差別名虛空界經言虛空無色無見無對當何所依然藉光明顯了又說於色得離染時斷虛空界俱舍云竅隙名空界謂人身中諸骨節間腹藏諸孔穴之空也成實論云四大圍空有識在中故名爲人此以能依身中空名

空界所依境內空名虛空問虛空無邊徧一切處光明安云虛空分界尚可盡邊荅如楞嚴云當知虛空生汝心內猶如片雲點太清裏是則衆生計乎妄想太虛絕於靈照既迷妄以成空故背覺而有限如天親說有分別及無分別皆名爲識有分別名識識無分別名似塵識如楞嚴想澄成國土即似塵識知覺乃衆生即是識識今述頌曰虛空生我心我心廣無際咄哉迷中人云何自拘繫

阿羅難陀梁言歡喜

欝庾伽波羅梁言勤守亦云温獨伽波羅此云勇進勤護

吉

蔗或名吉遮正言訖栗著此云所作文句云起尸鬼若人若夜叉俱有此鬼　他徒損眞此云神人

畜生篇第二十一

切以久蘊愚情夭沉慧性貪種植於田野受驅策於邊彊錦臆翠毛飛騰碧漢金鱗赬尾游泳清波形分萬殊類徧五道今示旁生令修正行

底栗車　此云畜生畜褚六切即六畜也禮記注云牛馬羊犬豕鷄輔行云攝趣不盡以五道中皆徧有故又翻畜許六生婆沙云畜謂畜養謂彼攝生稟性愚癡不能自立爲他畜養故名畜生

帝利耶瞿揄泥伽此云旁行此道衆生多覆身行婆沙云其形旁故其行亦旁刊正云行行不正受果報旁負天而行故云旁行

那伽秦云龍說文云龍鱗蟲之長能幽能明能小能大能長能短春分而登天秋分而入地順也廣雅云有鱗曰蛟龍有翼曰應龍有角曰虬龍無角曰螭龍未升天曰蟠龍本行集經稱佛爲龍者謂世間有愛皆遠離之繫縛解脱諸漏已盡故名爲龍故曰那伽常在定無有不定時智論云如菩薩本身曾爲大力毒龍若衆生在前身力弱者眼視便

死身力強者氣噓乃死此龍受一日一夜戒出家求靜入林樹閒思惟坐久疲怠而卧龍法若睡形狀如蛇身有文章七寶雜色獵者見之便驚喜言如此希有難得之皮獻上國王以爲莊飾不亦宜乎便以杖按其頭以刀剥皮龍自思惟我力如意傾覆此國其如反掌此人小物豈能困我我今以持戒故不計此身當從佛語於是自忍眠目不視閉氣絕息憐愍此人一心受剥不生悔意既失其皮赤肉在地時日大熱蜿轉土中欲趣大水見諸小蟲來食其身爲護戒故復不敢動自思惟言我今此身以施諸蟲爲佛道故

今以肉施用充其身後成佛時當以法施以益其心如是誓已身乾命終生忉利天尒時毒龍釋迦文佛是是時獵師今調達等六師是也諸小蟲者初轉法輪八萬諸天得道者是

宫毗羅 此云蛟有鱗曰蛟龍抱朴子曰毋龍曰蛟子曰虬山海經蛟似蛇而四脚小頭細頸

叔叔邏 此云虬符瑞圖云黃帝時有虬龍黑身無鱗甲背有名字

僧伽彼 或（似詞㕽孕）多此云師子大論云如師子王清淨種中生深山大谷中住方頰大骨身肉肥滿頭大眼長光澤明淨眉高而廣牙利白淨口

鼻方大厚實堅齒密齊利吐赤白舌雙耳高上髦
髮光潤上身廣大膚肉堅著脩脊細臂其腹不現
長尾利爪其足安立以身大力從住處出優脊嚬申
以口扣地現大威勢食不過時顯晨朝相表師子王
力又大論明佛說本事有師子至佛言是師子鞞婆
尸佛時作婆羅門師見佛說法來至佛所尒時大衆
以聽法故無共語者即生惡念發惡罵言此諸禿輩
畜生何異不別好人不知言語以是業故從毗婆尸
佛至今九十一劫常墮畜生中此人尒時即應得道
以愚癡故自作生死長久今於佛所心清淨故當得

比丘法圓[illegible]

解脫新華嚴云譬如大師子吼小師子聞悉皆勇健一切禽獸遠避竄伏佛師子吼諸菩薩等若聞讚歎菩提心聲長養法身妄見衆生慚伏退散法界次第云師子奮迅者借譬以顯法也如世師子奮迅爲二事故一爲奮卻塵土二能前走卻走捷疾異於諸獸此三昧亦爾一則奮除障定微細無知之惑二能入出捷疾無間廣雅奮振也又梵云嘶（先奚切）字如師子形相也

鄔波僧訶　或優婆僧伽梁云小師子又云狻猊尒雅曰狻猊如虦（在姧切）貓食虎豹注云即師子出西域大論問何以名師子座荅是号

名師子非實師子佛爲人中師子佛所坐處若牀若地皆名師子座

伽耶 或那伽或那先

此云象異物誌象之爲獸形體特詭過委身陪數牛目不踰豕鼻爲口役望頭若尾馴良承教聽言則跪渠委素牙玉潔載籍所美服重致遠唐奘三藏傳云西域有伽藍以沙彌知寺任相傳昔有苾蒭招命同學遠來禮拜見野象銜花安置塔前復以牙芟音衫草以鼻灑水衆見感歎有一苾蒭便捨大戒願留供養謂衆人曰象是畜生猶知敬塔我居人類豈覩荒殘而不供事遂結宇跡地種花殖果雖涉寒暑不以爲勞隣

國聞之共建伽藍即屈知僧務乃爲故事大論云如象王視若欲回身觀時擧身俱轉大人相者身心專一若有所觀身心俱迴

堙羅那 此云香葉帝釋象王名身長九由旬高三由旬

瞿摩帝 此云牛易曰服牛乘馬引重致遠注云稼穡之資垂裕記暹云大論曰放牛難陀問佛有幾法成熟能令牛群蕃息有幾法不成熟令牛群不增不得安隱佛荅牧牛有十一事頌曰解色與相應ニ摩刷覆瘡痍ニ放煙幷茂草ニ安隱及度處ニ時宜留取餘ニ將護於大牛一比丘亦如是知四大造

色一善別愚智相一摩刷六情根一善覆十善相一傳所誦爲煙一四意止茂草一十二部安處一八聖道度處一莫受輕賤請名曰知時宜一知足爲留餘一敬護是將護一此十一事即小乘附事觀心譬喻經云昔二兄弟志念各異兄謂弟曰卿貪家事以財爲貴吾好經道以慧爲珍今欲捨家歸命福田兄遂出家夙夜精進得成道果弟貪家事命終墮牛肥盛甚大客買運鹽往還羸頓不能復前兄游虛空遥見其牛即以威神令弟自知遂爲牛主說其本末賈客聞之捨牛入寺兄常將養死生忉利

竭謁伽

此云犀牛爾雅云南方之美者梁山之犀象注曰犀牛皮角象牙骨又曰犀似豕注云形似水牛

阿濕婆 此云馬漢書西域傳云大宛國有高山其上有馬不可得因取五色母馬置其下與集生駒皆汗血因号天馬李伯樂字孫陽行至虞之山坂遇塩車至有一龍馬而人不識用駕塩車遥見伯樂乃嘶伯樂以坐下馬易之日行千里淮南子云秦穆公與伯樂曰子有使求馬者乎荅曰馬不在形容筋骨相也天下之馬若滅若沒㠯之子皆下材可告天下之馬有擔纏束薪者九方堙其於馬非㠯之下也求馬三月

而返曰得馬矣在沙丘牡𥗼而黃及馬至則牝(毗忍)而驪公謂伯樂曰子所求馬者毛色牝牡不知貶矣伯樂太息曰一至此乎堙之所覩者天機也得其精而忘其麤見其內而忘其外果千里馬也阿含佛告比丘有四馬一見鞭影即便驚悚二觸毛乃驚三觸肉始驚四徹骨方覺初合聞他聚落無常即生驚二如聞已聚落無常生厭三如聞已親無常生猒四如已身病苦方厭涅槃四馬喻生老病死或名婆訶羅此云長毛

蜜利伽羅（此云鹿）**麿多**（此云母）**跋羅婆䭾**

此云堂

悉伽羅 此云野音夜干似狐而小形色青黃如狗群行夜鳴如狼郭璞云射音夜干能緣木廣志云巢於絕巖高木也大論云譬如野干夜半逾城深入人舍求肉不得僻處睡息不覺夜竟惶怖無計慮不自免住則畏死便自定心詐死在地衆人來見有一人云我須其耳言已截去野干自念截耳雖痛但令身在次有人言我須其尾便復截去復有人云須野干牙野干自念取者轉多或取我頭則無活路即從地起奮其智力絕踊間關遂得自濟行者之心求脫苦難亦復如是生不修行如失

其耳老不修行如失其尾病不修行如失其牙至死不修如失其頭輔行記云狐是獸一名野干多疑善聽顔師古注漢書曰狐之為獸其性多疑每渡河氷且聽且渡故言疑者而稱狐疑述征記云北風勁河氷合要須狐行此物善聽氷下無聲然後過河說文云狐妖獸也鬼所乘有三德其色中和小前大後死則首丘郭氏玄中記曰千歲之狐為婬婦百歲之狐為美女然法華云狐狼野干似如三別祖庭事苑云野干形小尾大狐即形大禪經云見一野狐又見野干故知異也

摩斯吒 或麼上聲迦吒或

末迦吒此云獼猴本行經云我念往昔海中有一大虬其婦懷妊思獼猴心食夫言此事甚難我居於海獼猴在山汝且容忍我當求之時虬出岸見猴在樹善言慰問結爲交友我當將汝度海彼岸別有大林花果豐饒汝可下來騎我背上猴依虬言俱下於水虬即報言我婦懷妊思食汝心故將汝來猴即誑言何不預說我心適留娑羅樹上不持將行善友還回放我取心得已却來虬即復岸獼猴努力跳上大樹其虬久停告言速下猴說偈言汝虬計校雖能寬而心智慮甚狹劣汝但審諦自思忖一切衆類誰無心六

度經將虬作驚

舍舍迦 此云兔韓子曰宋人耕田中有株兔走觸株折頸而死因釋耕守株冀復得之路人笑矣西域記言劫初時有狐兔猿異類相悅時天帝釋欲驗修菩薩行者降迹應化爲一老夫謂三獸曰二三子善安隱乎無驚懼耶曰涉豐草游茂林異類同歡既安且樂老夫曰聞二三子情厚意密忘其老弊故此遠尋今正飢乏何以饋（渠位）食曰幸少留此我躬馳訪於是同心虛已分路營求狐沿水濱銜一鮮鯉猿於林野采異花果俱來至止同進老夫唯兔空還游躍左右老夫謂曰以吾觀之尒

曹未和狐猿同志各能役心唯兎空還獨無相饋以此言之誠可知也兎聞譏議謂狐猿曰多聚樵蘇方有所作猿狐竟馳銜草曳木既已蘊崇猛燄將熾兎曰仁者我身卑劣所求難遂敢以微軀充此一飡辭畢入火尋即致死是時老夫復帝釋身除燼收骸傷歎良久謂狐猿曰一何至此吾感其心不泯其跡寄之月輪傳于後世

舎利拏 揔言麞鹿等類

迦陵頻伽 此云妙聲鳥大論云如迦羅頻伽鳥在鷇觚中未出發聲微妙勝於餘鳥正法念經云山名曠野其中多有迦

陵頻伽出妙音聲如是美音若天若人緊那羅等無能及者唯除如來音聲

迦蘭陀 此云好聲鳥形如鵲群棲竹林或言鼠名具如下出

拘耆羅 或拘翅羅此云好聲鳥聲好而形醜又云鷀鷗

嘶那夜 此云鷹爾雅云鷹隼醜其飛也翬音揮注曰鼓翅翬翬然疾孔氏志怪曰楚文王少時雅好田獵天下快狗名鷹畢聚焉有人獻鷹曰非王鷹之儔俄而雲際有一物凝翔飄颻鮮白而不辨其形鷹見於是竦翮而升矗若飛電須臾羽墮如雪血灑如雨良久有

下華

梵語第二　五十四

一大鳥墮地而死度其兩翅廣數十里喙許緣邊有黃
衆莫能知時博物君子曰此大鵬雛也始飛焉故爲
鷹所制文王乃厚賞獻者又言隼者易曰王用射是亦
隼于高墉之上孔頴達云隼者貪殘之鳥鸇鷂之屬
玉篇云祝鳩也顏師古云隼鷙鳥即今之喿蘇隨
鳺骨胡也劉向以爲隼近黑祥貪暴類也月勞
或叔迦婆嘻此云鸚鵡說文云能言鳥也山海經曰
黃山及數歷山有鳥焉其狀如鴞五各青羽赤喙人舌
能言名鸚鵡曲禮云鸚鵡能言不離飛鳥猩猩能言
不離禽獸人而無禮不亦禽獸之心乎雜寶藏經云

過去雪山有一鸚鵡父母都盲常取華果先奉父母時有田主初種穀時願與衆生而共噉食鸚鵡於田常采其穀田主案行見撫蹊穀穗便設羅網捕得鸚鵡鳥告主言先有施心故敢來采如何今者而見網捕田主問鳥取穀與誰荅言有盲父母願以奉之田主報曰今後常取勿復疑難云云佛言尒時鸚鵡我身是也時田主者舍利弗是

僧娑 斯贈 或亘娑婆唐云鴈禮記云季秋之月鴻鴈來賓詩傳云大曰鴻小曰鴈成公賦曰上揮翮於丹霞下濯足於清泉西域記云昔此伽藍習翫小乘漸教故開三淨之食

而此伽藍遵而不墜其後三淨求不時獲有苾芻經行忽見群鴈飛翔戲曰今日衆僧食不充摩訶薩埵宜知是時言聲未絕一鴈退飛當其僧前投身自殪於計苾芻見已具白衆僧聞者悲感咸相謂曰如來設法導誘隨機我等守愚遵行漸教大乘者正理也宜改先執務從聖旨此鴈垂誡爲誠明導宜旌厚德建窣覩波以瘞鴈焉　或名鳧鴈者尒雅云鳧鴈醜其足蹼音卜注云脚指間有幕蹼屬相著古今注云鳧鴈常在海邊沙上餐食沙石此非隨陽鴈也李巡曰野曰鳧家曰鶩音木

迦頻闍羅此云雉尒

雅云雉絶有力奮最健鬭類分六種四方名異晉武庫閉甚密中忽聞雉雊張華曰必是蛇化開視側有蛇蜕焉大論云有時閻浮提人不知禮敬宿舊有德是時菩薩作迦頻闍羅鳥有二親友象與獮猴共居畢鉢羅樹下自相問言我等不知誰應爲大象言我昔見樹在我腹下獮猴言我曾蹲地手捉樹頭鳥言我於畢鉢羅林食此樹果子隨糞出此樹得生先生宿德禮應供養即時大象背負獮猴鳥在猴上周徧游行禽獸人類見皆行敬斯乃聖人知道德仁義非禮不成故敬事長爲天下之至順也

究 居求

究羅　此是鷄聲鳩鳩吒此云鷄易林曰巽爲鷄
鷄鳴節時家樂無憂西京雜記云成帝時
交趾越裳國獻長鳴鷄以刻漏驗之與晷度無差田
饒夫曰夫鷄戴冠文也足特距武也敵鬬勇也得食
相呼義也鳴不失時信也鷄有五德君猶烹而食之
其所由來近也楞嚴云如鷄後鳴瞻顧東方已有精
色長水釋曰鷄第二鳴天將曉也孤山釋云三德涅
槃名曰義天前受想盡似證尚遥如鷄先鳴天色猶
昧今行陰盡唯識陰在明悟非久如鷄後鳴天有精
色齊顔之推云梁時有人常以鷄卵白和沐使髮光

黑每沐輙破二三十枚臨終但聞髮中啾啾數千鷄雛之聲

斫迦邏婆 此云鴛鴦匹鳥也止則相耦飛則相雙鳥喻品云一者迦鄰提二者鴛鴦游止共俱不相捨離今師釋曰以雄喻常雌喻無常生死有性善故無常即常如二鳥在下涅槃有性惡故常即無常如二鳥高飛是則在高在下雌雄共俱雙游並息其義皆成

耆婆耆婆迦 此翻生勝天王云生生或翻命命法華云命命雜寶藏經云雪山有鳥名爲共命一身二頭識神各異同共報命故曰命命佛本行經

佛言往昔雪山有二頭鳥一頭名迦嘍茶一頭名憂
波迦嘍茶其憂波迦嘍茶頭一時睡眠近彼寤頭有
摩頭迦樹風吹花落至彼寤頭其頭自念雖獨食花若入
腹時俱得色力不令彼寤遂默食花其睡頭寤覺腹飽
滿欬噦氣出問言何處得此美食寤頭具荅睡頭懷
恨後時游行遇毒樹花念食此花令二頭死時憂波
迦嘍茶頭語迦嘍茶頭言汝今睡眠我當寤住彼頭
纔睡即食毒花其迦嘍茶寤覺毒氣問何惡食令
我不安憂波頭言食此毒華願俱取死於是彼頭即
說偈言　汝於昔日睡眠時我食妙花甘美味其花

風吹在我邊汝返生此大嗔恚凡是癡人莫願見亦莫願與癡共居與癡共居無利益自損及以損他身佛言迦嘍茶鳥即我身是憂波鳥者提婆達是

舍利 此云春鶯黃鸝也詩曰出自幽谷遷于喬木又翻鶖鷺鶖七由切玉篇云水鳥也詩云有鶖在梁鷺鷥来故爾雅注云白鷺鷥也頭翅背上皆有長翰毛詩云振振鷺鷺于飛

舍羅 此云百舌鳥

迦布德迦 或迦逋唐言鴿西域記云昔佛於此爲衆說法羅者於林網捕羽族經日不獲來至佛所揚言唱曰今日如來在此說法

今我網捕都無所獲妻孥飢餓其計安在如來告曰汝今熅火當與汝食如來是時化作大鴿投火而死羅者持歸妻孥共食其後重往佛所如來方便攝化羅者聞法悔過自新捨家修學便證聖果因名所建号鴿伽藍

摩由邏

此云孔雀文孔雀綷羽而翱翔俱舍云於一孔雀倫一切種因相非餘智境界唯一切智知　證眞釋云有情無始熏造一切界趣種子在本識中唯佛能了且舉孔雀一類尚已難知

阿梨耶

此云鵄亦作鴟同充尸切尒雅云狂茅鴟舍人曰狂一名茅鴟喜食鼠

大目也郭璞云今鳩鶻鵃也似鷹而白　姞栗陀　此云鷲或揭羅闍此云鵰鷲山海經曰景山多鷲說文鷲鳥黑色多子師曠云南山有鳥名曰羌鷲黃頭赤咽五色皆備西域多此鳥蒼黃目赤食死屍

毗囉拏羯車婆　此云龜尒雅明十種之龜莊子曰宋元君夢人被髮曰予爲清江使者河伯被漁者預且得予元君使人占之曰此神龜也乃召預且預且釣得白龜五尺使獻之乃刳音枯之以卜七十鑽而無遺策仲尼曰龜能夢於元君不能避預且之網智能七十鑽而無遺策

不能避刳腸之患如是則智有以神智有所不及也法句經云昔有道人河邊學道但念六塵心無寧息龜從河出水狗將噉龜龜縮頭尾四脚藏於甲中不能得便狗去還出便得入水道人因悟我不及龜放恣六情不知死至

摩竭 或摩伽羅此云鯨魚雄曰鯨雌曰鯢大者長十餘里大論云五百賈客入海採寶值摩竭魚王開口舡去甚疾舡師問樓上人何所見耶荅曰見三日及大白山水流奔趣如入大坑舡師云三日者一是實日二是魚目白山是魚齒水奔是入魚口我曹死矣時舡中人各稱所

事都無所驗中有優婆塞語衆人言吾等當共稱佛名字佛爲無上救苦厄者衆人一心共稱南無佛是魚先世曾受五戒得宿命智聞佛名字即自悔責魚便合口衆人命存莊子云吞舟之魚失水則螻蟻而能制之

坻弥 具云帝弥祇羅此云大身魚其類有四此最小者京房易傳云海數艑所見巨魚邪人進賢人踈

失收或作守**摩羅** 善見云鰐魚長二丈餘有四足似鼉齒至利禽鹿入水齧腰即斷又翻殺子魚廣州有之

臂卑履也 此云蟻子晉書殷仲堪父患耳

聰聞牀下蟻動謂之牛鬭賢愚經云長者須達共舍利弗往圖精舍須達自手捉繩一頭舍利弗自捉一頭共經精舍時舍利弗欣然含笑須達問言尊者何笑荅言汝始於此經地六欲天中宮殿已成即借道眼悉見六天嚴淨宮殿云云復更從繩時舍利弗慘然憂色即問尊者何故憂色荅言汝今見此地中蟻子耶對曰已見舍利弗言汝於過去毗婆尸佛亦於此地起立精舍而此蟻子在此中生乃至七佛已來汝皆爲佛起立精舍而此蟻子亦在中生至今九十一劫受一種身不得解脫生死長遠唯福爲要不可不

種尒雅云有足謂之蟲無足謂之豸二足而羽謂之禽四足而毛謂之獸蟲魚鳥獸種類何窮山水空陸境界無際循環荏(如枕)苒(音染展轉也)逐物狂愚一念如明萬類俱息宜照本性勿起異意也

地獄篇第二十三

輔行云地獄從義立名謂地下之獄名爲地獄故婆沙云贍部洲下過五百踰繕那乃有其獄然此地獄有大有小如大論云言八大獄者一活二黒繩三合會四叫喚五大叫喚六熱七大熱八阿鼻地獄如是等種種八大地獄復有十六小地獄爲

眷屬八寒氷八炎火言八炎火地獄者一名炭坑二名沸屎三名燒林四名劍林五名刀道六名鐵刺林七名鹹河八名銅橛八寒氷獄者一名頞浮陀少多有孔二名尼羅浮陀無孔三名呵羅羅寒顫聲也四名阿婆婆亦患寒聲五名睺睺亦是患寒聲六名漚波羅此地獄外逼作青蓮花色七名波頭摩紅蓮華色罪人生中受苦也八摩訶波頭摩其中受苦隨其作業各有輕重其最重處作上品五逆十惡者感此道身

那落迦此翻惡者那落是者義迦是惡義造惡之者生彼處故此

標正報也

捺落迦 或那落迦此云不可樂亦云苦具亦云苦器此標依報也

泥犁耶 文句云地獄此方名梵稱泥犁秦言無有無有喜樂無氣味無歡無利故云無有或言卑下或言墮落中陰倒懸諸根皆毀壞故或言無者更無赦處

阿鼻 此云無間觀佛三昧經云阿言無鼻言救成論明五無間一趣果無間捨身生報故二受苦無間中無樂故三時無間定一劫故四命無間中不絕故五形無間如阿鼻相縱廣八萬由旬一人多人皆徧滿故

頞部

陀俱舍云疱寒觸身分皆悉生皰尼剌部陀此云疱裂嚴寒所逼身疱裂也此二從相頞哳吒嚯嚯婆虎虎婆義府云以寒增甚口不得開但得動舌作哳吒之聲此三約受苦聲以立名嗢鉢羅此云青蓮華鉢特摩此云紅蓮華摩訶鉢特摩此云大紅蓮華此等皆是寒逼其身乃作青紅等色賓吒羅此云集欲適入尋出雖復在中而無痛苦

阿波那伽低經音義此云惡趣有三惡趣亦名三塗言三塗者摭華云塗道也論語云遇諸塗按四解脫經云地獄名火塗道餓鬼名刀塗道畜生名血塗道塗有二義一取殘害義塗謂塗炭如尚書曰民墜塗炭二取所趣義塗謂塗道如易云同歸而殊塗然春秋言四岳三塗應法師云春秋有三塗危險之處借此爲名通慧云有本作途非也須作塗泥之塗後人妄云畜生餓鬼地獄名三塗當知此單指地獄也然此指歸之說非但違於吾教四解脫經刀血火三之文又復誣其應師音義後學尋撿自

見妄立又諸教典明八難者三惡道爲三四北洲五長壽天六佛前佛後七世智辯聰八諸根不具今述頌曰三途北洲長壽天諸根不具幷世智佛前佛後共八難受此果不得聖化故名難處或以世智辯聰名爲生邪見家淨名疏明二種八難一者凡夫住事八難二者二乘住理八難事即界内八難理乃界外八難荆溪云若欲略明則有餘中三十心人爲三惡道住無我法名爲北洲地前法愛如長壽天未有初地十種六根名諸根不具地前智淺如世智辯聰不窮中理如佛前後若實報中位位相望節節作之

此並障於中道理也成論明菩薩說四輪摧八難一生中國輪能摧五難謂三塗北洲及長壽天二修正願輪摧世智辯聰三植善因輪摧聾盲瘖瘂四近善人輪摧佛前佛後欲摧八難當習四輪故今示之今思修耳

時分篇第二十四

西域記云時極短者謂刹那也百二十刹那爲一呾刹那六十呾刹那爲一臘縛三十臘縛爲一牟呼栗多五十牟呼栗多爲一時六時合成一日一夜夜三晝三居俗日夜分爲八時晝四夜四月盈至滿謂

之白分月虧至晦謂之黑分或十四日或十五日月有大小故也黑前白後合爲一月六月合爲一行日游在內北行也日游在外南行也揔此二行合爲一歲又分一歲以爲六時正月十六日至三月十五日漸熱也三月十六日至五月十五日盛熱也五月十六日至七月十五日雨時也七月十六日至九月十五日茂時也九月十六日至十一月十五日漸寒也十一月十六日至正月十五日盛寒也如來聖教歲爲三時正月十六日至五月十五日熱時也五月十六日至九月十五日雨時也九月十六日至正月十五日寒

時也或爲四時春夏秋冬〻也春三月謂制怛邏月吠舍佉月逝瑟吒月當此從正月十五日至四月十五日夏三月謂頞沙荼月室羅伐拏月婆達羅鉢陀月當此從四月十六日至七月十五日秋三月謂頞濕縛庾闍月迦剌底迦月末伽始羅月當此從七月十六日至十月十五日冬〻三謂報月磨祛月頗勒窶拏月當此從十月十六日至正月十五日又東夏明時如尒雅云夏曰歲商曰祀周曰年唐虞曰載注曰歲取歲星行一次祀取四時祭祀一訖年取年穀一熟載取物終更始也尚書大傳云夏以十三月爲正色尚黑

以平旦爲朔殷以十二月爲正色尚白以鷄鳴爲朔周以十一月爲正色尚赤以夜半爲朔白虎通曰正朔有三者本天有三統謂三微之月也三微者陽氣始施黄泉萬物微動而未著也十一月之時陽氣始養根株黄泉之下萬物皆赤赤者盛陽之氣故周爲天正色尚赤也十二月之時萬物始芽而白白者陰陽氣故殷爲地正色尚白也十三月之時萬物始建孚甲而出皆黒人得加功故夏爲人正色尚黒也

颰陁劫簸　劫簸大論秦言分別時節颰陀秦言善有千萬劫過去空無有佛是一劫

中有千佛興淨居諸天歡喜故名善劫此一劫內有四中劫成住壞空義如余撰劫波圖出大論問曰菩薩幾時能種三十二相荅極遲百劫極疾九十一劫此約大劫也然種相好須明四義一種相處準大論云在欲界中非色無色於欲界五道在人道中於四天下閻浮提中於男子身非女人種佛出世時種佛滅不種緣佛身種餘不得種二種相業準大論云用意業種非身口業何以故意業利故問意業有六識爲是何識荅是意識非五識五識不能分別故三種相初有言足安立相先種有言紺青眼相初種大論

云雖有是語不必尒也若相因緣和合時便言初種四種相福一切人破正見一人能教令得淨戒正見如是等爲一福具足百福乃成一相

剎那

楞伽云剎那時不住名爲剎那俱舍云壯士一彈指頃六十五剎那仁王云一念中有九十剎那一剎那經九百生滅毗曇翻爲一念日藏云我今復說剎那之數一千六百剎那名一迦羅六十迦羅名模呼律多三十模呼律多爲一日夜俱舍云時之極少名剎那時之極長名爲劫通明極少凡有三種俱舍頌曰極微字剎那色名時極少釋曰分析諸色至一極

微爲色極少分析諸名及時至一字一刹那爲名極少時極少

怛刹那 毗曇翻一瞬僧祇云二十念爲一瞬

摩睺羅 毗曇翻爲須臾一日一夜共有三十須臾僧祇云二十羅預名一須臾須云百二十刹那爲怛刹那量臘縛此六十此三十須臾此三十晝夜三十晝夜月十二月爲年於中減半夜

迦羅 刋正記云即實時謂毗尼中誡內弟子聽時食遮非時食則實有其時也故大論云毗尼結戒是世界中實非第一義中實論又問云若非時食時藥時

衣皆迦羅何以不說三摩耶荅此毗尼中說白衣不得聞外道何由得聞而生邪見餘經通皆得聞是故說三摩耶令其不生邪見

三摩耶 刋正記云名假時亦名短時長時論云除邪見故說三摩耶不言迦羅復次有人言一切天地好醜皆以時爲因論中廣約三世無相是故時法無實是故說三摩耶令其不生邪見三摩耶詭名時亦是假名時亦名長時短時者不同外人定執蓋是假說長短而無其實故若短若長悉名三摩耶見陰界入生滅假名爲時

阿留那 或阿樓那或云

薩埵漢言明相明了論云東方已赤通慧指歸云此方約日未出前二刻爲曉此爲明相也以觀見掌文爲限是四分明又別宗名地了時謂見地色分了故又云日出映閻浮樹色名明相虛空藏經云是初行菩薩明星出時從座而起向於明星說如是言南無阿嘍那成就大悲今者初出閻浮提願以大悲覆護我以言說白大悲虛空藏菩薩於夜夢中示我方便以是緣故得悔所犯根本重罪

翻譯名義集第二

平江府寧國寺西面南居住弟子沈　貴幷妻朱氏
梵懃各施錢伍貫文足　儒教鄉女弟子陸氏百二娘
捨錢伍貫文足共助開板各懺罪愆莊嚴淨土上報
四恩下資三有
中街路西面南居住女弟子朱氏　淨因施錢伍貫文足
開板上薦先考三郎先妣杜氏七娘仍懺罪愆莊嚴安養
弟子裘　寧捨錢弍貫文足
弟子陸　琀捨錢弍貫文足　女弟子裴氏　八娘捨錢
弍貫文足共助開板各報四恩三有成就佛果菩
提者

翻譯名義集三

姑蘇景德寺普潤大師　法雲　編

帝王第二十五　皇后第二十六
世界第二十七　諸國第二十八
衆山第二十九　諸水第三十
林木第三十一　五果第三十二
百花第三十三　衆香第三十四
七寶第三十五　數量第三十六
什物第三十七　顯色第三十八

帝王篇第二十五

帝王略論曰夫帝王者必立德立功可大可久經之以仁義緯之以文武深根固蔕貽厥子孫一言一行以爲軌範垂之萬代爲不可易所以域中四大王居其一帝力可以鎭萬邦王威可以伏兆庶故金口之遺囑鶴林之顧命慮四衆以微弱恐三寶而衰墜託國之威風藉王之勢力故委寄於帝王伏勑以流通也

因陀羅 此云帝正翻天主以帝代之謚法曰德象天地稱帝仁義所生稱王漢制天子稱皇帝其嫡嗣稱皇太子諸侯王之嫡嗣稱世子白虎通曰皇者天之惣美大之稱也煌煌人莫違也不

煩一夫不擾一士故爲皇太昊伏羲氏炎帝神農氏黄帝有熊氏此号三皇少昊金天氏顓頊高陽氏帝嚳高辛氏帝堯陶唐氏帝舜有虞氏此名五帝桓子曰三皇以道治五帝爲德化三王由仁義五霸用權智王肅云王者雖号稱帝而不得稱天帝而曰天子乃天之子子之與父尊卑相去遠矣金光明經云以天護故復稱天子莊子云夫帝王之德以天地爲宗以道德爲主以無爲爲常逸士傳曰帝堯之時有老人擊壤於路曰吾日出而作日入而息鑿井而飲耕田而食帝何力於我哉

遮閱那 或云

曷囉闍此云王薩遮經云王者民之父母以法攝護衆生令安樂故白虎通曰王者往也天下所歸往洪範曰無偏無黨王道蕩蕩無黨無偏王道平平孔氏傳曰辯治也吳楚之君僭号稱王仲尼正名以周天子爲天王故春秋云天王狩于河陽韓詩外傳曰君者群也能羣天下萬物而除其害者謂之君也班固曰其君天下也炎之如日威之如神涵之如海養之如春譬猶草木之植山林鳥魚之毓川澤叅天地而施化豈云人事之厚薄哉釋氏以自在名王妙玄云轉輪聖王四域自在

斫迦羅伐

辢底曷羅闍　或遮迦越羅此云轉輪王俱舍云從此洲人壽無量歲乃至八萬歲有轉輪王生減八萬時有情富樂壽量損減衆惡漸盛非大人器故無輪王由輪旋轉應導威伏一切名轉輪王施設足說有四種金銀銅鐵輪應別如其次第勝上中下逆次能王領一二三四洲云云契經從勝但說金輪故契經言若王生在剎帝利種紹灌頂位於十五日受齋戒時沐浴首身受勝齋戒升高臺殿臣僚輔翼東方忽有金輪寶現其輪千輻具足轂輞衆相圓淨如巧匠成舒妙光明來應王

所此王定是轉金輪王轉餘輪王應知亦尒四種輪
王威定諸方亦有差别謂金輪者諸小國王各自來
迎作如是說我等國土寬廣豐饒安隱富樂多諸人
衆惟願天尊親垂教勑我等皆是天尊翼從若銀輪
王自往彼土威嚴近至彼方臣伏若銅輪王至彼國
已宣威競德彼方推勝若鐵輪王亦至彼國現威列
陣剋勝便止一切輪王皆無傷害令伏得勝各安其
所勸化令修十善業道故輪王死定得生天慈恩云
金輪望風順化銀輪遣使方降
銅輪震威乃服鐵輪奮戈始定

摩訶三摩曷

羅闍 此云大平等王劫初民主 首圖馱那 或名閱頭檀此云淨飯或翻眞淨或云白淨 途盧檀那 此云斛飯 薩縛達 西域記云唐言一切施是如來昔修菩薩行時号避敵棄國潛行至此摩訶伐那伽藍唐言大林遇貧婆羅門方來乞丐遂令羈縛擒往敵王冀以賞財回爲惠施 尸毗迦 西域記云唐言與舊曰尸毗略也 歌利 或名迦利或名迦藍浮此云惡世又云惡生又云無道西域記云羯利王唐言鬭諍舊

云歌利 **頻婆娑羅** 或名瓶沙王此云摸實身摸充實又翻形牢亦云影訛也

堅影謂形影皆取體分強壯之義頻婆或云頻毗此翻顏色娑羅此云端正或翻色像殊妙王 **波斯匿** 或名不黎先尼此云和悅西域記云正名鉢邏斯那恃多唐言勝軍仁王經云是波斯匿巳於過去十千劫龍光王佛法中爲四地菩薩 **優填** 西域記云訛也正名鄔陀衍那王唐言出愛

毗盧釋迦 西域記云舊曰毗流離王訛也 **鞞羅羨那**

秦言勇軍

阿闍世 此云未生惡妙樂云母懷之日巳有惡心於瓶沙王未生巳惡故因爲名或呼婆羅留支此云無指妙樂云初生相者云凶王令外樓撲之不死但損一指故爲名也內人將護呼爲善見

阿育 或阿輸迦或阿輸柯此云無憂王

補剌拏伐摩 西域記云唐言滿冑無憂王末孫

尸羅阿迭多 西域記云唐言戒日愛育四生興崇三寶象馬飲水漉而後飼在位五十餘年野獸狎人

儴

汝陽

佉王 亦云霜佉此云貝乃珂貝耳 **邏闍伐彈那** 西域記云唐言王增

摩訶因陀羅 西域記云唐言大帝無憂王弟寬刑六日獲果出家

祇陁 或云祇洹此云戰勝生時父波斯匿戰勝外國西域記云逝多唐言勝林舊曰祇陀訛也諸經言祇樹者西域記云時給孤獨願建精舍佛命舍利子隨瞻揆焉唯太子逝多園地爽塏㓗尋詣太子具以情告太子戲言金徧乃賣善施聞之心豁如也即出金藏隨言布地有少未滿太子請留曰

佛誠良田宜植善種即於空地建立精舍世尊即告阿難曰自今已來應謂此地爲逝多樹給孤獨園

提梨挐太子 大論秦言好愛西域記云蘇達挐唐言善牙亦云善與

闡鐸迦 西域記云舊曰車匿訛也亦釋種太子出家令車匿牽揵陟揵陟馬名正云建他歌譯云納經音義云車匿本是守馬奴名淨名疏云其自恃王種輕諸比丘僧法事時輕笑言如似落葉旋風所吹聚在一處何所評論佛去世後猶自不改佛令作梵壇謂默擯也亦云彼梵天治罪法別立

一壇其犯法者令入此壇諸梵不得共語

皇后篇第二十六

周禮云天子后立六宮鄭氏注云前一宮後五宮也五者后一宮三夫人一宮九嬪一宮二十七世婦一宮八十一御妻一宮后正位宮闈體同天座毛詩云關關雎鳩在河之洲窈窕淑女君子好仇作此關雎之詩蓋興文王后妃之德也后妃有關雎之德是幽閑貞專之女宜爲君子之好匹也

摩訶摩耶 西域記云唐言大術或云大幻晉華嚴摩耶夫人荅善財言我已成

就大願智幻法門得此法門故爲盧舍那如來母於閻浮提迦毗羅城淨飯王宮從右脇生悉達太子顯現不可思議自在神力本行經云尒時太子誕生適滿七日其太子母摩耶夫人遂便命終因果經云太子姨母摩訶波闍波提乳養太子如母無异

瞿夷 此云明女五夢經云是舍夷長者女長者名水光其婦名餘明婦居近城生女之時日將欲没餘明照其家内皆明因立字云瞿夷即是太子第一妃也第二妃生羅云名耶檀亦名耶輸其父名移施長者第三妃名鹿野其父名釋長者太子以三

妃故白淨飯王爲立三時殿大論云釋迦文菩薩有二夫人一名瞿毗耶二名耶輸陁羅羅睺羅母也瞿毗耶是寶女故不孕子

韋提希 此云思惟觀經云惟願世尊教我思惟教我正受

摩利 或云末利此云鬘莖王之后西域記譯爲柰因施柰得報世女名勝鬘爲踰闍王妃

半尸迦 此女十誦云有好善容評堪直半尸迦國爲人欲抄斷故令遣使僧中代受戒

世界篇第二十七

楞嚴云世爲遷流界爲方位汝今當知東西南北東

南西南東北西北上下爲界過去未來現在爲世世界有二種一衆生世界是正報二器世界是依報故楞嚴云由此無始衆生世界生纏縛故於器世間不能超越大論明三種世間一者五衆二者衆生三者國土間之與界名異義同間是隔別間差界是界畔分齊界有二種一者十界二者三界言十界者所謂地獄餓鬼畜生脩羅人天此名六凡聲聞緣覺菩薩佛此名四聖指月鈔問十界之名有何顯據荅大論云衆生九道中受記所謂三乘道六趣道是知九道即九界也受記作佛十界明矣二三界者一欲界欲

有三種一飲食二睡眠三婬欲於此三事希須名欲若有情界從他化天至無間獄若器世界乃至風輪皆欲界攝二色界者形質清淨身相殊勝未出色籠故名色界三無色界者於彼界中色非有故又此三界總舉則六道別分乃二十五有荆溪頌曰四洲四惡趣六欲并梵天四禪四空處無想五那含又此三界通有三種謂小千中千大千也如俱舍云四大洲日月須弥盧欲天梵世各一千此名小千界此小千千倍說名一中千此千倍大千皆同一成壞昔南山尊者問韋天將軍曰余聞一佛化境三千國土日

月歲數或言百億或言千百億荅曰如師問百億千百億者經文分明千百億化身釋迦牟尼佛一佛化一日月下何得百分秖言其一但時語訛惑略致斯尒惣要言之萬億日月爲一大千熏聞云恐西天數億有大小應以一百小億爲一大億乃成百億日月如是大千皆是釋尊所化之境如法華云如來亦復如是則爲一切世間之父而生三界朽故火宅爲度衆生生老病死憂悲苦惱愚癡暗蔽三毒之火教化令得阿耨多羅三藐三菩提

他那 此云處眞諦云住處有二一境界處游歷之境爲化在俗

漆承遇九首心經戔刊

之流二依止處爲統出家之衆此即祇園婆沙云舉舍衛令遠人知國是惣也舉祇園令近人知園是別也

須摩題 大論云此云妙意亦好智亦好意弥陀經云阿彌陁佛所居國土名須摩題

索訶 西域記云索訶世界三千大千國土爲一佛之化攝也舊曰娑婆又曰娑訶皆訛楞伽翻能忍悲華云何名娑婆是諸衆生忍受三毒及諸煩惱能忍斯惡故名忍土如來獨證自誓三昧經云沙訶漢言忍界真諦三藏云劫初梵王名忍梵王是世界主故名忍土一云雜會世界長水云大千

界之都名感通傳云娑婆則大千惣号孤山云舉其通名非指大千也

東弗于逮

西域記云海中可居者大略有四焉東毗提訶洲舊曰弗婆提又曰弗于逮訛也此云勝勝南洲故又云前一在諸方之前也又翻為初謂日初出處也俱舍云東毗提訶洲其相如半月身長八肘壽二百五十

閻浮提

訛云剡浮此云勝金大論云閻浮樹名其林茂盛此樹於林中最大提名為洲此洲上有此樹林林中有河底有金砂名閻浮檀金以閻浮樹故名為閻浮洲此洲有五百小洲圍繞通名閻浮提

刊正云此則河因樹立稱金因河得名長水云或云閻浮果汁點物成金因流入河染石爲金其色赤黃兼帶紫焰西域記云南贍部洲舊曰閻浮提洲又曰剡以舟浮洲訛也藏鈔云贍部此土無相當故不翻唯西域記音中翻爲穢樹南贍部洲北廣南狹三邊量等其相如車俱舍云贍部洲人身多長三肘半人壽無定限

西瞿耶尼此云牛貨亦翻取與藏跡云以彼多牛以牛爲貨俱舍鈔云劫初時因高樹下有一寶牛爲貨易故西域記云西瞿陀尼洲舊曰瞿耶尼又云劬伽尼訛俱舍云西牛貨

洲壽五百歲相圓無缺長十六肘

北鬱單越

或鬱怛越此云勝處亦云勝生於四洲中有情處貨皆最勝故亦云高上出餘三方故形如方座四面量等長三十二肘壽滿一千歲故俱舍云諸處有中夭除北俱盧洲以壽定故以樂極故以執堅故聖人不生八難中一若論值佛聞法南洲最上故大論云南洲三事尚勝諸天況北洲乎一能斷婬二識念力三能精進所以諸佛唯出南洲西域記云北拘盧洲舊曰鬱單越又曰鳩樓訛也金輪王乃化被四天下銀輪王則政隔北拘盧銅輪王則除北拘盧

及西瞿陀尼鐵輪王則唯贍部洲夫輪王者將即大位隨福所感有大輪寶浮空來應感有金銀銅鐵之異

諸國篇第二十八

古之王者建國居民度天地之所合定陰陽之所和仁王經云此贍部洲十六大國五百中國十萬小國楞嚴經云此閻浮提大國凡有二千三百金光明云此閻浮提八萬四千城邑聚落然法身無像豈假地以居之應物有形故隨國而化矣所以佛生迦維衛成道摩竭提說法波羅柰入滅俱尸那故此四處建窣堵波智度論云以報生地恩故多住舍婆提一切

衆生皆念生地如偈說一切論議師自愛所知法如人念生地雖出家猶諍以報法身地恩故多住王舍城諸佛皆愛法身如偈說過去未來現在諸佛皆供養法師敬尊重

印度

西域記云天竺之稱異議糺紛舊云身篤或曰賢豆今從正音宜云印度云云印度者唐言月月有多名斯其一稱云云良以其土聖賢繼軌導凡御物如月照臨由是義故謂之印度云云五印度之境周九萬餘里三垂大海北背雪山北廣南狹形如半月劃野區分七十餘國時特暑熱地多泉濕成光子曰中天竺國東至震旦五萬八

千里南至金地國西至阿拘遮國北至小香山阿耨達亦各五萬八千里則知彼爲中國矣梁傳云何承天以博物著名乃問慧嚴曰佛國將用何曆云天竺夏至之日日正中時竪晷無影所謂天中於五行土德色尚黃數尚五八寸爲尺十兩當此土十二兩建辰之月爲歲首及討覈分至推校薄蝕顧步光景其法甚詳宿度章紀咸有條例承天無所措難後婆利國人來果同嚴說

婆羅痆女黠**斯國**西域記云舊曰波羅柰訛也中印度境婆沙云有河名波羅柰去其不遠造立王城或翻

江遶城亦云鹿苑

迦毗羅皤窣都　迦毗羅此云黃色皤窣都此云所依處上古有仙曰黃頭依此修道西域記云劫比羅伐窣堵舊曰迦毗羅衛訛也或名迦維衛或名迦夷此云赤澤或名婆兜釋翅搜此云能仁住處音訛也竺法蘭對漢明云迦毗羅衛者大千之中也宋沙門慧嚴與南蠻校尉何承天共論華梵中邊之義乃引周公測景之法謂此土夏至之日猶有餘陰天竺則無也言測景者周公攝政四年欲求地中而營王城故以土圭測景得潁川陽城於是建都土圭長尺

有五寸夏至日晝漏半立八尺之表表北得景尺有五寸景與土圭等此爲地中鄭司農云凡日景於地千里而差一寸當知陽城蓋就此土自爲中耳既有表景豈非餘陰耶況此土東垂大海三方且非由是觀之邊義彰矣

舍婆提 西域記云室羅筏悉底舊訛云舍衛此云聞物寶物多出此城亦翻豐德一具財寶二妙五欲三饒多聞四豐解脱義淨譯金剛云名稱大城撫華云但得聞義而鈌物義此乃憍薩羅國都城之号檇李證眞鈔云爲簡南憍薩娑國故廢國名而標城号發軫問諸經中說佛

生迦毗羅國何以論云生舍婆提耶答迦毗羅與舍婆提相隣同是中印土境故此言之

摩竭提 此云善勝又云無惱西域記云摩竭陀舊曰摩伽陁又曰摩竭提皆訛也中印度境文句記云此云不害劫初已來無刑害故至阿闍世截指爲刑後自齧指痛復息此刑佛當生其地故吉兆預彰所以先置不害之名亦名無害文句曰此云天

羅閱祇伽羅 天羅者王名以王名國城名王舍

西域記名曷羅闍姞利呬(火利)此云王舍城應法師云羅閱義是料理以王代之摩伽陁國中城名

也大論云昔有須陁須摩王是王精進持戒常依實語晨朝乗車將諸婇女入園游戲出城門時一婆羅門來乞而語王言王是大福德人我身貧窮當見愍念賜自少多王言敬如來告當相布施須我出還作此語巳入園澡浴嬉戲時兩翅王名曰鹿足空中飛來於婇女中捉王將去諸女啼哭號慟一園驚城内外搔擾悲惶鹿足負王騰躍虛空至所住處置九十九王中須陀須摩王言我不畏死自恨失信我從生來初不妄語今日晨朝出門時一婆羅門來從我乞我時許言還當布施不慮無常辜負彼心自招欺罪

是故啼耳鹿足王言汝意欲尒畏此妄語聽汝還去七日布施婆羅門訖當便來還若過七日有我翅力取汝不難須陀須摩王得還本國恣意布施立太子爲王大會人民懺謝之言我智不周初治多不如法當見忠恕如我今日身非已有正尒還去舉國人民及諸親戚叩頭留之願王留意慈蔭此國勿以鹿足鬼王爲慮當設鐵舍奇兵鹿足雖神不畏之也王言不得而說偈言　實語第一戒實語升天梯實語爲大人妄語入地獄我今守實語寧棄身壽命心無有悔恨如是思惟已王即發去到鹿足所鹿足遥見歡

喜而言汝是實語人不失信要一切人皆惜身命汝從死得脫還來赴信汝是大人云云鹿足又言汝好說此令相放捨九百九十九王亦布施汝隨意各還本國由此千王共居故名王舍

拘尸那 此云角城輔行云其城三角故云角也

毗耶離 亦名維耶離鞞舍隸吠舍離此云廣嚴西域記云吠舍釐國舊訛曰毗舍離什師云毗言稻土之所宜也離耶言廣嚴其地平正莊嚴淨名略跡云此云廣博嚴淨其國寬平名為廣博城邑華麗故名嚴淨有師翻為好稻出好粳粮勝於餘

國故也有言好道國有道秖直秖音旨平直也有言好道其國人民好樂正道自敦仁義不須君主五百長者共行道法率土人民莫不歸悅

伽耶此云山城去菩提道場約二十里西域記云城甚險固城西南五六里至伽耶山谿谷杳冥峰巒危嶮印度國俗稱曰靈山自昔君王馭宇承統化洽遠大德隆前代莫不登封而告成功

矩奢揭羅補羅城西域記云唐言上茅宮城多出勝上吉祥香茅摩竭陁國之正中古先君王之所都

拘蘇摩補

羅城 西域記云唐言香花宮城𣪊梁曰城以保民爲之華嚴寶眼城天告善財言應守護心城離生死故

羯若鞠闍 西域記云唐言曲女城中印度境大樹仙人棲神入定經數萬歲從定而起見王百女詣宮求請唯幼稚女而充給使仙人懷怒便惡呪曰九十九女一時腰曲從是之後名曲女城

蘇伐剌拏瞿呾羅 西域記云唐言金氏出上黃金世以女爲王因以女爲國

烏仗那 奘傳唐言苑昔阿輸迦王之苑囿也舊

曰烏塲或曰烏茶皆訛北印度境
憍賞彌西域記云舊云拘睒弥訛也中印度境
罽賓此云賤種西域記云迦濕弥羅舊曰罽賓訛也北印度境末田底迦既得其地立五百伽藍於諸異國買鬻賤人以充役使用供衆僧末田底迦入寂滅後彼諸賤人自立君長鄰境諸國鄙其賤種莫與交親謂之訖利多唐言買得
劫布組那西域記云曹國
赭時西域記云唐言石國
颯秣音末建西域記云唐言康國
弭秣賀

西域記云唐言米國屈霜去呼你迦西域記云唐言何國阿踰弋朱闍

此云不可戰國喝捍西域記云唐言東安國捕哺或名捕揭西域記云

唐言中安國戍地西域記云唐言西安國羯霜那西域記云唐言史國

阿耆尼西域記云舊曰烏耆訛也屈支居物西域記云舊曰龜茲又音

丘慈健馱邏西域記云舊曰乾陁衛訛也隋云香行國曷部多

西域記云唐言奇特

佉沙 西域記云舊謂䟽勒者乃稱其城号言猶訛也正音云室利訖栗多底

至那僕底 西域記云唐言漢封河西蕃維質音致子所居因爲國号

瞿薩怛那 西域記云唐言地乳王未有胤羊晉禱毗沙門像額上剖出嬰兒不飲人乳神前之地忽然隆起其狀如乳神童飲吮遂至成立即其俗之雅言也俗語謂之渙那國匈奴謂之于遁諸胡謂之豁旦印度謂之屈丹舊曰于闐訛也

薄佉羅 應是月支在雪山西

北或云月氏

僧伽羅 西域記唐言執師子非印度境是南海路其祖擒執師子父殺應王慕王畏暴逆重賞遠放船漂寶渚遂立此國

震旦 或曰眞丹旃丹琳法師云東方屬震是日出之方故云震旦華嚴音義翻爲漢地此不善華言樓炭經云葱河以東名爲震旦以日初出耀於東隅故得名也

脂那 婆沙二音一云支那此云文物國即讚美此方是衣冠文物之地也二云指難此云邊鄙即貶挫此方非中國也西域記云摩訶至那此曰大唐

伊沙那

清涼疏云此云長直謂里巷徑永表知三際故言長表知勝義故言直

蔑戾車 奘傳唐言邊地北印度北境皆号蔑戾車

乾闥婆城 大論云日初出時見城門樓櫓宮殿行人出入日轉高轉滅但可眼見而無有實名揵闥婆城靜苑華嚴音義云西域名樂人爲乾闥婆彼樂人多幻作城郭須臾如故因即謂龍蜃所現輔行云乾城俗云蜃氣蜃蛤大蛤也朝起海洲遠視似有

衆山篇第二十九

五岳鎮地支那之書備焉七金環山天竺之典載矣

或作天龍窟宅或爲賢聖道場翻譯既傳名義當集

勢羅 西域記唐言山鄔波世羅翻爲小山廣雅云山產也能產萬物高者名岳小者名丘

蘇迷盧 西域記云唐言妙高舊曰須弥又曰須弥樓皆訛四寶合成在大海中據金輪上日月之所迴泊諸天之所遊舍七山七海環峙環列四面各有一色東黃金南琉璃西白銀北頗梨隨其方面水同山色毗曇俱舍云妙高七寶所成故名妙出七金山故名高觀經疏云舉高三百三十六萬里縱廣亦尔

彌樓 有人謂弥樓此

云光明七金山也金色光明故若準第一義法勝經云須弥樓山則弥樓是須弥山舊譯倶舍須弥亦云弥樓是則梵音有異若據法華云内外弥樓山須弥及鐵圍是則山體亦異

斫之夜**迦羅** 或云灼羯羅又云斫迦羅應法師云此云輪山舊云鐵圍圍即輪義譯人義立

耆闍崛 大論云耆闍名鷲崛名頭是山頂似鷲增一佛告諸比丘此山久遠同名靈鷲觀經疏云諸聖仙靈依之而住西域記云宮城東北行三四里至姞渠乙栗陁羅矩吒此云鷲峰亦云鷲臺舊云耆闍崛訛也

既捿鷲鳥又類高臺應法師云案梵本無靈義
此鳥有靈知人死活故号靈鷲婆沙云其山三峯
如仰鷄足似狼之迹亦名狼迹又
名普賢山白墡山仙人山負重山**目真隣陁**
或云目脂隣陁此云石山**鉢羅笈菩提**淨名跡云此云安明垂裕云入
水最深故名安出諸山上故曰明西域記
云唐言前正覺山如來將證正覺先登此山**屈屈**
吒播陁西域記云唐言鷄足山亦名窶盧播
陁唐言尊足峻起三峯迦葉既入三峯

斂覆三會說法之後餘有無量憍慢衆生慈氏將登此山彈指峰開迦葉授衣火化入滅

因陁羅勢羅窶訶 西域記云唐言帝釋窟西峰南巖間有大石室廣而不高佛常中止時天帝釋以四十二疑事書石請問佛爲演釋其迹猶在

䮚勒鄧**迦** 西域記云僧伽羅國東南隅有䮚迦山巖谷幽峻神鬼遊舍昔佛於此說䮚迦經舊曰楞伽經訛也

補陁落迦 或云補湼洛迦此云海島又云小白花西域記云有呾落迦山南海有石天宮

觀自在菩薩游舍　優留曇陁亦云優留曇茶此云大醍醐　軻苦賀

地羅此譯軻空也地羅者破也名破空山　比羅娑落西域記云唐言象堅山神作象形故曰象堅

彈多落迦西域記云舊曰檀特山訛也

逾健達羅此云雙迹此山之峰有二隴道似車迹故　由乾此譯云雙

陀羅此云持名雙持山　伊沙馱羅此云持軸形如車軸故

朅地洛迦此云檐木山本樹名也蘇達梨舍那此云善見見者稱善頞濕縛羯拏此云馬耳山狀如彼故毗摩恒迦此云有障礙神山尼民達羅此云地持山形似海中魚故摩梨或云摩羅耶在南天竺多出旃檀尼民陁此云持邊七金外邊護持圍繞餘六山故

諸水篇第三十

潤萬物者莫過乎水形爲四大氣冠五行禪源詮云水舉名濕指體澄之則清混之則濁堰之即止決之即流今佛教中明水源流故具列之令甄別耳

阿伽 此云水釋名云水準也準平物也稱讚淨土佛攝受經明八功德水一澄淨二清冷三甘美四輕輭五潤澤六安和七飲時除飢渴等一切過患八飲已定能長養諸根四大淨覺云清是色入不臭是香入輕冷軟是觸入美是味入調適是法入

阿耨達 西域記云贍部洲之中地者阿那婆答多池唐言無熱惱舊曰阿耨達訛也在香山之南

大雪山北周八百里金銀銅鐵琉璃頗胝飾其岸焉金沙弥漫清波皎鏡大地菩薩以願力故化爲龍王於中潛宅出清冷水是以池東面銀牛口流出殑伽河繞池一迊入東南海池南面金象口流出信度河繞池一迊入西南海池西面琉璃馬口流出縛芻河繞池一迊入西北海池北面頗胝師子口流出徙多河繞池一迊入東北海或曰潛流地下出積石山即徙多河之流爲中國之河源孝經緩神契曰河者水之伯

信度 舊云辛頭此云驗河 **殑** 巨升 **伽** 此云天堂來見從高處來故又云河神之

名以爲河名西域記舊曰恒河又曰恒沙訛也章安云諸經多以恒河沙爲量者有四義故一人多識之二入者得福三八河中大四是佛生處此即四悉檀也

縛芻 此云青河西域記云舊曰愽叉訛也

徙多 此云冷河西域記云舊曰私陁訛也

阿恃多伐底河 西域記云唐言無勝舊曰阿利羅跋提河訛也典言呬(許利)剌(力葛)拏伐底河譯曰有金河是產閻浮金處梁宗法師云佛來此河邊入滅有意河流奔注若生死遄速金砂不動喻佛性常住又因地在此捨身故今至彼

入滅章安云相傳熙連秖是䟦提今言不尒䟦提大熙連小或言廣四丈或八丈在城北䟦提量在城南相去百里佛居其間熙連禪尼此云不樂着河度一切諸佛境界經佛言四流欲流有流見流無明流涅槃經說六河謂生死河涅槃河煩惱河佛性河善法河惡法河

娑竭羅 或娑伽羅此云鹹海書曰江漢朝宗于海莊子曰溟海者天池也淮南子曰海不讓水積以成其大孫卿子曰不積細流無以成海老子曰江海所以能為百谷王者其善下也潮有朝夕之期故吳都有朝夕之池新華嚴云辟如大

海以十種相得大海名不可移奪一次第漸深二不受死屍三餘水入中皆失本名四普同一味五無量珍寶六無能至底七廣大無量八大身所居九潮不過限十普受大雨無有盈溢金剛三昧不壞不滅經云以沃燋山大海不增以金剛輪故大海不減此金剛輪隨時轉故令大海水同一鹹味華嚴云其娑竭羅龍王宮殿中水涌出入海復倍於前其所出水紺琉璃色涌出有時是故大海潮不失時大集云如閻浮提一切衆生身及與外色大海中皆有印象故名海印菩薩亦尒得大海印三昧已能分別一切衆生心

行於一切法門皆得慧明華嚴云海有奇特殊勝法能爲一切平等印衆生寶物及川流普能包容無所拒無盡禪定解脫者爲平等印亦如是福德智慧諸妙行一切並修無厭足

賀邏馱此云池停水曰池廣雅曰沼也

提大論翻洲爾雅水中可止曰洲大品云須菩提若江河大海四邊水斷是爲洲須菩提色亦如是前後際斷大論云世間洲者如洲四邊無地色等法亦如是前後皆不可得中間亦如或言洲潬徒亶者尒雅謂水內沙堆也渚者尒雅小洲曰渚大涅槃云譬如商人欲至寶渚不知道路有人

示之即至寶渚乃獲諸珍大般涅槃喻之爲寶

林木篇第三十一

毗藍名苑母摘花而降生菩提覺場佛觀樹而行道居鹿園以說法住鶴林而涅槃既皆依於脩林故宜編乎異木

婆那 正言飯那此云林叢木曰林雜阿含佛告阿難汝遥見彼青色叢林否唯然已見是處名曰優留曼荼山如來滅後百歲有商人子名曰優波掘多當作佛事教授師中最爲第一

菩提樹 西域記云即畢鉢羅樹也昔佛在世高數百尺屢經殘伐猶高四五丈佛坐

其下成等正覺因而謂之菩提樹焉莖幹黃白枝葉青翠冬夏不凋光鮮無變每至涅槃之日葉皆凋落頃之復故法苑云釋迦道樹名阿沛多羅

娑羅

此云堅固北遠云冬夏不改故名堅固西域記云其樹類槲而皮青白葉甚光潤四樹特高華嚴音義翻爲高遠其林森聳出於餘林也後分云娑羅林間縱廣十二由旬天人大衆皆悉徧滿尖頭針峰受無邊衆間無空缺不相障蔽大經云東方雙者喻常無常南方雙者喻樂無樂西方雙者喻我無我北方雙者喻淨不淨四方各雙故名雙樹方面皆悉一枯一

槃後分云東方一雙在於佛後西方一雙在於佛前南方一雙在於佛足北方一雙在於佛首入涅槃已東西二雙合爲一樹南北二雙亦合爲一二合皆悉垂覆如來其樹慘然皆悉變白

畢利叉亦名畢落叉此云高顯佛於下降誕則爲高勝名顯天人故曰高顯本行經云是時摩耶夫人立地以手執波羅叉樹枝即生菩薩

阿輸迦或名阿輸柯大論翻無憂花樹因果經云二月八日夫人往毗藍尼園見無憂花舉右手摘從右脇出後漢法本内傳云明帝問摩騰法師曰佛生日月

可知否騰曰昭王二十四年甲寅之歲四月八日於毗嵐園內波羅樹下右脇而誕故普曜云普放大光照三千界即周書異記云昭王二十四年甲寅之歲四月八日江河泉池忽然泛漲井皆溢出宮殿人舍山川大地咸悉震動其夜即有五色氣入貫太微徧於西方盡作青紅之色昭王即問太史蘇由是何祥耶蘇由曰有大聖人生於西方故現此瑞昭王曰於天下何如蘇由曰即時無他至千年外聲教被此昭王即遣鐫石記之埋在南郊天祠前周弟六主穆王滿五十二年壬申之歲二月十五日佛年七十九方始滅

度故涅槃經云二月十五日臨涅槃時出種種光大
地震動聲至有頂光徧三千即周書異記云穆王即
位五十二年壬申之歲二月十五日旦暴風忽起發
損人舍傷折樹木山川大地皆悉震動午後天陰雲
黒西方有白虹十二道南北通貫連夜不滅穆王問
太史扈（音戶）多曰是何徵也扈多對云西方有大聖人
滅度衰相現耳魏曇謨最及唐法琳北山神清法上
荅高麗問朝代並同荆溪輔行亦云當此周昭王甲
寅之歲第二齊王簡栖述頭陀寺記云周魯二莊親
昭夜景之鑒洎隋翻經學士費長房撰開皇三寶録

佛以周莊王他十年即春秋左傳云魯莊公七年歲次甲午四月八日也生相既顯故普耀云普放大光照三千界即左傳說恒星不現夜明也瑞應經云沸星下現侍太子生故左傳云星隕如雨本行經說虛空無雲自然而雨左傳又稱與雨偕也又云成道即當第十八主惠王十九年癸亥也示滅即第二十一主匡王五年癸丑二月十五日也時年八十矣孤山注四十二章淨覺造通源記依此費氏朝代由淨名疏云周時佛與星隕如雨故也法琳評曰但據恒星為驗而云佛生未悟恒星別由他事案文殊師利般涅槃云佛滅度後二百

五十年文殊至雪山化五百仙人訖還歸本土放大光明徧照世界入於涅槃恒星之瑞即其時也又長房言佛以周惠王十九年癸亥成道者亦有大過何者案劉向古舊二錄云周惠王時已漸佛教一百五十年後老子方說五千文若以惠王之時始成佛者不應經教已傳洛矣第三後周道安法師述二教論云慧光遐照莊王因覩夜明靈液方津明帝以之神夢注云春秋左傳云魯莊公七年歲次甲午四月辛卯夜恒星不現星隕如雨即周之莊王十年也莊王別傳曰遂即易筮之云西域銅色人出也所以夜明非中

夏之災也又依什法師年紀及石柱銘並與春秋符
同如來周桓王五年歲次乙丑生佛襄王十五年歲
在甲申而滅度法琳評曰安之爲論據羅什記羅什
記者承安世高安世高者以漢桓帝時在洛陽翻譯
信執筆者據桓帝時但羅什秦時始來世高漢朝先至
二師相去垂三百年信彼相承依而爲記非是安論造
次繆陳並由當時傳者之過又法顯傳云聖出殷世
武乙二十六年甲午時生者辨正評曰雖外游諸國傳
未可依年月時乖殊俗實爲河漢又像正記定平王
時戊午歲法琳評曰依像正記罕見依憑案通慧鷲

嶺聖賢録説佛生時凡有八别一夏桀時二商末武乙時三西周昭王時四穆王時五東平王時六桓王時七莊王時八趙伯休梁大周元年於廬山遇弘度律師得佛滅後衆聖默記推當前周二十九主貞定王亮二年甲戌前後所指時既紛雜故唐貞觀十三年勑遣刑部尚書劉德威等問法琳法師何故傳述乖紊無的可依由是琳師先列其真後陳其妄遂定周昭丙寅歲生周穆壬申世尊示滅從此起筭至今紹興十三年歲次癸亥惣計二千九十四年此依晴禪師清規集筭若依文律師年譜少十三年西域記云自佛涅槃諸部異議或云已過九

九百未滿千年或云一千二百餘年或云一千三百餘年或云二千五百餘年然既古今綿遠東西杳邈不宜確執是一非諸故南山律師問天人云此土常傳佛是殷時周昭魯莊等互說不同如何定指荅曰皆有所以弟子夏桀時生天且見佛之垂化且佛有三身法報二身則非人見並化登地已上唯有化身普被三千百億天下故有百億釋迦隨人所感前後不定或在殷末或在魯莊俱在大千之中前後感傳一化感見隨機前後法報常自湛然不足疑也辨朝代竟若論月分如浴佛經云一切佛皆四月八日生也

瑞應亦云四月八生薩婆多云二月八生費長房云仲春二月八夜生神清云二月八日大聖誕于迦維洎乎示滅之辰涅槃經曰二月十五日臨涅槃時然此諸文出有異者蓋西域以寅月十六爲歲首以寅月十五爲歲終彼分三際之殊此立四時之别加復震旦立正三代有異夏正建寅殷正建丑周正建子佛之生滅既準周書日月之數當依姬世三寶紀定四月爲二月故北山云周之二月今十二月也而大聖在乎周年故得以十一月言正異今之世也是月也天地否閉龍蛇斯蟄微陽潛布於下泉勾萌未達於上土以兹而生者

應氣運而來以茲而滅者應代謝而去然考二月涅槃屬十二月此盡美矣其定誕生亦十二月未盡善也故二教論云周以十一月爲正春秋四月即夏之二月也依天竺用正與夏同又僧史略云江表以今四月八日爲佛生日者依瑞應經也如用周正合是今二月八日今用建巳乃周之六月也詳此濫用建巳月者由聞聲便用不攄實求時也又二教論云杜預用晉曆筭辛卯二月五日安共董供奉用魯曆筭即二月七日用前周曆即二月八日也又今北地尚臈八浴佛乃屬成道之節故周書異記云周穆王二年癸未二月八

日佛年三十成道正當今之臈八也西域記云菩薩以吠舍佉月後半八日當此三月八日上座部則以吠舍佉月後半十五日當此三月十五日聞諸先記曰佛以生年八十吠舍佉月後半十五日入涅槃當此三月十五日也說一切有部則佛以迦剌底迦月後半八日入涅槃當此九月八日也今詳西域如奘師云建寅爲歲首二月則當建卯四月乃屬建巳況涅槃瑞應翻傳到此適當漢魏之後皆遵夏曆所以天下相傳以卯月爲涅槃以巳月爲降生者殊有由也諸文所載年月日異故附此集録示後世

尼拘律陀

又云尼拘盧陀此云無節又云縱廣葉如此方柹葉其果名多勒如五升瓶大食除熱痰摭華云義翻楊柳以樹大子小似此方楊柳故以翻之宋僧傳云譯之言易也謂以所有譯其所無如拘律陀樹即東夏楊柳名雖不同樹體是一

多羅 舊名貝多此翻岸形如此方椶櫚直而且高極高長八九十尺花如黃米子有人云一多羅樹高七仞七尺曰仞是則樹高四十九尺西域記云南印建那補羅國北不遠有多羅樹林三十餘里其葉長廣其色光潤諸國書寫莫不采用

尸陁 正云尸多婆那此翻寒林其林

幽邃而寒也僧祇云此林多死屍人入寒畏也法顯傳名尸摩賒那漢言棄死人墓田四分名恐畏林多論名安陀林亦名晝暗林

曳瑟知林曳移結西域記唐言杖林其林脩勁被滿山谷先有婆羅門聞釋迦佛身長丈六常懷疑惑未之信也乃以丈六竹杖欲量佛身恒於丈端出過丈六如是增高莫能窮實遂投杖而去因植根焉

鞞鐸佉西域記云象堅窣堵波北山巖下有一龍泉是如來受神飯已及阿羅漢於中漱口嚼楊枝因即植根今為茂林後人於此建立伽藍

名鞞鐸佉唐言嚼楊枝毗柰耶云嚼楊枝有五利一口不臭二口不苦三除風四除熱五除痰癊四分不嚼楊枝有五過口氣臭不善別味熱癊不消不引食眼不明

彈多抳尼倚瑟擿丑皆彈多……此云齒擿此云木謂齒木也長者十二指短者六指多用竭陀羅木此方無故多用楊枝寄歸傳云大如小指一頭緩嚼淨刷牙關用罷擘破屈而刮舌五分嚼已應淨洗棄以蟲食死故

波吒釐西域記云舊云巴連弗邑訛也謂女聟樹也

阿棃或云此方無故不翻其樹似蘭枝若落時

必爲七分義淨譯孔雀經頭破作七分猶如蘭香蕱復自解曰梵云頞杜迦曼折利頞杜迦蘭香也曼折利蕱頭也舊云阿梨樹枝既不善本音復不識其事故致久迷然問西方元無阿梨樹也

尸利沙 或云尸利灑即此間合昏樹有二種名尸利沙者葉實俱大名尸利駃者葉實俱小又舍離沙此云合歡

荃提 荃謂荃草出崐崘山提謂可遷徙提挈也見經音義

伊蘭 觀佛三昧海經云辟如伊蘭與旃檀生末利山中牛頭旃檀生伊蘭叢中未及長大在地下時牙莖枝葉如閻浮提

竹笋衆人不知言此山中純是伊蘭無有旃檀而伊蘭臭臭若胖屍熏四十四旬其華紅色甚可愛樂若有食者發狂而死牛頭旃檀雖生此林未成就故不能發香仲秋月滿卒從地生成旃檀樹衆人皆聞牛頭旃檀上妙之香永無伊蘭臭惡之氣

五果篇第三十二

律明五果一核果如棗杏等二膚果如梨柰是皮膚之果三殼果如椰子胡桃石榴等四檜果字書空外反麄糠皮謂之檜如松栢子五角果如大小豆等

頞羅此云果

菴羅正云菴没羅或

菴羅婆利肇注此云柰也柰女經云維耶梨國梵志園中植此柰樹樹生此女梵志收養至年十五顔色端正宣聞遠國七王爭聘梵志大懼乃置女高樓謂七王曰此非我女乃樹所生設與一王六王必怒今在樓上請王平議應得者取之非我制也其夜瓶沙王從伏竇中入登樓共宿謂女曰若生男當還我即脱手金鐶之印付女爲信便出語群臣言我已得女瓶沙軍皆稱萬歲六王罷去後女生故活至十八歲持環印見瓶沙王王以爲太子至三年會闍王生因讓曰王今嫡子生矣應襲尊嗣遂退其位肇師注云其果似

桃而非桃略疏云柰樹定非柰也又翻爲難分別其果似桃而非桃似柰而非柰此與大經意同經云如菴羅果生熟難分具有四句釋難分別一内外俱生一外熟内生三外生内熟四内外俱熟纂要云舊譯爲柰誤也此果多華子甚少其葉似柳而長一尺廣三指果形似梨而底鉤曲生熟難知可以療疾彼國名爲王樹謂在王城種之

菴摩勒

聲曰形似檳榔食之除風冷時手執此果故即以爲喻西域記云菴沒羅果而有兩種小者生青熟黃大者始終青色

阿摩勒

樹葉似棗華白而小

果如胡桃味酸甜可入藥訶梨勒新云訶梨怛鷄此云天主持來此果爲藥功用至多無所不入頻婆此云相思果色丹且潤阿摩落迦西域記云印度藥果之名也播囉師此云胡桃鎮頭迦此云柿篤迦此云栗居唛音陵迦此云李曷樹迦此云欝勃惡叉聚資中曰此云綖貫珠無始無明熏習成種種必有果子子相生熏習不斷眞際云惡叉樹名其子似沒石子生

必三顯同蔕喻惑業苦三同時具足言惑業苦者惑乃煩惱道業即業道苦謂苦道而此三道通於三土故輔行云分段三道謂見思惑爲煩惱道煩惱潤業爲業道感界内生爲苦道方便三道謂塵沙惑爲煩惱道以無漏業名爲業道變易生死名爲苦道實報三道謂無明惑爲煩惱道非漏非無漏業爲業道彼土變易名爲苦道

摩那陀此云醉果

百華篇第三十三

十輪云供養有三一利益以四事等二敬心將華表

情三修行若有持說即爲供養大品云釋提桓因及三千大千世界中諸天化作華散佛菩薩摩訶薩比丘僧及須菩提上亦供養般若波羅蜜是時三千大千世界華悉周徧於虛空中化成華臺端嚴殊妙須菩提心念是天子所散華天上未曾見如是華華是化華非樹生華是諸天子所散華從心樹生非樹生華釋提桓因知須菩提心所念語須菩提言大德是華非生華亦非意樹生須菩提語釋提桓因言憍尸迦是華若非生法不名爲華釋提桓因語須菩提言大德但是華不生色亦不生受想行識亦不生

須菩提言憍尸迦非但是花不生色亦不生若不生是不名爲色受想行識亦不生若不生是不名爲受想行識以如是華供如是佛顯能所以不二彰依正以無殊号不思議法供養也

布瑟波 此云華

弗把提 此云天華

須曼那 或云須末那又云蘇摩那此云善攝意又云稱意華其色黄白而極香樹不至大高三四尺下垂如蓋須曼女生於須曼花中

末利 亦云摩利此云柰又云鬘華堪作鬘故善見律云廣州有其華藤生

闍提 此云

金錢華　**波羅羅**　此云重生華　**婆利師迦**　亦云婆師迦又云婆使迦此云夏生華又翻雨華雨時方生故曰雨華　**那婆**　此云雜華　**優曇鉢羅**　此云瑞應般泥洹經云閻浮提内有尊樹王名優曇鉢有實無華優曇鉢樹有金華者世乃有佛施設論云繞贍部洲有輪王路廣一踰繕那無輪王時海水所覆無能見者若轉輪王出現于世大海水減一踰繕那此輪王路尔乃出現金沙弥布衆寶莊嚴旃檀香水以灑其上轉輪聖王巡幸洲渚與四種

兵俱游此路此華方生新云烏曇鉢羅 分陁利 此云白蓮華肇師云未敷名屈摩羅將落名迦摩羅處中盛時名分陀利體逐時遷名隨色變故有三名 優鉢羅 或漚鉢羅或嗢鉢羅此云青蓮華優鉢羅盤那女生青蓮華中 鉢特摩 此云紅蓮華 摩訶鉢特摩 此云大紅蓮華大論問諸牀可坐何必蓮華荅牀為世間白衣坐法又以蓮華軟淨欲現神力能坐其上令不壞故又以莊嚴妙法座故云又如此華華臺嚴淨香妙可坐 拘勿投

亦云拘勿頭此云地喜花亦云拘某陀此云黃蓮華曼殊沙此云柔軟又云赤華何羅歌或阿迦此云白花曼陁羅此云適意又云白花阿提目多伽舊云善思夷華此云苣藤子苣勤似藤音勝胡麻也又云此方無故不翻或翻龍舐花其草形如大麻赤花青葉子堪爲油亦堪爲香婆訶迦羅大論云赤華樹阿樓那或阿盧那此云紅赤色香華如日出前紅赤相梵呼彼相爲阿樓那育坻

直尸切此云**波羅奢華**章安云此是樹名其相應花葉青色華有三色日未出時則黑色日正照時華赤色日沒時華黃色今取赤色如血義耳經音義云此華樹汁其色甚赤用染皮㲲名曰紫礦古猛切

俱蘭吒此云紅色華大論云人間蓮華十餘葉天華百葉菩薩華千葉

衆香篇第三十四

淨名疏云香是離穢之名而有宣芬散馥騰馨之用感通傳天人費氏云人中臭氣上熏於空四十萬里諸天清淨無不厭之但以受佛付囑令護於法佛尚

與人同止諸天不敢不來故佛法中香爲佛事如大論云天竺國熱又以身臭故以香塗身供養諸佛及僧戒德香經阿難白佛世有三種香一曰根香二曰枝香三曰華香此三品香唯能隨風不能逆風故今所列並此三也

乾陁羅耶 正言健達此云香張華博物志云有西國使獻香者漢制不滿斤不得受使乃私去著香如大豆許在宮門上香聞長安四面十里經月乃歇華嚴云善法天中有香名淨莊嚴若燒一圓而以熏之普使諸天心念於佛

多阿摩

羅跋陀羅 多此云性阿摩羅此云無垢跋陀羅此云賢或云藿葉香或云赤銅葉

牛頭栴檀 或云此方無故不翻或云義翻與藥能除病故慈恩傳云樹類白楊其質涼冷蛇多附之華嚴云摩羅耶山出旃檀香名曰牛頭若以塗身設入火坑火不能燒正法念經云此洲有山名曰高山高山之峯多有牛頭栴檀若諸天與脩羅戰時爲刀所傷以牛頭栴檀塗之卽愈以此山峰狀如牛頭於此峯中生栴檀樹故名牛頭大論云除摩梨山無出栴檀白檀治熱病赤檀去風腫

摩梨山此云離垢在南天竺國**瞻蔔**或詹波正云瞻愽迦大論翻黃華樹形高大新云苫末羅此云金色西域近海岸樹金翅鳥來即居其上**多伽羅**或云多伽留此云根香大論云多伽樓木香樹也**波利質多羅**此云圓生大經云三十三天有波利質多羅樹其根入地深五由旬高百由旬枝葉四布五十由旬其華開敷香氣周徧五十由旬又翻間錯莊嚴衆雜色華周帀莊嚴法華文句指此爲天樹王也**拘鞞陀羅**此云大游戲地樹香也**阿伽樓**

大論云蜜香樹 兜樓婆 出鬼神國此方無故不翻或翻香草舊云白茅香 迦箄 方亦切此云藿(呼郭)香 畢力迦 或云即丁香 咄嚕瑟劍 此云蘇合珙鈔引續漢書云出大秦國合諸香煎其汁謂之蘇合廣志亦云出大秦國或云蘇合國國人采之笮其汁以爲香膏乃賣其滓或云合諸香草煎爲蘇合非一物也 杜嚕 此云熏陸南洲異物志云狀如桃膠西域記云南印度阿吒釐國熏陸香樹葉似棠梨亦出胡椒樹樹葉若蜀椒

也南方草物狀曰出大秦國樹生沙中盛夏樹膠流沙上

突婆 此云茅香

嗢尸羅 此云茅香根

先陀婆 此云石塩其香似之因以為名華嚴云兜率天中有香名先陀婆於一生所繫菩薩座前燒其一圓與大香雲徧覆法界涅槃云鹽水器馬一名四實智臣善知謂洗時奉水食時奉塩飲時奉器游時奉馬皆但云先陀婆來章安云此之四義亦與四教四門四句意同皆應次第對塩等四

羯布羅 此云龍腦香羯或作劫三藏傳云私身異葉華果亦殊

初采木濕未有香乾則順理析之中有香狀如雲母白如冰雪

莫訶婆伽此云麝

多揭羅此云零陵南越志云土人謂之鷰草芸香說文云芸草似苜謨蓿叔淮南云芸可以死而復生

阿伽嚧或云惡揭嚕此云沉香華嚴云阿那婆達多池邊出沉水香名蓮華藏其香一圓如麻子大若以燒之香氣普熏閻浮提界異物誌云出日南國欲取當先斫樹壞著地積久外朽爛其心堅者置水則沉曰沉香其次在心白之間不甚精堅者置之水中不沉不浮與

水平者名曰櫰香　**拙具羅** 或窶具羅或求求羅此云安息　**荼矩磨** 此云鬱金周禮春官鬱人采取以鬯酒說文云鬱金草之花遠方所貢芳物鬱人合而釀之以降神也宗廟用之　**鷄舌** 五馬洲出南洲異物志曰是草萎可合香篓外國胡人說衆香共是一木華爲

鷄舌香

七寶篇第三十五

佛教七寶凡有二種一者七種珍寶二者七種王寶

七種珍寶略引四文佛地論云一金二銀三吠琉璃

四頗胝迦五牟呼婆羯洛婆當硨磲也六遏濕摩揭婆當瑪瑙七赤眞珠無量壽經云金銀琉璃頗梨珊瑚碼碯硨磲恒水經云金銀珊瑚眞珠硨磲明月珠摩尼珠大論云有七種寶金銀毗瑠璃頗梨硨磲碼碯赤眞珠二七種王寶者晉譯華嚴經云王得道時於其正殿婇女圍繞七寶自至一金輪寶名勝自在二象寶名曰青山三紺馬寶名曰勇疾風四神珠寶名光藏雲五主藏臣寶名曰大財六玉女寶名淨妙德七主兵臣寶名離垢眼得是七寶於閻浮提作轉輪王

蘇伐羅 或云修跋

拏此云金大論云金出山石沙赤銅中許愼云金有五色黃金爲長久埋不變百陶不輕眞諦釋金四義一色無變二體無染三轉作無礙四令人富以譬法身常淨我樂四德耳

跋折羅

亦云斫迦羅大論云越闍新云縛左羅西域記云伐羅闍此云金剛起居注云晉武帝十三年燉煌有人獻金剛寶生於金中色如紫石英狀如蕎麥百鍊不消可以切玉如泥什師云如有方寸金剛數十里內石壁之表所有形色悉於是現大經云如金剛寶置之日中色則不定金剛三昧亦復如是若在大衆色

則不定大論云金剛寶者帝釋所執與脩羅戰碎落閻浮薩遮尼乾經云帝釋金剛寶能滅阿脩羅智碎煩惱山能壞亦如是無常經云金剛智杵碎邪山永斷無始相纏縛

爍迦羅 乃堅固義此同金剛

阿路巴 或惹多此云銀大論云銀出燒石中爾雅云白金謂之銀其美者謂之鐐

瑠璃 或作琉此云青色寶亦翻不遠謂西域有山去波羅柰城不遠山出此寶因以名焉應法師云或加吠字或加毗字或言毗頭梨從山爲名乃遠山寶也遠山即須弥山也此寶青色一

切寶皆不可壞亦非煙焰所能鎔鑄唯鬼神有通力者能破壞又言金翅鳥卵殼鬼神得之出賣與人或名紺琉璃釋名云紺含也青而含赤色也古字但作流離左太沖吳都賦云致流離與珂珬皆寶名後人方加其玉

珊蘇干**瑚**音胡梵語鉢攞娑福羅外國傳曰大秦西南漲海中可七八百里到珊瑚洲洲底盤石珊瑚生其上人以鐵網取之任昉述異記曰珊瑚樹碧色生海底一株數十枝枝間無葉大者高五六尺小者尺餘應法師云初一年青色次年黃色三年蟲食敗也大論云珊瑚出海中石樹

阿濕摩揭婆 此云虎珀其色紅瑩博物誌云松脂入地千年化爲茯苓茯苓千年化爲虎珀廣誌云生地中其上及傍不生草木深者八九尺大如斛削去上皮中是琥珀

牟娑洛揭拉婆 或牟呼婆羯落婆此云青白色寶今名車渠尚書大傳云大貝如車之渠渠謂車輞其狀類之故名車渠渠魁也後人字加玉石

摩羅伽隸 此云碼碯此寶色如馬之腦因以爲名赤白色琢成器有文如纏絲焉梵名謨

薩羅揭婆謨薩羅此云祚揭婆此云藏或言胎者取馬腦堅實爲名也

頗梨 或云塞頗胝迦此云水玉即蒼玉也或云水精又云白珠刋正記云正名窣坡致迦其狀似此方水精然有赤有白大論云譬如過千歲氷化爲頗梨

釋迦毗楞伽 此云能勝

摩尼 或云踰摩應法師云正云末尼即珠之惣名也此云離垢此寶光淨不爲垢穢所染或加梵字顯其淨也又翻增長有此寶處增長威德大品云如摩尼寶若在水中隨作一色以青物裹水色即青若黄赤白紅縹物裹隨作黄赤白紅

縹色又大品阿難問憍尸迦是摩尼寶爲是天上寶爲是閻浮提寶釋提桓因言是天上寶閻浮提人亦有是寶但功德相少不具足大論云有人言此寶珠從龍王腦中出人得此珠毒不能害入火不燒輔行曰亦云如意似如唐梵不同大論華嚴云如意摩尼似如並列二名若法華云摩尼珠等似如體別大莊嚴論有摩尼珠大如膝蓋大論云如意珠狀如芥粟又云如意珠出自佛舍利若法沒盡時諸舍利皆變爲如意珠觀經指如意爲摩尼天台云摩尼者如意也

摩羅伽陀

大論云此珠金翅鳥口邊出緑色能辟一切毒

因陁尼羅大論此云天赤珠

鉢摩羅伽大論此云赤光珠佛地論云赤蟲所出或珠體名爲赤珠智論云具珠出魚腹中蛇腦中漢書云珠蚌中陰精隨月陰盈虚

甄叔迦此云赤色寶西域傳有甄叔迦樹其華色赤形大如手此寶色似此華因名之慈恩上生經疏云甄叔迦狀如延珪似赤琉璃

摩訶尼羅大論云此翻大青珠

金銀生像沙弥

十戒第九不捉金銀生像南山云胡漢二彰謂胡言生像此翻金銀也善見云生色似色似即像也謂金則生是黃色銀則可染似金故云生像指歸云況于闐語與五印度語不同若四分到于闐自經一番翻了經本到唐則爲重也

吉由羅　或枳由邏　此云瓔珞

彌呵羅　此云金帶

曷剌怛那揭婆　此云寶臺　亦云寶藏

數量篇第三十六

理非數量如虛空無丈尺事有法度猶丈尺約虛空

故大品須菩提白佛無數無量無邊有何等異佛言無數者名不墮數中若有爲性中無爲性中無量者量不可得若過去若未來若現在無邊者諸法邊不可得雖性非筭數所知而相有分齊之量今附此集編出數量俱舍論五十二數皆從一增至十也謂一十百千万洛叉（億也）度洛叉（兆也）俱胝（京也）末陀（秭也）阿庾多（垓也）大阿庾多（壤也）那庾多（溝也）大那庾多（澗也）鉢羅庾多（正也）大鉢羅庾多（載也）矜羯羅（或甄迦羅）大矜羯羅頻婆羅（或頻跋羅）大頻婆羅阿閦婆（或阿芻婆）大阿閦婆　毗婆訶　大毗婆訶　嗢蹭伽　大嗢蹭伽　婆喝那　大婆喝那　地致婆

大致地婆　醯都　大醯都　羯臈縛　大羯臈縛
印達羅　大印達羅　三磨鉢躭　大三磨鉢躭
揭底　大揭底　枯筏羅闍　大枯筏羅闍　姥
達羅　大姥達羅　跋藍　大跋藍　珊若　大珊
若　毗步多　大毗步多　跋羅攙　大跋羅攙
阿僧企耶　筭經黃帝爲數法有十等億兆京秭
垓壤溝澗正載風俗通云千生万万生億億生兆兆生
京京生秭秭生垓垓生壤壤生溝溝生澗澗生正正生
載載地不能載也億分四等一以十万爲億二以百万
爲億三以千万爲億四以万万爲億虞書曰自伏犧

畫八卦由數起律歷志引書曰先其筭命本起於黃鍾之數始於一而三之三積之歷十二辰之數十有七万七千一百四十七而五數備矣孟康曰初以子十乘三三餘則轉因其成數以三乘之歷十二辰得是積數也五行陰陽之數備矣其筭法用竹徑一分六寸二百七十一枚而成六觚爲一握六觚六角也度角至角其度一寸面容一分其數以易大衍之數五十其用四十九成陽六爻得周流六虛之象也論語周衰官失孔子陳後王之法曰謹權量權衡嘉量審法度修廢官舉逸民四方之政行矣漢書衡權者衡平也權重也衡所以任權而均物平輕重也其道如底師古曰底平也以見準之正繩之直左旋見規右折

見矩其在天也佐助旋璣斟酌見指以齊七政（師古曰月五星）

（日也）故曰玉衡權者銖兩斤鈞石也所以稱物平施知輕

重也本起於黃鐘之重一龠容千二百黍重十二銖

兩之爲兩二十四銖爲兩十六兩爲斤三十斤爲鈞

四鈞爲石忖爲十八易十有八變之象也（孟康曰忖度也度其義有

十八也黃鐘龠銖兩鈞斤石凡七與下十一象爲十八也）

洛叉（或落沙此云十万）俱胝（或拘致此云百億）那由他（或阿

庾多或術那或那術此云万億）阿僧祇（或阿僧企耶此云無

央數楚詞云時猶未

央王逸曰央盡也大論云僧祇秦言數阿秦言無問幾時名阿僧祇荅天人中能知筭數者極數不能知是名一阿僧祇如一二名二二名四三三名九十十名百十百名千十千名万十万名億千万億名那由他千万那由他名頻婆千万頻婆名迦他過迦他名阿僧祇菩薩地持經云一者日月晝夜歲數無量名阿僧祇二者大劫無量名阿僧祇

優波尼沙陀　淸凉䟽云此云近少謂微塵是色之近少分也亦翻近對謂少分相近比對之分應法師云論中義言因果不相似也以珍寶等但得三界

果報無漏善法得佛果也**歌羅分**經音義云如以一毛析爲百分一分名歌羅分論以義翻名爲力勝以無漏善法勝有漏也**迦羅**清涼疏此云豎析人身一毛以爲百分

裒羅那地邪此云舊第二**佉盧**十佉盧爲一佉梨

佉梨此云斛律歷志云量者龠音樂合升斗斛也所以量多少也本起於黃鐘之龠用度數審其容以子穀秬黍中者千有二百實其龠以井水準其槩孟康曰槩欲其直故以水平之井水清清則平也合龠爲合十合爲升十

升爲斗十㪷爲斛而五量嘉矣量多婆訶此云
少者不失圭撮（應邵云圭自然之形陰陽之始也四圭曰撮三指撮之也）篅（音垂）
盛穀圓篅也篅受二十斛俱舍云頞部陀壽量如一
婆訶麻百年除一盡此言一篅二十斛麻百年之間
除去一升除盡麻迦利沙鉢拏八十枚貝珠
時頞部壽滿也爲一鉢拏十
六鉢拏爲踰繕那此云限量又云合應（計應合尒許度）
迦利沙鉢拏量業疏云此無正翻乃是
輪王巡狩一停之舍猶如此方舘驛西域記云夫數
量之稱踰繕那者舊曰由旬又曰踰闍那又曰由延皆

訛略也踰繕那者自古聖王一日軍行舊傳一踰繕那四十里印度國俗乃三十里聖教所裁唯十六里大論云由旬三别大者八十里中者六十里下者四十里謂中邊山川不同致行里不等窮微之數分一踰繕那爲八拘盧舍分一拘盧舍爲五百弓分一弓爲四肘分一肘爲二十四指分一指節爲七宿麥乃至虱蟣隙塵牛毛羊毛兎毫同水次第七分以至細塵細塵七分爲極細塵極細塵者不可復析析即歸空故曰極微也俱舍頌曰極微微至水兎羊毛隙塵蟣虱麥指節後後增七倍二十四指肘四肘爲弓量五百俱盧舍

此八踰繕那一箭道嘉祥云三里或云取射垜一百五十步或云百三十步或云一百二十步

漢書律歷志曰度長短者不失毫氂孟康曰豪兔毫也十毫曰氂又曰度者分寸丈尺引也所以度大各長短也本起黃鐘之長以子穀秬黍中者師古曰子穀猶言穀子耳秬即黑黍先取北方爲号一黍之廣度之九十分中者不大不小言黑黍穀子大小中者率爲分寸黃鐘之長一爲一分十分爲寸十寸爲尺十尺爲丈十丈爲引而五度審矣

一磔手通俗文云張申曰磔周尺人一尺佛二尺唐於周一寸上增二分一尺上增二寸盖周尺八寸也賈逵曰八寸曰咫言膚寸者四指曰膚兩指曰寸

言一指者佛指闊二寸

一肘 人一尺八寸佛三尺六寸言一圍者莊子音云徑尺曰圍言一仞者說文云仞謂申臂一尋也史記并鄭玄皆云七尺曰仞小雅四尺謂之仞倍謂之尋尋舒兩肱或曰五尺曰尋倍尋曰常

拘盧舍 此云五百弓亦云一牛吼地謂大牛鳴聲所極聞或云一鼓聲俱舍云二里雜寶藏云五里

槃陀 此云二十八肘華嚴大數增至百二十五見阿僧祇品

什物篇第三十七

經音義云什者十也聚也雜也亦會數之名也謂資生

之物莊子關尹曰凡有貌象聲色者皆物也易曰天地絪縕萬物化醇玉篇云凡生天地之閒皆謂物也事也類也

佉啁竹交**羅**此云小長牀

興渠訛也應法師此云少正云興宜出烏茶婆他那國彼人常所食也此方相傳爲芸臺者非也此是樹汁似桃膠西國取之以置食中今阿魏是也慈慧三藏云根如蘿蔔出土辛臭慈慧冬到彼土不見其苗荅頡篇葷辛菜也凡物辛臭者皆曰葷

摩偷又云窣唎鞀酒大論酒有三種一者穀酒二者果酒蒲萄阿梨咤樹果如是等種種名爲果酒

三者藥酒種種藥草合和米麯甘蔗汁中能變成酒同跡畜乳酒一切乳熱者可中作酒漢書酒者天之美祿所以頤養天下享祀祈福扶衰養疾陶侃嘗曰少時有酒失亡親見約故不敢多飲或云醞者釀也蒼頡篇云酒毋也或云醪（力刀）蒼頡篇謂有滓酒大莊嚴論云佛說身口意三業之惡行唯酒爲根本復墮惡行中

蔡　指歸云那爛陀僧吉祥月云西域立表量影影梵云蔡此云影朝蔡倒西去便以腳足前後步之數足步影也新毗柰耶云佛言應作商矩法取細籌壽長二尺許折一頭四指豎至日中度影長

短是謂商矩一說商矩二尺屈折頭轉如人脚影故人濫用

毗嵐 亦云隨藍此云迅猛風大論云八方風不能動須弥山隨嵐風至碎如腐草佛地論明八風得可意事名利失可意事明衰不現誹撥名毀不現讚美名譽現前讚美名稱現前誹撥名譏逼惱身心名苦適悅身心名樂淨名疏云行堅固慈者則心如金剛成眞慈心不爲界内外八風之所毀損荆溪云外無八相祇是違順眞中不同故與内别

差羅波尼 或纖羅半尼此云灰水

朱利草 大論云秦

言賊

阿伽陀

此云普去能去衆病又翻圓藥華嚴云阿伽陀藥衆生見者衆病悉除律鈔云報命支持勿過於藥藥名乃通要分爲四一時藥者從旦至中聖教聽服事順法應不生罪累二非時藥者諸雜漿等對病而設時外開服限分無違三七日藥者約能就法盡其分齊從以日限用療深益四盡形藥者勢力既微故聽久服方能除患形有三種一盡藥形二盡病形三盡報形

薩裒煞地

西域記云唐言蚰藥佛昔爲帝釋時遭飢歲疾疫流行醫療無

功道殣渠吝切左傳路死人也相屬帝釋悲愍思所救濟乃變其形爲大蟒身殭屍川谷死不朽也空中徧告聞者感慶相率奔赴隨割隨生療飢療疾

優檀那妙玄云此云印定不可改易釋名云印信也所以對物爲驗也說文云執政所持信

婆利或盋奢翻曲鈎

函縛屣或名革屣此云鞾佛昔於阿耆荼國聽著函縛屣所綺說文皮作曰屨麻作曰屩喑

富羅正言腹羅譯云短靿鞾

舍樓伽藕根是也

葷辛

葷而非辛阿魏是也辛而非葷薑芥是也是葷復是辛五辛是也梵網云不得食五辛言五辛者一葱二薤三韮四蒜五興蕖準楞嚴經食有五失一生過二天遠三鬼近四福消五魔集一生過者經云是五種辛熟食發婬生啖增恚二天遠者經云食辛之人縱能宣說十二部經十方天仙嫌其臭穢咸皆遠離三鬼近者經云諸餓鬼等因彼食次舐其唇吻常與鬼住四福消者經云福德日消長無利益五魔集者經云是食辛人修三摩地菩薩天仙十方善神不來守護大力魔王得其方便現作佛

身來爲說法非毀禁戒讚婬怒癡命終自爲魔王眷屬受魔福盡墮無間獄又楞伽經大慧問曰彼諸菩薩等志求佛道者酒肉及與葱飲食爲云何惟願無上尊哀愍爲演說佛告大慧有無量因緣不應食肉然我今當爲汝略說謂一切衆生從本已來展轉因緣常爲六親以親想故不應食肉驢騾駱駝狐狗牛馬人獸等肉屠者雜賣故不應食肉不淨氣分所生長故不應食肉衆生聞氣悉生恐怖如旃陁羅及譚婆等狗見憎惡驚怖羣吠故不應食肉又令修行者慈心不生故不應食肉凡愚所嗜臭穢不淨無善名稱

故不應食肉令諸呪術不成就故不應食肉以殺生者見形起識深味著故不應食肉彼食肉者諸天所棄故不應食肉令口氣臭故不應食肉多惡夢故不應食肉空閑林中虎狼聞香故不應食肉又令飲食無節量故不應食肉令修行者不生猒離故不應食肉我常説言凡所飲食作食子肉想作服藥想故不應食肉聽食肉者無有是處復次大慧過去有王名師子蘇陁娑食種種肉遂至食人臣民不堪即便謀反斷其俸禄以食肉者有如是過故不應食肉一切肉與葱及諸韮蒜等種種放逸酒修行常遠離善見論云食

大蒜咽咽得提餘細韲葱不犯西域記云菜則有薑芥苽瓠葷陀菜等葱蒜雖少噉食亦希家有食者驅令出郭佛設漸化通食三種淨肉所謂一不見殺二不聞殺三不疑殺或言五淨加自死肉及鳥殘肉楞伽梵網並皆斷制

印　大論云佛法印三種一者一切有爲法念念生滅皆無常二者一切法無我三者寂滅涅槃行者知三界皆是有爲生滅作法先有今無今有後無念念生滅相續相似生故可得見知如流水燈焰長風相似相續故人以爲一衆生於無常法中常顛倒故謂去者常住是名一切作法無常印一切法無我諸法內無主無作者無知無見無生者無造業者一

切法皆屬因緣屬因緣故不自在不自在故無我我相不可得故如破我品中說是名無我印云云寂滅者是涅槃三毒三衰火滅故名爲寂滅印問曰寂滅印中何以但一法不多說荅曰初印中說五衆二印中說一切法皆無我第三印中說二印果是名寂滅印一切作法無常則破我所外五欲等若說無我破內我法我我所破故是寂滅涅槃論又問曰摩訶衍中說諸法不生不滅一相所謂無相此中云何說一切有爲作法無常名爲法印二法云何不相違荅曰觀無常即是觀空因緣如觀色念念無常即知爲空過

去色滅壞不可見故無色相未來色不生無作無用不可見故無色相現在色亦無住不可見不可分別知故無色相無色相即是空空即是無生無滅無生無滅及生滅其實是一説有廣略問曰過去未來色不可見故無色相現在色住時可見云何言無色相答曰現在色亦無住時如四念處中説若法後見壞相當知初生時壞相以隨逐微細故不識如人著屐若初日新而無故後應常新不應有故若無故應是常常故無罪無福無罪無福故則道俗法亂復次生滅相常隨作法無有住時若有住時則無生滅以是故現在色無有住

顯色篇第三十八

阿毗曇明三種色一者可見有對色即色塵一法爲眼所見假極微所成名爲有對二者不可見有對色謂眼等五根此勝義根也聲等四塵此之九法非眼所見皆假極微所成三者不可見無對色即無表色唯識宗明第八識變三種色一唯麄非細即山河大地等二亦麄亦細内身浮塵色對山河等色即細比内身中五根即麄三唯細非麄即内五根此即大乘勝義五根以能造八法不可見有對淨色而爲體性也瑜珈論及五藴論明三種色謂顯色形色表色開

顯色爲十三謂青黃赤白光影明暗煙雲塵霧空一顯色開形爲十謂長短方圓麁細高下若正不正開表爲八謂取捨屈伸行住坐卧俱舍出無表色者謂無所表彰也涅槃出無作色者謂無所作爲也薩婆多出無教色者謂無所教示也事鈔釋云教者作也不可教示於他業疏云此明業體一發續現不假緣辨無由教示方有成用即體任運能酬來世故云無教大論明四種色受色受戒時得律儀止色惡不善業止也用色如衆僧受用檀越所施之物也不用色餘無用之色也資持云四分二非爲體體從心發然限在小宗曲從權意别立異名退非是小進不成大乘使行人心希實道多方之義其在茲焉

俱蘭吒此云色質礙曰色伊尼延或伊泥延此云金色正言黳鷖尼延大論明三十二相第八名伊泥延鹿膊相隨次腨纖蘇樓波此云妙色經云妙色湛然常安住不爲生老病死遷尼羅此云青色東方甲乙歲星屬木阿盧那此云赤色南方丙丁熒惑屬火盧醯呾迦西域記云唐言赤色迦沙野此云赤色梵音呼异今具録之叔離此云白色西方庚辛太白屬金

訖里瑟拏此云黑色北方壬癸辰星屬水迦荼或迦羅此云黑色捷陁羅或劫賓那此云黃色中央戊己鎮星屬土羅差或名勒叉此云紫色氷伽羅梁言蒼色

凡夫沉迷爲物所轉聽不出聲見不超色今列經論令透聲色如智論問心心數法無形故可言無邊色是有形可見云何無邊荅無處不有色不可得籌量遠近輕重如佛說四大無處不有故名爲大不可以

五情得其限不可以斗秤量其多少輕重是故言色無邊復次是色過去時初始不可得未來世中無有恒河沙劫數限當盡是故無後邊初後邊無故中亦無無復邊名色相是色分別破散邊不可得無有本相又摩訶衍寶嚴經云辟如畫師作鬼神像即自恐懼如是迦葉諸凡夫人自造色聲香味細滑之法輪轉生死亦復如是又智論云大歡喜菩薩作是念衆生易度耳所以者何衆生所著皆是虛誑無實故辟如人有一子喜不淨中戲聚土爲穀以草木爲鳥獸而生愛著人有奪者嗔恚啼哭其父知已此子今雖愛著

此事易離耳長大自休何以故此物非眞故菩薩亦如是觀衆愛著不淨臭穢身及五欲是無常種種苦因如是衆生得信等五根成就時即能捨離若小兒所著實是眞物雖復年至百歲著之轉深亦不能離以諸法皆空虛誑不實故得無漏清淨智慧眼時即能遠離所著大自慚愧辟如狂病所作非法醒悟之後羞慚無顔傾望　　後賢觀色如幻於內外境無取着焉

翻譯名義集三

弟子費清妻王氏願安施錢伍貫文足莊嚴淨土

翻譯名義集四

姑蘇景德寺普潤大師　法雲　編

揔明三藏第三十九　十二分教第四十
律分五部第四十一　論開八聚第四十二
明四諦法第四十六　辯六度法第四十四
示三學法第四十三　止觀三義第四十七
釋十二支第四十五
衆善行法第四十八

揔明三藏篇第三十九

一經藏二律藏三論藏經藏則刊定因果窮究性相

律藏則垂範四儀嚴制三業論藏則研眞顯正覈僞摧邪同出一音異隨四悉用顯圓明之理式開解脫之門致立三藏之教也

修多羅

或修單蘭或修妬路西域記名素怛覽舊曰修多羅訛也

或言無翻含五義故擴華云義味無盡故喻涌泉能生妙善故号出生揩定邪正故譬繩墨能示正理故名顯示貫穿諸法故曰結鬘含此五義故不可翻出雜心論或言有翻妙玄明有五譯一翻經二翻論三翻法本四翻線五翻善語教天台定云今且據一名以爲正翻亦不使二家有惡何者從古及今譯梵爲漢皆題爲

經若餘翻是正何不改作線契若傳譯僉然則經正明矣以此方周孔之教名爲五經故以經字翻修多羅然其衆典雖單題經諸論所指皆曰契經所謂契理契機名契經也擷華云契理則合於二諦契機則符彼三根經者訓常訓法妙玄云天魔外道不能改壞名爲教常眞正不雜無能踰過名爲行常湛然不動決無異趣名爲理常又訓法者法可軌行可軌理可軌佛地論云經者貫攝爲義貫穿所應知義攝持所化衆生慈恩云爲常爲法是攝是貫常則道軌百王法乃德模万葉攝乃集斯妙義貫乃御彼庸

生厭令同出苦律終歸覺岸

毗奈耶

或毗尼什師云毗尼秦言善治謂自治婬怒癡亦能治衆生惡也圓覺鈔云此云調伏謂調練三業制伏過非調練通於止作制伏唯明止惡就所詮之行彰名調伏之藏四教義云此翻滅謂佛說作無作戒能滅身口之惡是故云滅圓覺略鈔云滅有三義一滅業非論第一云滅惡故名曰毗尼二滅煩惱律云世尊謂調伏貪嗔癡令盡故制增上戒學三得滅果戒經云戒淨有智慧便得第一道南山云毗尼翻滅從功能爲名非正譯也正翻爲律律者法也從教爲名斷割重輕開遮持犯非法不定俗有九流法流居一故世律法皆

約刑科道與俗違刑名乃異至於處斷必依常法谷響云以此方法律之名翻彼土奈耶之語律者詮也詮量輕重犯不犯等風俗通曰皐陶謨虞造律律訓詮訓法尚書大傳曰丕天之大律注云奉天之大法法亦律也此方律名起於舜世漢蕭何以爲九章漸分輕重委悉也西域記云毗奈耶藏舊訛云毗那耶

阿毗曇　或云阿毗達磨此云無比法謂無漏法慧慧爲最勝故四教義曰無比法聖人智慧分別法義也新云阿毗達摩此云對法對有二種一者對向謂向涅槃以乘無漏聖道之因感

趣涅槃圓極之果二者對觀對觀四諦謂以淨慧之心觀察四諦之法故名對也法有二種一者勝義法謂擇滅涅槃云云二法相法即通四聖諦云云問若據此義合云對法藏今隱對法之名但云慧論者如何荅此乃隨方之聲也梵語奢薩怛羅此云論梵語摩怛理迦此云本母本母能生妙慧妙慧因論而生故展轉翻為論也瑜珈論云問荅決擇諸法性相故名論奘師傳云舊曰優波提舍訛也正云鄔波弟鑠後分經云摩達磨

俱舍

或云比吒或云摘迦此翻為藏即包含攝持之義非藏無以積錢

財非藏無以縕文義故攝論云何名爲藏荅由能攝故謂攝一切所應知義無令分散故名爲藏四教義云今言三名各含一切文理故名藏也阿含即定藏毗尼即戒藏阿毗曇即慧藏今問經云貪著小乘三藏學者且三藏之名既通大小二教何故法華判局小乘荅曰三藏屬小乃有二義一者小乘三藏皆佛所說如出耀經云佛在波羅奈仙人鹿野苑中告五比丘此苦原本本所未聞本所未見廣說此法爲契經藏佛在羅閱城時迦蘭陀子名須陳那出家學道最初犯律故說戒藏佛在毗舍離見跋耆子本

末因緣告諸比丘諸無五畏恚恨之心者便不墮惡
趣亦復不生入地獄中廣說如阿毗曇是知小乘俱
是佛說斯異大乘論藏自屬菩薩之所造也二者小
乘三藏部帙各別大乘經律二藏混同是故法華判
其三藏屬小乘也又大論處處以摩訶衍𢈔三藏法
非大菩薩先德妄破天台立教此由失究經論所以
問法華既云三藏學者大論安云佛在世時無三藏
名答佛滅度後阿難結集修多羅藏優波離結集毗
奈耶藏迦葉結集阿毗曇藏是則法華梵本恐無此
名多是譯師加三藏名顯小乘教如今經自餘諸品

皆是結集者所置也問今列三藏依何詮次荅四教
義云說時非行時教起之次阿含爲先修行之初木
叉爲首故出耀經說教次第先經次律而後論也四
教儀以論居中者以經是所解論是能釋故先經而
次論然觀諸文前後非一亦各隨人不可確執苟以
義局徒自矛盾或標四藏者大論四名雜藏或言五
藏者西域記云四名雜集藏五名禁呪藏以上座部
唯結三藏若大衆部别爲五藏又經音義列八藏一
胎化藏二中陰藏三摩訶衍方等藏四戒律藏五十
住菩薩藏六雜藏七金剛藏八佛藏

十二分教第四十　别明經藏附出衆題

竊以理超四句，教攝群機。散華貫華之殊，應頌孤頌之别，或有請以敷演，或無問而自陳，本事本生，談理談喻，牢籠妄識，統會眞源。病有萬殊，藥無一準，故教部類開十二分。發軫曰長行、重頌并授記、孤起、無問而自說、因緣、譬喻及本事、本生、方廣、未曾有、論義，共成十二。名廣出大論三十三。

修多羅　此云契經。有通有别。通則修多羅聖教之都名。别則妙玄云：直說法相者，是别修多羅，如說四諦等。世所言别者，雜集論云：謂長行綴葺略說所應說義

祇夜此云重頌妙玄云重頌上直說修多羅也亦曰應頌頌長行也

和伽那此云授記達磨鬱多羅云聖言說與名授果爲心期名記妙玄云說九道劫數當得作佛首楞嚴經明四種記一未發心記或有流轉六道往於人間好樂佛法過百千萬億劫當發心過百千萬億阿僧祇劫行菩薩道供佛化人皆若千劫當得菩提淨名疏云雖未發心而與記也如佛祇洹林邊爲鴿雀授記又云約四教位者雖是具縛凡夫及二乘方便若有四教大乘機雖未發心而記二適發心與記是人久種善根好樂大法有慈悲心住不退地故發心與記淨名疏云現前即內凡適發心與記三密爲記有菩薩未得記而行

六度功德滿足天龍八部皆作是念此菩薩幾時當得菩提劫國弟子衆數如何佛斷此疑即與授記舉衆皆知此菩薩獨不知淨名疏問何故密記荅有菩薩心行未熟若聞授記心則放逸不得現前受記又云密記即三教外凡位四無生現前記於大衆中現前得無生顯露與記淨名疏云無生取三教見眞位**伽陀**此云孤起妙玄云不重頌者名孤起亦曰諷頌西域記云舊曰偈梵本略也或曰偈他梵音訛也今從正音宜云伽陀唐言頌**優陀那**此云無問自說妙玄云如佛在舍婆提毗舍佉堂上陰地經行自說優陀那所謂無我無我所是事善哉**尼陀**

那此云因緣妙玄云修多羅中有人問故爲説是事毗尼中有人犯是事故結是戒一切佛語緣起事皆名因緣

阿波陀那此云譬喻止觀云月隱重山舉扇喻之風息太虛動樹訓之

伊帝目多伽此云本事妙玄云此説他事如佛將淨飯五百人歸國説三因緣之偈也

闍陀伽此云本生此説菩薩行因本曾爲事也顯揚論云本事者謂如來説聖弟子前世等事本生謂如來説菩薩本所修行相應等事

毗佛

略此云方廣妙玄云此從所表爲名方廣之理正理爲方包富名廣阿浮達摩此云未曾有妙玄云佛現種種神力衆生怪未曾有優波提舍此云逐分別所說義翻論義妙玄云荅其問者釋其所以西域記云鄔波弟鑠舊訛云優波提舍今問如法華云我此九部法隨順衆生說入大乘爲本何故小敎唯九部耶荅此以大教而形小宗則糞棄小乘義唯九部故妙玄云小乘灰斷無如意珠身故無方廣小乘根鈍説必假緣非天鼓任鳴少無問自說雖有授記記作佛

少別論雖無通説亦有故妙玄云小有記莂六道因果阿含亦授弥勒佛記亦有自唱善哉無問自説聲聞經以法空爲大空斯乃小乘亦通十二復次若以小教而顯大乘則彰大乘義亦唯九以無因緣譬喻論義三部故妙玄云有人云大乘根利不假此三斯亦別論通語大乘何得無此三經然此十二分經舊名十二部者妙玄云部别各有類從也新譯恐濫部帙改名爲分二教論云窮理盡性之格言出世入眞之軌轍論其文則部分十二語其旨則四種悉檀理妙域中固非名号所及化擅繫表又非情智所尋至

於遺累亡筌陶神盡照近超生死遠證涅槃播闡五乘接群機之深淺該明六道辨善惡之升沉夐跡期出世而法無不周迹比王化而事無不盡能傳能要不質不文自非天下之至慮孰能與於斯教哉

阿含 正云阿笈多此云教妙樂云此云無比法即言教也唯識論云謂諸如來所說之教長阿含序云阿含者秦言法歸所謂萬法之淵府總持之林苑也法華論解其智慧門爲說阿含義甚深涉法師云阿含此云傳所說義是則大小二教通号阿含而小乘中別開四部謂增一阿含明人天因果二長

長阿含破邪見三中阿含明諸深義四雜阿含明諸禪法以四阿含爲轉法輪說教之首別得其名嵩輔教編由昧通別猶預不決其詞則枝

首楞嚴 大論秦言健相分別知諸三昧行相多少深淺如大將知諸兵力多少也菩薩得是三昧諸煩惱魔及魔人無能壞故譬如轉輪聖王主兵寶將所住至處無能壞伏故名健相三昧也大經云首楞者一切事竟嚴名堅固一切畢竟而得堅固名首楞嚴是故首楞嚴定名爲佛性慈恩翻爲金剛藏此諸菩薩證此定故以是爲名

楞伽 正言駿力鄧

迦佛住南海濱入楞伽國摩羅耶山而說此經梵語楞伽此云不可往唯神通人方能到也阿跋多羅此云入謂入此山中而說此寶或翻無上謂此經法是無上寶

薩達磨芬陀利

此云妙法蓮華天台云妙名不可思議法謂十界十如權實之法蓮華者喻權實之法也慈恩云藻宏綱之極唱旌一部之都名法含軌持縮群祥以稱妙華兼秀發惣衆美而彰邁

般舟

此云佛立亦名十方現在佛悉在前立定經經云持佛威神於三昧中立者有三事持佛威神力持佛三昧力持本功德

力用是三事故得見佛

摩訶袒持 止觀翻大祕要遮惡持善祕要秖是實相輔行云顯非偏小故名爲大一切法即一法故名祕一法攝一切法故名要

盂蘭盆 盂蘭西域之語轉此翻倒懸盆是此方貯食之器三藏云盆羅百味式貢三尊仰大衆之恩光救倒懸之窘急義當救倒懸器如孟子云當今之時萬乘之國行仁政民之悅之如解倒懸應法師云盂蘭言訛正云烏藍婆拏此云救倒懸

修跋拏 此言金 **婆頗婆** 此言光 **鬱多摩** 此言

明天台言法性之法可尊可貴名法性爲金此法性寂而常照名爲光此法性大悲能多利益名爲明此三字題玄義別釋乃立五科文雖明著人自固迷或言從法而立號或曰單譬以爲題或文義以兩存欲利鈍而霑濟宮商各奏丹素競舒既惑異端孰能一貫余因臨講遂輒議之觀此題之旨也依文正意唯在於法就名旁通乃該於喻所謂佛入禪那妙契原寂遂唱眞號以赴利機欲令安住於其中故從當體而立稱是以依文唯在於法雖義推譬喻無有一文而名通世象似與喻同無妨鈍根而作譬解是故

就名旁通於喻雖利鈍兼攝法喻咸通佛元意故文之旨故七種立題當單法也問捜玄録據玄義云若利根人即法作譬既云作譬豈是單法此之一難詎可通乎答曰根鈍者以金光明爲物象之號根利者以金光明是法性之名此則即用顯體金寳是眞如乃知全性成相眞如爲金寳故云即法作譬既解即法作譬則了全事是理所以利人不假譬喻故妙玄曰利根即名解理不假譬喻但作法華而解玆意幽深遂語奚曉問迩來匠者解此經題分文義之二途定法喻之兩向人既僉允獨何不從答文是能顯義

是所詮能詮之文必召所詮之義所詮之義必應能詮之文今若抗分則成水火余不用者由過在斯問先達立隨機之義以伸此題待人問云法耶喻耶乃應之曰爲問利根爲問鈍根若問利根即是單法若問鈍根即是單譬此義通方何藉重釋荅隨機雖尒其如佛唱此名爲依法立爲作喻陳是則秖圖荅問縱橫不顧釋名淆混問四明記文據經定題言從法立及乎釋義云被二根淨覺謂自語相違前後矛楯未知此斥義實然乎荅曰此不可也何哉言從法立者依文之正意也云被二根者就名之旁通也秖由

題旨含蘊遂致釋義通方其有瑕者但不合云順古作譬不知其喻出自題名由是輙伸管見粗述大綱欲以塵露之微少益山海之廣遂附此集流布四方冀覩覽者塞世情焉

樓炭　此翻成敗

律分五部第四十一

世尊成道三十八年赴王舍城國王食訖令羅云洗滌失手摑鉢以爲五片是日有多比丘皆白佛言鉢破五片佛言表我滅後初五百年諸惡比丘分毗尼藏爲五部也故迦葉阿難末田和修毱多五師體權通道故不分教毱多有五弟子各執一見遂分如來

一大律藏　曇無德　亦名曇摩毱多此云法密爲五部焉　隱覆即密義又翻法藏大集云我涅槃後我諸弟子受持如來十二部經書寫讀誦顛倒宣說以倒說故隱覆法藏人名曇摩毱多法名四分天音折墌理　薩婆多　此云一切有此部計三世有實三性悉得受戒大集云而復讀誦書寫外典受有三世及以內外破壞外道善能論義說一切性悉得受戒凡所問難悉能荅對是故名爲薩婆多法名十誦　迦葉遺　此云重空觀大集云說無有我及以受者

轉諸煩惱猶如死屍是故名爲迦葉遺法名解脫此有戒本相同五分

弥沙塞此云不著有無觀大集云不作地相水火風相虛空識相名弥沙塞法名五分

婆蹉翻犢**富羅**翻子上古有仙染犢生子自後種姓皆名犢子此部計我非是即蘊亦不離蘊而有實我律本不來大集云皆說有我不說空相猶如小兒是故名爲婆蹉富羅

摩訶僧祇此云大衆大集云廣博徧覽五部經書是故名爲摩訶僧祇此有律本首疏云惣別六部僧祇是惣前五

是別此僧祇部衆行解虛通不生偏執徧順五見以通行故故知是惣遺教三昧下卷經云佛在世時衆僧唯著死人雜衣因羅旬喻分衛空還佛知其宿行使衆僧分律爲五部服色亦五種令其日隨一部中行遂制儀則各舉所長名其服色曇無屈多迦部通達理味開導利益表發殊勝應著赤色衣非南方之赤薩婆多部博通敏達導以法化應著皂衣非北方之黑迦葉遺部精勤勇猛快攝衆生應著木蘭色衣弥沙塞部思入玄微究暢幽密應著青色衣非東方之青摩訶僧祇部勤學衆經宣講眞義以處本居中

應著黃色衣非中方之色自尒之後便得大食斯以五色之衣用彰五部之相

論開八聚第四十二　別明論藏附出衆題

犍度　正音婆犍圖此云法聚如八犍度以分一部爲八聚故以氣類相從之法聚爲一段一業犍度明三業二使犍度明百八煩惱三智明十智四定明八定五根明根性六大明四大七見破六十二見八雜謂小乘法大論開八犍度誰造六分阿毗曇從何處出答佛在無失滅後百年阿輸柯王會諸論師因生別部有利根者盡讀三藏欲解佛經作

入犍度後諸弟子爲後人不能全
解作略毗曇其初造者即迦旃延**瑜伽師地**此云
相應謂一切乘境行果等所有諸法皆曰相應師謂
三乘行者由聞思等次第習行如是瑜伽一十七地
毗婆沙此云廣解正云鼻婆沙此云種種說又
云分分說揔有三義廣說勝說異說
昆勒此云篋藏大論云昆勒有三百二十萬言
佛在世時大迦旃延之所造佛滅度後人
壽轉減憶識力少不能廣誦諸得此
道人撰爲三十八萬四千言論未到此**毗婆闍婆**

提此云分別論育多婆提此云相應論摩得勒伽此云智母以生智故菩薩入此三昧作論申經儒家以析理精微名論釋氏申通辨論宗旨收束所說立爲十支一略陳名數支即百法論二粗釋體義支即五蘊論此二天親所造三惣包衆義支即顯揚論四惣攝大乘義支即攝大乘論皆無著造五分別名數支即雜集論六離僻處中支即辨中邊論七摧破邪山支即二十唯識論八高建法幢支即三十唯識論九莊嚴體義支即大莊嚴論十攝散歸觀支

即瑜伽論以茲十義踈條諸論各有流類斷可見矣是以宗極絶於稱謂賢聖以之沖默玄言非言不傳釋迦以之致教約身口防之以律禁明善惡導之以契經演幽微辨之以法相此即明戒定慧之三學也

示三學法第四十三

安法師云世尊立教法有三焉一者戒律二者禪定三者智慧斯之三者至道之由戶泥洹之關要戒乃斷三惡之干將也禪乃絶分散之利器也慧乃濟藥病之妙醫也今謂防非止惡曰戒息慮靜緣曰定破惑證眞曰慧什法師云持戒能折伏煩惱令其勢微

禪定能遮煩惱如石山斷流智慧能滅煩惱畢竟無餘故遺教云依因此戒得生諸禪定及滅苦智慧南山云但身口所發事在戒防三毒敎興要由心使今先以戒捉次以定縛後以慧殺理次然乎通言學者所以疏神達思怡情治性聖人之上務學猶飾也器不飾則無以爲美觀人不學則無以有懿德若夫爲學日益爲道日損損之則道業踰高益之則學功踰遠故形將俗人而永隔心與世情而懸反所服唯是三衣所飡未曾再飯從師則千里命駕慕法則六時精懇濯慮於八解之池怡神於七華之苑至如道安道

曇慧遠慧持赤髭法主青眼律師弘經辯論講易談
詩開神悅耳析滯去疑揚名後代擅步當時或與秦
王而共輦乍將晉帝而同幃遂使桓玄再拜而弗暇
郗超千斛而無詞尒乃行因已正方亨餘慶四梵爭
邀六天俱騁封畿顯敞國土華淨寶樹瓔枝金蓮玉
栖風含梵響泉流雅詠池皎若銀地平如鏡妙香芬
馥名華交映近感樂身遠招常命所以修學三法之
因得證五分之果故五分法身前三從因而顯德後
二就果以彰能盡智正習俱斷名解脫身無生智了
了覺照名曰知見若欲正辯三學應以七科道品點

歸三法以廣辯三十七品略但戒定慧三當知六度乃惣舉三學是別說例如四禪八定之類也以菩薩急於化他故六度加施忍進由聲聞求於自度致三學唯戒定慧故大論以六度是爲衆生法三學是爲涅槃法又大論以六度是略說三十七品是廣說以解六波羅蜜好學之士如理思之

波羅提木叉　戒疏云此翻解脫如論所引道戒名解脫也事戒名別脫也隨分果德寄以明之道性虛通舉法類遣不隨緣別但名解脫事戒不尒緣別而生緣遍通萬境行亦隨徧據行凌犯即

名得脫餘非未行不名解脫又律云木叉者戒也據能剋果用目本因因實是戒非木叉也故經云戒是正順解脫之本故名波羅提木叉明知是果故五分說分別名句木叉者舉果目教也記云道戒名解脫者即七支無表思也由斷惑得名故若戒事名解脫者則僧尼受戒隨對殺等事不作別別無因別別無果故名別別解脫攝華昆云別解脫謂三業七支各各防非別別解脫故

三昧

此云調直定又云正定亦云正受圭峰疏云不受諸受名爲正受遠法師云夫稱三昧者何專思寂想之謂也

思專則志一不分想寂則氣虛神朗氣虛則智恬其照神朗則無幽不徹斯二乃是自然之玄符用一而致用也是故靖恭閑宇而感物通靈御心惟正動必入微此假修以凝神積功以移性云云又諸三昧名質甚多功高易進念佛爲先故天台止觀略明四種一常坐二常行三半行半坐四非行非坐一常坐者出文殊說文殊問兩般若名爲一行三昧身開常坐遮行住卧或可處衆獨居弥善居一靜室安一繩床九十日爲一期結加正坐二常行出般舟三昧唯專行旋九十日爲期三半行半坐方等云旋百二十帀却

坐思惟法華云其人若行若立讀誦此經是人若坐
思惟此經四非行非坐實通行坐南岳呼爲隨自意
就此爲四一約諸經二約諸善三約諸惡四約諸無
記輔行云所言常坐乃至非行非坐者約身儀爲名
若從法爲名者常坐名一行常行名佛立半行半坐
名方等法華非行非坐名隨自意等然此四種三昧
先達以事理二觀分四三昧義亦殊途四明法師因
奉先清師謂光明玄十種三法純明理觀不須附事
而觀法智破曰荊溪云如常坐等或唯觀理隨自意
從末從事旣云純明理觀乃是三種三昧專令於識

陰修十乘也此文則顯四明以上三三昧爲理觀又
指要云隨自意中修唯識觀觀於起心即約變造事
用而說此文則四明以第四三昧修事觀也問準妙
宗云常坐一種縱直觀理餘三三昧豈不兼事據此
則顯四明以餘三三昧修事觀耶今謂此文非是正
分占察事理二觀蓋爲孤山定義例三種觀法皆是
理觀十六觀法乃是事觀遂不以義例三種收十六
觀四明遂約四種三昧無不歷事觀三諦理乃顯從行
觀中尚有歷事之相此非占察事觀也問如妙宗云
若常坐等直於三道之事而觀三諦不兼修善及縱

惡事故受理名據此莫顯四明唯許常坐爲理觀耶今謂餘三三昧歷外境事故受事名（非占察事觀）常坐三昧唯觀內心故受理名（非占察理觀）問第四三昧横開四科一諸經行法此須具收占察二觀何故四明定隨自意唯修事觀荅占察事理二觀前三三昧既修理觀是故第四唯修事觀或云常坐是理餘三是事謂常行歷念佛事方等歷持呪事隨自意歷三性事或云上三三昧并諸經行法通理通事唯縱任三性專修事觀准荆溪云如常坐等或唯觀理則顯上三三昧通修事觀此乃由昧二觀之相遂迷四種之行或問止

觀正宗法華何故行相却通衆經答別明行相雖通衆典行者造修開歸法華故義例云是知四種三昧皆依實相實相是安樂之法四縁是安樂之行證實相已所獲依報名爲大果起教只是爲今衆生開示悟入指歸秖是歸於三軌妙法秘藏所以始末皆依法華即法華三昧之妙行也

末底

秦言慧若那秦言智智與於慧有異有同言其異者如婆沙師云決定審理謂之智造心分別謂之慧分別則從因立名決定乃從果立号故大論以道慧道種慧是因中惣別一切智一切種智是果上惣別輔行

云言惣別者直語道慧一切智故故名爲惣各加種故故名爲別天台云菩入佛法名慧巧用佛法名智肇論鈔云智則知也慧則見也此約義異若通途說智秖是慧慧俱通權實及以因果故梵語般若此翻智慧合爲一名不分二別今就義異以明慧學然宗鏡云我法俱空唯從識變第一心法能變有三一第八異熟識變二第七思量識變三第六了別識變以迷人空故起我見之愚妄生死以迷法空故違現量之境障淨菩提既唯識變我法皆虛因此二空契會玄旨以我空故煩惱障斷以法空故所知障消煩惱

障斷故證眞解脫所知障斷故獲大菩提行滿因門
心眞果海境識俱寂唯一眞空
辨六度法第四十四
如法華云爲求菩薩道者說應六波羅蜜是以行施
乃盡命傾財持戒則防遮護性忍辱乃猶刀割水精
精進則如救頭然禪那乃四儀湛寂智慧則一念圓
明大願之心普被無作之道徧施
度生死流登涅槃岸故曰六度也
檀那
法界次第云秦
言布施若內有信心外有福田有財物三事和合心
生捨法能破慳貪是爲檀那布施有二種一者財施

三者法施財施者所謂飲食衣服田宅六畜奴婢珍寶一切已之所有資身之具及妻子乃至身命屬他爲他財物故云捨身猶屬財施有所須者悉能施與皆名財施也法施者若從諸佛及善知識聞說世間出世間善法若從經論中聞若自以觀行故知以清淨心爲人演說皆名法施

尸羅 此云清涼大論云秦言性善好行善道不自放逸是名尸羅經音義云此義譯也正翻止得謂止惡得善也又古師翻戒戒以防止爲義能防惡律儀無作逸非止三業所起之惡故名防止大論曰云何爲戒若惡止

不更作若心生若口言若從他受息身口惡是爲戒經音義梵言三婆羅此云禁戒戒䟽云戒義訓警也警策三業遠離緣非明其因也優婆塞戒經云戒者名制能制一切不善法故又戒是約義訓義勸義慕要云約二百五十戒各有四威儀合爲一千循三世轉爲三千將三千威儀分配身口七支爲二萬一千復約對治三毒及等分成八萬四千

羼提 此曰安忍法界次第云秦言忍辱内心能安忍外所辱境故名忍辱忍辱有二種一者生忍二者法忍云何名生忍生忍有二種一於恭敬供養中

能忍不著則不生憍逸二於瞋罵打害中能忍則不生瞋恨怨惱是爲生忍云何名法忍法忍有二種一者非心法謂寒熱風雨飢渴老病死等二者心法謂瞋恚憂愁疑婬欲憍慢諸邪見等菩薩於此二法能忍不動是名法忍

毗梨耶

法界次第云秦言精進欲樂勤行善法不自放逸謂之精進精進有二種一者身精進二者心精進若身勤修善法行道禮誦講說勸助開化是爲身精進若心勤行善道心心相續是爲心精進復次勤修施戒善法是爲身精進勤修忍辱禪定智慧是爲心精進止觀

引舊云精進無別體但督衆行義而推之應有別體例無明通入衆使更別有無明今且寄誦經勤策其心以擬精進晝夜不虧乃得滑利而非三昧慧唯識論云勇捍爲性跡云勇而無怯自策發也捍而無懼耐勞倦也陳氏云精其心進其志大集佛言精進有二種一始發精進二終成精進菩薩以始發精進習成一切善法以終成精進分別一切法不得自性法句經云若能心不起精進無有涯

禪那

此云靜慮智論云秦言思惟修言禪波羅蜜一切皆攝法界次第云禪有二種一者世間禪二者出世間

禪世間禪者謂根本四禪四無量心四無色定即是凡夫所行禪出世間禪復有二種一出世間禪二出世間上上禪出世間禪者謂六妙門十六特勝通明九想八念十想八背捨八勝處十一切處練禪十四變化願智頂禪無諍三昧三三昧師子奮迅超越三昧乃至三明六通如是等禪皆是出世間禪出世間上上禪者謂自性等九種大禪淨名跡云佛心智鑒圓明豈煩思惟究竟無學豈得言修又翻棄惡如來純淨之智何惡可棄故思惟等義皆是因也楞伽經明四種禪愚夫所行禪謂聲聞緣覺外道修行者觀

人無我性自相共相骨鏁無常苦不淨相計著爲首如是相不異觀前後轉進想不除滅是名愚夫禪　觀察義禪謂人無我自相共相外道自他俱無性已觀法無我彼地相義漸漸增進是名觀察義禪　攀緣如禪謂妄想二無我妄想如實處不生妄想是名攀緣如禪（入楞伽名觀真如禪）　如來禪謂入如來地行自覺聖智三種樂住成辦衆生不思議事是名如來禪頌曰凡夫所行禪觀察相義禪攀緣如實禪如來清淨禪

般若　法界次第云秦言智慧照了一切諸法皆不可得而能通達一切無閡名爲智慧大論

云般若定實相甚深極重智慧輕薄是故不能稱此生善故不翻此六度法祖引經論以辨其相共立五義一對治善戒經云謂慳惡瞋怠亂癡是所破之蔽二相生善戒經云謂捨家持戒遇辱須忍忍已精進精進已調五根根調故知法界又解深密經云能爲後後引發故謂諸佛菩薩若於身財無所顧悋便能受持清淨禁戒爲護戒故便修忍辱修忍辱已能發精進發精進已能辦靜慮辦靜慮已便能獲得出世間慧是故我說波羅蜜多如是次第三果報善戒經云富具色力壽安辯又餘經云施報富戒報善道忍

報端正進報神通禪報生天智破煩惱無著論云有二種果謂未來現在未來果者檀得大福尸羅得自身具足謂釋梵等羼提得大伴助大眷屬毗梨耶得果報等不斷絕禪得生身不損壞般若得諸根猛利及多諸悅樂於天人大衆中得自在等現在果者得一切信敬供養及現法涅槃等四互攝者弥勒頌云檀義攝於六資生無畏法是中一二三名爲修行住此檀攝六度也又菩提資粮論云旣爲菩薩母亦爲諸佛母般若波羅蜜是覺初資粮覺是菩提六度是菩提資粮般若爲初耳施戒忍進定及此五之餘方便願智力皆由智度故波羅

蜜所攝此乃般若攝於六度初後既尒中四例知五辟喻華嚴云菩薩摩訶薩以般若波羅蜜爲母方便善巧爲父檀波羅蜜爲乳母尸羅波羅蜜爲養母忍波羅蜜爲莊嚴具勤波羅蜜爲養育者禪波羅蜜爲浣濯人善知識爲教授師一切菩提分爲伴侶一切善法爲眷屬一切菩薩爲兄弟菩提心爲家如理修行爲家法諸地爲家處諸忍爲家族大願爲家教滿足諸行爲順家法勸發大乘爲紹家業法水灌頂一生所繫菩薩爲王太子成就菩提爲能淨家族六分開者六度通大小十度唯在大一往亦通藏通兩教

以權立三智故言十度者於禪中有願智力故開願度有神通智開出力度根本定守禪度名般若中有道種智開出方便度有一切種智開出智度一切智守本般若名

波羅蜜

大論又云阿羅蜜秦言遠離波羅蜜秦言度彼岸此二音相近義相會故以阿羅蜜釋波羅蜜天台禪門云一者諸經論中多翻到彼岸生死爲此岸涅槃爲彼岸煩惱爲中流菩薩以無相智慧乘禪定舟航從生死此岸到涅槃彼岸故知約理定以明波羅蜜二者大論別翻事究竟即是菩薩大悲爲衆生徧修一切事

行滿足故三瑞應經翻度無極通論事理悉有幽遠之義合而言之故云度無極此約事理行滿說波羅蜜

波羅伽大論秦言度彼岸華嚴云以波羅蜜船於生死流中不依此岸不著彼岸不住中流而度衆生無有休息

釋十二支篇第四十五

惑業互資因緣交助三世猶若環旋六道喻如輪轉凡夫沈迷色心冰執聖人超悟生死霜融剪荆棘林五因頓息斷牽連索七果咸亡故此十二支法爲中乘之達觀也

尼陀那此云因緣什曰力强爲因力弱爲緣肇曰前緣相生因也現相助成緣也生曰因謂先無其事而從彼生也緣謂素有其分而從彼起也故因親而緣疎緣覺根利通觀三世有因有緣是名因緣初觀過去無明緣行言無明者不了法界邪見妄執常在闇冥故曰無明因煩惱惑起於三業造作諸法故名爲行由玆惑業感現五果識緣名色六入觸受所謂從行生心投入母腹流愛爲種納想在胎分別諸法此名曰識識但有名凝滑屬色四七漸堅故号名色六根開張名爲六入從出母胎

至三四歲對緣取塵未別苦樂名之爲觸從五六歲至十二三受覺苦樂中庸三境旣能了別故名爲受復從果報起愛取有三支惑業成現在因從十四五至十八九貪種種境如渴求飲故名爲愛十九已後年旣長大貪欲轉盛不藉身命能有所取故名爲取愛取體同勝劣有異馳求諸境起善惡業牽生三有故名爲有由此因故感於未來二種果報謂生老死後陰始起故名爲生住世衰變故名爲老最後敗壞故名爲死是十二法展轉能感果故名因互相由藉而有曰緣因緣相續則往還無際若了無明生死自

息是爲緣覺出世之要術也

明四諦法篇第四十六

法界次第云通言諦者諦以審實爲義此四諦法正爲聲聞人從聞生解故必須藉教詮理不虛故云審實也若由因感果則應先因而後果今悉先果而後因者教門引物爲便前二諦是世間之法令知苦以斷集故先果而次因後二諦是出世間之法使爲滅以修道亦先果而次因佛滅八百年如意論主王禮爲師立先因後果義云集苦是有漏因果道滅是無漏因果外道破云汝師出世說苦集滅道何以弟子

說集苦道滅有違師之過如意救曰佛在世日對不信因果人說先果後因我今順因果說亦不相違此時外道朋黨熾盛衆中無證義人王賜外道金七十兩封外道論爲金七十論如意墮負嚼舌而終至九百年世親披外道論果見如意墮負遂造論軌論式等上王救如意論主王加珍敬賜世親金七十兩封爲勝金七十論王縛草鞭屍表外道邪宗屍爲出血故出家者宜應曉了四諦教門因果二法前後之義愼勿惑焉

豆佉 或伊祢晉云苦法界次第云苦以逼惱爲義一切有爲心行常爲無常患

累之所逼惱故名爲苦苦有三種一苦苦二壞苦三行苦今明三苦有別有通別者三苦即別對三受苦受從苦緣生情覺是苦即苦苦也樂受樂壞時生苦即是壞苦不苦不樂受常爲無常遷動即是行苦若通論三苦則三受通有三苦所以然者三受之心即是苦通從苦緣生故通是苦苦三受之心通爲壞相所壞故通是壞苦三受之心通是起役運動不停之相故通是行苦行以遷流爲義故楞嚴云辟如瀑流波浪相續前際後際不相踰越古德頌行苦密遷云如以一睫毛置掌人不覺若安眼睛上違害極不安

愚人如手掌不覺行苦遷智者如眼睛違極生厭患智論云無量衆生有三種身苦老病死三種心苦貪瞋癡三種後世苦地獄餓鬼畜生法句經云昔四比丘論世苦事一云婬慾惱人一云飢渴逼體一云瞋恚擾亂一云驚怖恐懼各執己是竟謂他非佛知遂問比丘具荅佛言汝等所論不究苦義身爲諸苦之本衆患之原當求寂滅此最爲樂

三牟提耶 或弥祢晉云集法界次第云集以招聚爲義若心與結業相應未來定能招聚生死之苦故名爲集

尼樓陀或娑陀晉言滅法界次第云滅以滅無爲義結業既盡則無生死之患累故名爲滅

末伽或槃那晉云道法界次第云道以能通爲義道有二種一正道實觀三十七道品三解脫門緣理慧行名爲正道二助道者得解觀中種種諸對治法及諸禪定皆是助道此二相扶能通涅槃故名爲道此四華梵出賢愚經毗曇云佛爲四王作聖語說四諦二解二不解又作毗陀語一解一不解又作梨車語說四王俱解故知四諦名非一槩此四諦法若以藥病區揀苦集是世間因果

此屬於病道滅是出世間因果此當乎藥若以眞俗甄別則有三義一者四諦俱眞如涅槃云我昔與汝等不見四眞諦是故久流轉生死大苦海二者四諦俱俗止觀云滅尚非眞三諦焉是三者一眞三俗勝鬘云此四聖諦三是無常一是常又云是故苦諦集諦道諦非第一義諦非常非依一苦滅諦離有相者是常又涅槃經明於四諦凡有四種一生滅四諦二無生四諦三無量四諦四無作四諦勝鬘經中亦明四種一有作四諦二有量四諦三無作四諦四無量四諦但此二經詮次少異荆溪問曰何故立此四種

四諦之殊荅諦本無四諦只是理理尚無一云何有四故知依如來藏同體權實大悲願力隨順物機不獲已而用之機宜不同致法差降從一實理開於權理權實二理能詮教殊故有四種差別教起三藏詮生滅通教詮無生別教詮無量圓教詮無作是故天台明四種四諦之法也

止觀三義篇第四十七

實相體寂因元靜乃稱止本覺靈照由常明故曰觀妄風俄動假妙奢摩他而止之心珠久昏須毗婆舍那而觀矣摩訶止觀釋名章中初共通三德二各開

三義今依彼論分列梵語　初標共通

奢摩他　此云止涅槃經云奢摩他名爲能滅能滅一切煩惱結故又名能調能調諸根惡不善法故又曰寂靜能令三業成寂靜故又曰遠離能令衆生離五欲故又曰能淸能淸貪欲瞋恚愚癡三濁法故以是義故名定相

毗婆舍那　此云觀涅槃云毗婆舍那名爲正見亦名了見名爲能見名曰徧見名次第見名別相見是名爲慧

優畢叉　此云止觀平等涅槃云優畢叉者名曰平等亦

名不諍又名不觀亦名不行是名爲捨止觀云若用
兩字共通三德者止即是斷斷通解脫觀即是智智
通般若止觀等者名爲捨相捨相即是通於法身起
信論云所言止者謂止一切境界相隨順奢摩他觀
義故所言觀者謂分别因緣生滅相隨順毗鉢舍那
觀義故永嘉集云以奢摩他故雖寂而常照以毗婆
舍那故雖照而常寂以優畢叉故非照而非寂照而
常寂故說俗而即真寂而常照故說真而即俗非寂
而非照故杜口於毗耶長者子六過出家經佛告僧
伽羅摩比丘汝當行二法止觀是也僧伽摩羅白佛

言甚解世尊佛言我取要而說云何言甚解耶僧伽摩羅言止者諸結永盡觀者觀一切法佛言善哉

二明各開初列三止

妙奢摩他即體眞止三摩即方便隨緣止禪那

即息二邊分別止名出楞嚴資中云準圓覺經奢摩他以寂靜爲相三摩提以幻化爲相禪那俱離靜幻二相然此二經天台出時經皆未到而止觀中預立其義故止觀二字各開三義一體眞止二方便隨緣止三息二邊分別止又云此三止名雖未見經論映

望三觀隨義立名其相云何體無明顛倒即是實相之眞名體眞止如此實相徧一切處隨緣歷境安心不動名隨緣方便止生死涅槃靜散休息名息二邊止孤山釋曰今阿難雖專請於止以即一而三故此止即觀亦即平等三一互融是以稱妙妙故方曰楞嚴大定今於一止復有三名奢摩他即體眞止止於眞諦翻奢摩他爲止者定之異名寂靜義也謂於染淨等境心不妄緣故三摩提亦曰三摩鉢底此云等持即方便隨緣止止於俗諦三摩提智論云一切禪定攝心皆名三摩提秦言正心行處是心從無始來常曲不端得是正心行處心則端直譬如蛇行常曲入竹筒則直翻等持者謂離沉掉曰等令心住一境性曰持禪那此云靜慮即息二邊分別止止於中

道淨覺云孤山專用天台三止配今三名者得經之深旨何則止屬於定觀屬於慧阿難本以多聞小慧自咎正以楞嚴大定爲請非三止而何況三摩禪那顯是定名雖此定即慧而所主從別

次明三觀

謂空假中

荆溪臨終顧命衆曰一念無相謂之空無法不備謂之假不一不異謂之中章安云天台傳南岳三種止觀一漸次二不定三圓頓皆是大乘俱圓實相同名止觀漸則初淺後深如彼梯隥不定前後更互如金剛寶置之日中圓頓初後不二如通者騰空爲三根性說三法門雖日師資相傳原本皆出佛經故次第三觀如瓔珞上云從假入空觀亦名二諦觀從空入假觀亦名平等

觀因是二空觀爲方便得入中道第一義諦觀此名次第三觀又下卷云時佛頂髮放一切光復集十方百億佛土佛菩薩衆即於衆中告文殊普賢法慧功德林金剛幢金剛藏善財童子汝見是衆中敬首菩薩問三觀法界諸佛自性清淨道一切菩薩所修三觀法門不没等各領百萬大衆皆應修學如是法門又中論云因緣所生法我說即是空亦名爲假名亦是中道義此皆一心三觀之明文也余昔學肆有吳教授垂訪問曰經云作是觀者名爲正觀平呼此二音義云何辯余即荅曰觀平詮其體獨標能想之心觀去顯其用帶名所對之境故曰以觀觀昏即昏而朗然此各開三義全異涅槃共通三德由昔混同故今分列

衆善行法篇第四十八

四悉被物衆善隨宜四門之路有殊一乘之果無別種種正行皆斷萬劫之愛繩一一助道盡破千生之塵網今捜梵語略注宋言欲具乎二種莊嚴須啓於四弘誓願

悉檀　南岳師以悉檀例大涅槃華梵兼稱悉是華言檀是梵語悉之言徧檀翻爲施佛以四法徧施衆生故名悉檀妙玄云世界悉檀歡喜益爲人悉檀生善益對治悉檀破惡益第一義悉檀入理益妙樂云則前二教及別地前但屬三悉引入令

經第一義悉

僧那 此云弘誓肇論云發僧那於始心終大悲以赴難此名字發心也仁王云十善菩薩發大心長別三界苦輪海此相似發心也華嚴云初發心時便成正覺此分證發心也言弘誓者天台云廣普之緣謂之弘自制其心謂之誓志求滿足乃稱願大士曠懷運心廣普依無作四諦之境起四種弘誓之心初依瓔珞未度苦諦令度苦諦六道受分段之苦三乘沉變易之苦當了陰入皆如無苦可捨口發言曰衆生無邊誓願度次依瓔珞未解集諦令解集諦四住煩惱潤有漏業無明煩惱

潤無漏業當了塵勞本淨無集可除口發言曰煩惱無數誓願斷三依瓔珞未安道諦令安道諦智慧越苦海之迅航戒定通秘藏之要道當了邊邪是中無道可修口發誓云法門無盡誓願學四依瓔珞未得滅諦令得滅諦佛陀是無上之世尊涅槃乃最勝之妙法當了生死即是涅槃口發誓云佛道無上誓願成仰觀大覺積劫度生都無懈倦者爲滿本地之願也

僧涅　一云僧那大誓僧涅自誓一云僧那言鎧僧涅言著名著大鎧亦云莊嚴故大品云大誓莊嚴正言[月*冊]（蘇干）那訶此云甲[月*冊]捺陀此云被或云

衣[illegible]謂被甲衣甲也

毗跋耶斯

此云四念處念即是觀處即是境智論釋曰初習善法爲不失故但名念能轉相轉心故名爲想決定智無所疑故名智大經云更有新醫從遠方來曉八種術謂四枯四榮言四枯者人於五陰起四倒見於色計淨於受計樂想行計我心起常見故令修四念處破其四倒初觀身不淨一切色法名之爲身己名内身眷屬及他名外身若己若他名内外身此三種色大論明五種不淨一生處是身爲臭穢不從蓮華生亦不從薝蔔又不出寶山二種子不淨是身種

不淨非餘妙寶物不由淨白生父母邪想有三自性
不淨地水火風質能變爲不淨傾海洗此身不能令
香潔四自相不淨種種不淨物充滿於身內常流出
不止如漏囊盛物五究竟不淨審諦觀此身終必歸
死處難御無反復背恩如小兒二觀受是苦意根受
名內受五根受名外受六根受名內外受於一根有
順受違受不違不順受於順生樂受於違生苦受於
不違不順生不苦不樂受樂受是壞苦苦受是苦苦
不苦不樂受是行苦諸受麤細無不是苦三觀心無
常心王不住體性流動今日雖存明亦難保山水溜

斲石光若不及時後悔無益四觀法無我法名軌則有善法惡法無記法人皆約法計我我能行善行惡行無記此等法中求我決不可得龜毛兔角但有名字實不可得故經云起唯法起滅唯法滅但是陰法起滅無人無我衆生壽命是名無我此說別相念處惣相念處者緣一境惣爲四觀此中應四句料簡一境別觀別（如上別說）二境別觀惣三境惣觀別（此二是惣相念處之方便）四境觀俱惣是惣相念處若作一身念處觀或惣二陰乃至惣五陰是名境惣觀別也受心法念亦復如是阿毗曇中明三種念處謂性共緣對破三種外道四教

義云一性念處是智慧性觀身智慧是身念處受心法亦如是解者不同有但取慧數爲智慧性即是性念處南岳師解觀五陰理性名性念處故雜心偈是身不淨相眞實性常定諸受及心法亦復如是說　二共念處智論云觀身爲首因緣生道若有漏若無漏受心法念處亦如是解者不同有師解云共善五陰諸善心數法合明念處若南岳師解即是九想背捨勝處諸對治觀門助正道開三解脫故名爲共念處故經云亦當念空法修心觀不淨是名諸如來甘露灌頂藥　三緣念處有師解通一

切所觀境界皆名緣念處觀有言十二因緣境有言慈悲所緣境若南岳師解緣佛教說所詮一切陰入界四諦事理名義言語音詞因果體用觀達無礙能生四辯於一切法心無所礙成無疑解脫是緣念處觀世（明小乘竟）若依大乘以明四榮如後分云阿難如汝所問佛涅槃後依何住者阿難依四念處嚴心而住觀身性相同於虛空名身念處觀受不在內外不住中間名受念處觀心但有名字名字性離名心念處觀法不得善法不得不善法名法念處華手經云一切諸法皆名念處何以故一切諸法常住自性無能壞

故斯乃即法是心即心是法皆同一性性豈能壞乎

馝[毗必]柯摩羅阿佚多

此云正勤斯有四法法界次第云一已生惡法爲除斷一心精勤四念處觀時若懈怠心起五蓋等諸煩惱覆心離信等五種善根時如是等惡若已生爲斷故一心勤精進方便除斷令盡也二未生惡法不令生一心勤精進四念處觀時若懈怠心及五蓋等諸煩惱惡法雖未生恐後應生遮信等五種善根令爲不令生故一心勤精進方便遮止不令得生也三未生善法爲生一心勤精進四念

處觀時信等五種善根未生爲令生故一心勤精進方便修習令信等善根生也四已生善法爲增長一心勤精進若四念處觀時信等五種善根已生爲令增長故一心勤精進方便修習信等善根令不退失增長成就此四通名正勤者破邪道於正道中勤行故名正勤也

摩奴是若

此云如意法界次第明四如意足一欲如意足欲爲主得定斷行成就修如意足分是爲欲如意足二精進如意足精進爲主得定斷行成就修如意分是爲精進足三心如意心爲主得定斷行成就修如意足

四思惟如意足思惟爲主通言如意者四念處中實智慧四正勤中正精進精進智慧增多定力小弱得四種定攝心故智定力等所願皆得故名如意足智定若等能断結使故云断行成就也

婆羅

此云力陰持入經云彼力應以何爲義荅無能得壞爲力義有所盐爲力義有膽爲力義能得依爲力義增一阿含說六種力小兒以啼爲力女人以瞋爲力沙門婆羅門以忍辱爲力阿羅漢以精進爲力云云又因人五力佛果十力因人五力者一信力二精進力三念力四定力五慧力五根七覺支八正道見法界次第大論釋曰信根得

力則能決定受持不疑精進力故雖未見法一心求道不惜身命不休不息念力故常憶師教善法來聽入惡法來不聽入如守門人定力故攝心一處不動以助智慧智慧力故能如實觀諸法實相佛果十力者今述頌曰是處非處二業力定根欲性至處道宿命天眼十漏盡具釋大論八十八論問佛十力者若惣相說佛唯一力所謂一切種智力若別相說則千萬億種力隨法爲名今何以但說十力荅佛實有無量智力但以衆生不能得不能行故不說是十力可度衆生事辦故說十力論問佛有十力菩薩有不荅

有何者一發一切智心堅固力二不捨衆生大慈力三具足大悲力四信一切佛法精進力五思行禪定力六除二邊智慧力七成就衆生力八觀法實相力九入三解脱門力十無礙智力

尼坻

此云願志求滿足曰願智論有二種願一者可得願二者不可得願不可得願者有人欲量虛空盡其邊際及求時方邊際如小兒見水中月鏡中像如是等願皆不可得可得願者鑽木求火穿地得水修福得人天中生及得阿羅漢辟支佛果乃至得諸佛法王如是等皆名可得願願有下中上下願今致今世樂因

緣中願後世樂因緣上願與涅槃樂因緣智論問佛在世時衆生尚有飢餓天不降雨衆生困斃佛不能滿一切衆生之願云何菩薩能滿其願答菩薩住於十地入首楞嚴三昧於三千大千世界或時現初發意行六波羅蜜乃至或現出家成佛利益如是何況於佛而佛身有二種一者眞身二者化身衆生見佛眞身無願不滿智論問諸菩薩行業清淨自得淨報何以要須立願然後得之辟如田家得穀豈復待願答作福無願無所樹立願爲導御能有所成辟如銷金隨師而作金無定也又莊嚴佛界事大獨行功德

不能成故要須願力辟如牛力雖能挽車要須御者能有所至淨世界願亦復如是故古德曰有行無願其行必孤有願無行其願必虛

薩婆迦摩

翻樂欲好樂希須也淨名疏云根是過去欲是現在性是未來若過去善根牢固成就今生對緣則起此是因根成欲若過去善根未牢今生遇緣起欲數習成性故云性以不改爲義荆溪釋云習欲成性性在未來由性成欲性在過去習論云隨所欲說法所謂善欲隨心爲說如船順流惡欲以苦切語教如以楔出楔是故智中佛悉徧知無能

壞無能勝事鈔云凡作法事必須身心俱集方成和合設若有緣不開心集則機教莫同將何拔濟故聽傳心口應僧前事方能彼此俱辦緣此故開與欲說云大德一心念某甲比丘如法僧事與欲清淨一說便止其受欲者應至僧中羯磨者言不來者說欲即具修威儀說云大德僧聽某甲比丘我受彼欲清淨彼如法僧事與欲清淨

浮曇末 此云至誠十六觀經云發三種心即便往生何等爲三一者至誠心二者深心三者回向發願心疏釋至誠心云即實行衆生至之言專誠之言實礼記曰志之所至至者到也易注曰存其誠實

故曰至誠賛天地之化書曰至治馨香感于神明黍稷非馨明德惟馨

釋深心云佛果高深發心求往故云深心亦從深理生亦從厚樂善根生妙宗云今初至誠疏以專實釋之非念眞如豈名專實解於深心疏雖三義而不相捨求高深果須契深理善契深理須厚樂善根此乃立行依理求果也不出彼論樂集一切諸善行也經回向發願心義當彼論大悲拔苦起信云信成就發心者略說有三種一直心正念眞如故二深心樂集一切諸善行故三大悲心欲拔一切衆生苦故

懺摩

此翻悔過義淨師云懺摩西音忍義西國人誤觸身云懺

摩意是請恕願勿瞋責此方誤傳久矣難可改張應法師云懺訛略也書無懺字正言叉摩此云忍謂容恕我罪也天台光明釋懺悔品不辨華梵但直釋云懺者首也悔者伏也如世人得罪於王伏款順從不敢違逆不逆爲伏順從爲首行人亦尔伏三寶足下正順道理不敢作非故名懺悔又懺名白法悔名黑法黑法須悔而勿作白法須企而尚之取捨合論故言懺悔又懺名修來悔名改往往日所作不善法鄙而惡之故名爲悔往日所棄一切善法今日已去誓願勤修故名爲懺棄往求來故名懺悔又懺名披陳衆失

發露過咎不敢隱諱悔名斷相續心厭悔捨離能作所作合棄故言懺悔又懺者名慚悔者名愧慚則慚天愧則愧人人見其顯天見其冥冥細顯麤麤細皆惡故言懺悔淨名疏云今明罪滅有三一作法懺二觀相懺三觀無生懺作法懺滅違無作罪依毗尼門觀相懺滅性罪此依定門觀無生懺滅妄想罪此依慧門復次違無作罪障戒性罪障定妄想罪障慧作法懺者如律所明作法成就能滅違無作罪而性罪不滅大論云如比丘斬草害命二罪同篇作法懺二無作滅害命不滅雖違無作滅性罪未滅觀相懺者

如諸方等經所明行法見罪滅相菩薩戒云若見光華種種好相罪便得滅若不見相雖懺無益若見好相無作及性二罪俱滅觀無生懺者此觀成時能除根本妄惑之罪如拔樹根枝葉自滅普賢觀云一切業障海皆從妄想生若欲懺悔者端坐念實相衆罪如霜露慧日能消除

地底迦 此云有愧涅槃經云諸佛世尊常說是言有二白法能救衆生一慚二愧慚者自不作罪愧者不教他作慚者内自羞耻愧者發露向人雜阿含經云世間若無有慚愧二法者違越清淨道向生老病死百法疏云慚

者依自法力崇重賢善爲性對治無慚止息惡行爲業愧者依世間力輕拒暴惡爲性對治無愧止息惡行爲業阿毗達磨論云慚者謂於諸過惡自羞爲體愧者於惡羞他爲體涅槃經云智者有二一者不造諸惡二者作已懺悔愚者亦二一作罪二覆藏

波娑提伽 或云梵摩此云清淨葛洪字苑梵潔也取其義耳大論云雖爲一切衆生是心不清淨不知已身無吾我不知取者無人無主不知所施物實性不可説一不可説異於是三事心著是爲不清淨寶性論云一自性清淨謂性淨解脱二離

垢清淨謂障盡解脫大論云畢竟空即是畢竟清淨以人畏空故言清淨

羯磨 南山引明

了論疏翻爲業也所作是業亦翻所作百論云事也若以義求翻爲辦事謂施造遂法必有成濟之功焉天台禪門翻爲作法一切羯磨須具四法一法二事三人四界第一法者羯磨三種一心念法發心念境口自傳情非謂不言而辦前事二對首法謂各共面對同秉法也三衆法四人已上秉於羯磨以三羯磨通前單白故云白四律云若作羯磨不如白法作白不如羯磨法作羯磨如是漸漸令戒毀壞以滅正法

隨順文句勿令增減僧衹云非羯磨地不得行僧事

布薩　大論秦言善宿南山此云淨住

淨身口意如戒而住六卷泥洹翻云長養長養二義一清淨戒住二增長功德雜含云布薩婆陀若正本音優補陀婆優言斷補陀婆言增長國語不同律云布薩法一處名布薩犍度即說戒也應法師云此名訛略應言鉢囉帝提舍耶寐此云我對說謂相向說罪也舊云淨住乃義翻也事鈔云若衆大聲小不聞說戒令作轉輪高座立上說之此則見而不聞也又如多人說戒何由併得見作法者面此則聞而不見

也善見曰云何得知正法久住若說戒法不壞是摩得伽云布薩者捨諸惡不善法及諸煩惱有受證得白法究竟梵行事故名也又云半月半月自觀身從前半月至今半月中間不犯戒耶若有犯者於同意所懺悔毗尼母云若犯七衆不淨人前應止不說戒即律文云犯者不得聞戒不得向犯者說等四分若說戒日無能誦者當如布薩法行籌告白差一人說法誦經餘諸教誡誦遺教亦得若全不解者律云下至一偈諸惡莫作衆善奉行自淨其意是諸佛教（阿含具解）如是作已不得不說若不解者云謹慎莫放逸便散

並是佛之囑累僧祇云欲得五事利益當受持此律何等爲五一建立佛法二令正法久住三不欲有疑悔請問他人四僧尼犯罪者爲依怙五欲遊化諸方而無有礙四分持律人得五功德一戒品牢固二善勝諸怨三於衆中決斷無畏四有疑悔者能開解五善持毗尼令正法久住明了論解云本音毗那耶略言毗尼摩耶經云樂好衣服縱逸嬉戲奴爲比丘婢爲比丘尼不樂不淨觀毀謗毗尼袈裟變白不受染色貪用三寶物等是法滅相

安居 南山云形心攝靜曰安要期住此曰居靜慮思微道之正軌理須假日追功策進心

行隨緣託處志唯尚兹不許馳散亂道妨業故律通制三時意存據道文偏約夏月情在三過一無事游行妨修出業二損傷物命違慈寔深三所爲既非故招世謗以斯之過教興在兹然諸義不無指歸護命故夏中方尺之地悉並有蟲故正法念經云夏中除大小便餘則加趺而坐事鈔問何爲但結三月者一生死待形必假資養故結前三月開後一月爲成供身衣服故二若四月盡結則四月十六日得成若有差脫便不得結教法太急用難常準故如來順物始從十六日至後十六日開其一月續結令成令但就

夏亦有三時初四月十六日是前安居十七日已去至五月十五日名中安居五月十六日名後安居故律中有三種安居謂前中後也在處須無五過一太遠聚落求須難得二太近城市妨修道業三多蚊蝱難或嚙齧人踐傷彼命四無可依人其人具五德謂求聞令聞已聞令清淨能爲訣疑能令通達除邪見得正見五無施主施飲食湯藥無此五過乃可安居鈔云凡受日縁務要是三寶請喚生善滅惡者聽往若請喚爲利三寶非法破戒有難雖受不成五一百問云受七日行不滿七日還本界後更行不須更受滿

七日已乃復重受鈔云縱令前事唯止一日皆須七日法律云不及即日還聽受七日去夏末一日在亦作七日法對首受法應具儀對比丘言大德一心念我某甲比丘今受七日法出界外爲某事故還來此中安居說三若事是半月一月者方應羯磨上之四卷具羯磨法若受日者多同緣受者二人三人應一時羯磨西域記云覩貨邏國舊訛曰吐火羅國東阨葱嶺西接波剌斯南大雪山北據鐵門氣序既温疾疫衆多冬末春初霖雨相繼而諸徒僧以十二月十六日入安居三月十日解安居斯乃據其多雨亦是設教隨時也又云

印度僧徒依佛聖教坐雨安居或前三月或後三月前三月當此從五月十六日至八月十五日後三月當此從六月十六日至九月十五日前代譯經律者或云坐夏或云坐臘斯皆邊裔殊俗不達中國正音或方言未融而傳譯有謬又曰印度僧徒依佛聖教皆以室羅伐拏月前半一日入雨安居當此五月十六日以頞濕縛庾闍月後半十五日解雨安居當此八月十五日印度月名依星而建古今不易諸部無差良以方言未融傳譯有謬分時計月致斯乖異故以四月十六日入安居七月十五日解安居也

鉢剌婆剌拏

音義指歸云譯爲隨意寄歸傳云凡夏罷歲終之時此日應名隨意即是隨他於三事之中任意舉發說罪除愆之義舊云自恣者是義翻然則自恣之言涉乎善惡今局善也故事鈔曰九旬修道精練身心人多迷巳不自見過理宜仰憑清衆垂慈誨示縱宣巳罪恣僧舉過內彰無私隱外顯有瑕疵身口託於他人故云自恣摩得勒伽論云何故今自恣使諸比丘不孤獨故各各憶罪發露悔過故以苦言調伏得清淨故自意喜悅無罪故也所以制在夏末者若論夏初創

集將同期款九旬立要齊修出離若逆相舉發恐成怨諍遮相訟及廢道亂業故制在夏末者以三月策修同住進業時竟云別各隨方詣必有惡業自不獨宣障道深過義無覆隱故須請誨良在茲焉故律聽安居竟自恣此是自言恣他舉罪非爲自恣爲惡前明時節謂有閏月者依閏安居七月十五日自恣不依閏者依摩得伽中數滿九十日自恣若閏七月者取前月自恣非前夏安居者過閏已數滿九十日自恣若修道安樂延日自恣得至八月十五日然律中但明十四日十五日自恣及至給施衣中次第增中

十六日自恣增三中三日自恣四分中云安居竟自
恣則七月十六日爲定律又云僧十四日自恣尼十
五日自恣此謂相依問罪故制異日及論作法三日
通用克定一期十六日定若有難者如五百問中一
月自恣事鈔問十五日自恣已得出界不荅不得破
夏離衣由夜分未盡故問此界安居餘處自恣得不荅
僧祇不得結罪又安居篇云四月十六日結者至七
月十五日夜分盡訖名夏竟至明相出又四分云若
後安居人從前安居者自恣住待日足事鈔問自恣
竟得說戒不荅依明了論先說戒後自恣四分云自

恣即是說戒問自恣得在未受具戒人前作不荅律中今至至不見不聞處作羯磨自恣若不肯避去僧自至不見聞處作之問安居音須離本處不荅安居音不去犯罪毗尼毋云比丘安居已應移餘處若有緣不得去不犯若無緣者出界一宿還來不犯大集經云我滅度後無戒比丘滿閻浮提預出家者宜警察之摭華鈔云諸經律中以七月十六日是比丘五分法身生來之歲則七月十五日是臘除也比丘出俗不以俗年爲計乃數夏臘耳增輝云臘接也謂新故之交接

唄蒲介匿或梵唄此云止若準

律文唄匿如法出要律儀云如此鬱鞞國語翻爲止断也又云止息由是外緣已止已断介時寂靜任爲法事也或婆陟訛也梵音婆(蒲賀)師此云讃歎梵天之音善見云聽汝作唄唄言說之詞也法苑云尋西方之有唄猶東國之有讃讃者從文以結章唄者短偈以流頌比其事義名異實同婆沙億耳以三契聲頌所解法佛讃善哉珠林齊僧辯能作梵契等音義云契之一字猶言一節一科也弘明集頌經三契道安法師集契梵音佛道論衡云陳思王幼含珪章十歲能文每讀經文流連嗟玩以爲至道之宗極也遂製

轉讀七聲昇降曲折之響世之諷誦咸憲章焉嘗游魚山忽聞空中梵天之響清颺哀婉其聲動心獨聽良久而侍御莫聞植深感神理弥悟法應乃摹其聲節為梵唄撰文

婆闍尼娑

婆啉 此云聲音法界次第云音者詮理之聲謂之音佛所出聲凡有詮辯言辭清雅聞者無厭聽之無足能為一切作與樂拔苦因緣莫若聞聲之益即是以慈修口故有八音一極好音二柔輭音三和適音四尊慧音五不女音六不誤音七深遠音八不竭音楞嚴云此方真教體清淨在音聞欲取

三摩提實以聞中入大論云菩薩音聲有恒河沙等之數佛音聲所到無有限數如密跡經中所說目連試佛音聲極至西方猶聞佛音若如對面問若尒者佛常在國土聚落說法教化而閻浮提內人不至佛邊則不得聞何以知之多有從遠方來欲聽說法者故若佛音聲有二種一爲口密音聲二爲不密音聲密音聲先已說不密音聲至佛邊乃聞是亦有二種弟子一爲出世聖人二爲世間凡夫出世聖人如目犍連等能聞微密音聲凡夫人隨其所近乃聞大論云是佛菩薩音聲有三種一者先世種善音聲因緣

故咽喉中得微妙四大能出種種妙好遠近音聲所謂一里二里三里十里百千里乃至三千大千世界音聲徧滿二者神通力故咽喉四大出聲徧滿三千大千世界及十方恒河沙世界三者佛音聲常能徧滿十方虚空問若佛音聲常能徧滿今衆生何以不得常聞荅衆生無量劫以來所作惡業覆是故不聞辟如雷電霹靂聾者不聞雷聲無減佛亦如是常爲衆生說法如龍震大雷聲衆生罪故自不得聞聲有八轉一體二業三具四爲五從六屬七於八呼七轉常用呼聲用稀故但云七也西域國法欲尋讀內外典

籍要解聲論八轉聲方知文義分齊一補沙此是直指陳聲如人斫樹指說其人即今體聲二補盧衫是所作業聲如所作斫樹故云業也三補慮崽挐是能作具聲如由斧斫故云具也四補盧沙耶是所爲聲如爲人斫故云爲也五補盧沙頞都我是從聲如因人造舍等故云從也從即所因故六補盧殺娑是所屬聲如奴屬主故云屬也七補盧鎩音戒是所於聲如客依主故云於也於即依義八褉補盧沙是呼召之聲故云呼也又諸呪中若二字合爲一聲名爲二合如云娑他及怛多等或以三字連聲合爲一字急呼之

名爲三合如敎魯晉奄及拘盧沓等漢書曰聲者宮商角徵羽也鈎隱圖云聲屬陽律屬陰揚子云聲生於日律生於辰也

鉢底婆此云辯才辯說也展轉無滯故辯別也分明訣了故輔行明辯有四種謂義法詞樂說也義謂顯了諸法之義法謂稱說法之名字詞謂能說名之語言雖有此三必須樂說說前三也大品云從諸佛所聽受法教至薩婆若初不斷絕未曾離三昧時當得捷疾辯利辯不盡辯不可斷辯隨應辯義辯一切世間最上辯智論釋曰於一切法無礙故得捷疾辯有人雖能捷疾

鈍根故不能深入以能深入故是利辯說諸法實相無邊無盡故名樂說無盡般若中無諸戲論故無能問難斷絕者名不可斷辯斷法愛故隨衆生所應而爲說法名隨應辯說趣涅槃利益之事故名義辯說一切世間第一之事所謂大乘是名世間最上辯梁僧傳云唱導所貴事有四焉一聲也非聲則無以警衆二辯也非辯則無以適時三才也非才則言無可采四博也非博則語無依據事鈔曰古云博學爲濟貧會正記云故往之言也僧傳云學不厭博博則通矣子曰君子博學於文約之以禮亦可以弗畔矣夫

（鄭曰弗畔不違道也）苟生而貧於學者懦夫也死而富於道者君子也是知博學濟識見之貧思益云於墮邪道衆生生大悲心令入正道不求恩報故名導師

槃那寐

名出聲論或名槃談訛云和南皆翻我禮或云那謨悉羯羅此云禮拜今謂禮之與拜名有通局長短經曰禮者履也進退有度尊卑有分謂之禮禮記云禮也者猶體也體不備君子謂之不成人故孔子云非禮勿視非禮勿聽非禮勿言非禮勿動是則凡所施爲皆須合禮此顯禮名通也白虎通云人之相拜者何所以表情見意屈節卑禮尊事者

也拜之言服也故周禮明九拜此顯拜名局也若依釋氏如南山云四儀若無法潤乃名枯槁衆生故天台明四種三昧之法是知四儀法則名禮身業恭敬名拜此亦禮通拜局今此翻譯禮即是拜故大論云禮有三種一者口禮二者屈膝頭不至地三者頭至地是爲上禮一口禮者如合掌問訊也觀音義疏云此方以拱手爲恭外國以合掌爲敬手本二邊今合爲一表不散誕專至一心僧祇律云禮拜不得如瘂羊當相問訊爾雅云訊言也地持論云當安慰舒顏先語平視和色正念在前問訊善見論云比丘到佛

所問訊云少病少惱安樂行不二屈膝者即互跪也音義指歸云不合云胡跪蓋梵世遺種居五竺閒葱嶺之北諸戎羌胡今經律多翻互跪以三處翹聳故名互跪即右膝著地也涅槃疏明三義一右膝有力跪能安久二右膝有力起止便易三右膝躁動著地令安若兩膝著地則名長跪毗柰耶云尼女體弱互跪要倒佛聽長跪三頭至地者即五體投地故大論云人之一身頭最爲上足最爲下以頭禮足恭敬之至輔行云準地持阿含皆以雙膝雙肘及頂至地名五體投地亦名五輪五處圓故又勒那三藏明七種

禮一我慢禮謂依位次無恭敬心二唱和禮高聲喧雜詞句混亂三恭敬禮五輪著地捧足慇勤四無相禮深入法性離能所相空觀五起用禮雖無能所普運身心如影普徧禮不可禮假觀六內觀禮但禮身內法身眞佛不向外求中觀七實相禮若內若外同一實相三諦一境西域記云致敬之式其儀九等一發言慰問二俯首示敬三擧手高揖四合掌平拱五屈膝六長跪七手膝踞地八五輪俱屈九五體投地凡斯九等極唯一拜跪而讚德謂之盡敬舍利弗問經佛言作供養應須偏袒以便作事福田時應覆兩肩現田紋相不

拜王論有五戒信士見神不禮王曰何爲不禮曰恐損神故王曰但禮信士乃禮其神形儀粉碎又迦昵色迦王受佛五戒曾神祠中禮神像自倒後守神者作佛形像在神冠中王禮不倒怪而問之曰冠中有佛像王大喜知佛最勝而恕之又感通録云唐蜀川釋寶瓊出家齋素讀誦大品本邑連比什邡並是米族初不奉佛沙門不入其鄉故老女婦不識者衆瓊思拔濟待其會衆便往赴之不禮而坐道黨咸曰不禮天尊非沙門也瓊曰邪正道殊所奉各異天上禮我我何得禮老君乎衆議紛紜瓊曰吾若下禮必貽

辱也即禮一拜道像連座動搖不安又禮一拜反倒狼籍在地遂合衆禮頭一時四信梵網經云出家人法不向國王禮拜不向父母禮拜六親不敬鬼神不禮西域記云昔有德光論師天軍接見慈氏謂非出家之形長揖不禮問

何緣不輕比丘普禮四衆荆溪釋曰菩薩化緣法無一準唯利是務故設斯儀見衆生理與果理等故禮生禮佛其源不殊欲令衆生生慕果願果願者何我等但理彼尚故禮況證果理而不尊高又云汝等皆行菩薩道當得作佛豈非擊我令修圓因此約現在順從者也問内懷不輕之解外敬不輕之境安棄飛禽之眞性而忽走獸之本源乎荅人識義方可以擊發異類無知徒勞勸信不禮之旨其在茲歟不輕禮俗謹聞命矣

何故方丈僧拜維摩故彼經曰維摩居士即入三昧令此比丘自識宿命發菩提心於是諸比丘稽首禮維摩詰足天台問曰出家何以禮俗荅入道恩深碎身莫報此諸比丘方行大道豈存小儀又涅槃云有知法者若老若少故應供養恭敬禮拜入大乘論云被法服菩薩方便隨順得禮白衣敬之如佛是則法非一槩可否在人有益須禮當亡身以奉法有損宜止應逆命以利君何哉赫連勃勃據有夏州兇暴無厭以殺為樂繪像服身抑僧令拜遂為上天雷震而死斯乃暴虐之主誠非聖明之君不遵付囑之言故違委寄之道寧知千聖立

法萬古同風安以朝覲之禮而責山林之士恐後進以未知遂濡毫而錄示

南無

或那謨或南摩此翻歸命要律儀翻恭敬善見論翻歸命覺或翻信從法華疏云南無大有義或言度我可施衆生若佛荅諸佛度我義不便五戒經稱驚怖驚怖正可施佛也生死險難實可驚怖大品云佛言若有一人稱南無佛乃至畢苦其福不盡智論問曰云何但空稱名字便得畢苦其福不盡荅是人曾聞佛功德能度人老病死苦若多若少供養及稱名字得無量福（此說稱佛功德）華嚴云寧受地獄苦得聞諸佛名不

受無量樂而不聞佛名所以於往昔無數劫受苦流轉生死中不聞佛名故大品云我得阿耨多羅三藐三菩提時十方過如恒沙等世界中衆生聞我名者必得阿耨多羅三藐三菩提智論問曰有人生佛世在佛法中或墮地獄如提婆達多俱迦梨訶多釋子等三不善法覆心故墮地獄此中云何言如恒河沙等世界但聞佛名便得道耶荅有衆生福德淳熟結使心薄應當得道若聞佛名即時得道又復以佛威力故聞即得度譬如熟癰若無治者得小因緣而便自潰亦如果熟若無人取微風因緣便自墮落如新

淨白氎易爲受色（此說聞佛名福）

彌羅 此云慈淨覺云慈名愛念觀音玄義云以觀性德善愛樂歡喜起大慈心欲與其樂大經明慈有三種一緣衆生觀一切衆生如父母親想二緣於法見一切法皆從緣生三者無緣不住法相及衆生相智論明三種慈一生緣慈者十方五道衆生中以一慈心視之如父如毋如兄弟姊妹子姪知識常求好事欲令得利益安樂如是心徧滿十方衆生中如是慈名衆生緣多在凡夫人行處或有學人未漏盡者二行法緣者諸漏盡阿羅漢辟支佛是諸聖人破吾我相滅一異

相故但觀從因緣相續生諸欲心慈念衆生時從和合因緣相續生但空五衆即是衆生念是五衆以慈念衆生不知是法空而常一心欲得樂聖人愍之令隨意得樂爲世俗法故名爲法緣三無緣者是慈但諸佛有何以故諸佛心不住有爲無爲性中不依止過去世未來現在世知諸緣不實顛倒虛誑故心無所緣佛以衆生不知諸法實相往來五道心著諸法分别取捨以是諸法實相智慧令衆生得之是名無緣

迦樓那 此云悲淨覺記云悲曰愍傷觀音玄義云以觀性德惡毒惻愴憐愍起大

悲心欲拔其苦悲亦三種名同三慈觀音玄義云菩薩本懷欲大慈與樂既不得樂次大悲拔苦故初慈後悲若從用次第者初以大悲拔苦方以大慈與樂又就行者先脫苦後蒙樂故先悲後慈

阿檀 或阿捺摩此云無我說文云我施身自謂也華嚴云凡夫無智執著於我智論明二種一者邪我二者慢我言邪我者如輔行云未得禪來縱起宿習所有煩惱及因現陰起於我見仍屬鈍使初果所斷此推理見及發得見皆名邪我二慢我者如止觀云如諸蠕動實不推理而

卑蟣張鬚怒目自大底下凡劣何嘗執見行住坐卧
恒起我心此是慢我大寶積經佛言迦葉辟如咽塞
病即能斷命如是迦葉一切見中唯有我見即時能
斷於智慧命地持經云世間受生皆由著我若離著
我則無世間受生身處無著論云取自體相續爲我
想我所取爲衆生想謂我乃至壽住爲命想展轉趣
於餘趣爲人想大論云我者於陰界入計我我所若
即若離人者謂於陰界入中謂我是行人衆生者於
陰界入和合之中計有我生壽者於陰界入中計一
期報若長若短輔行云我以計内人以計外衆生以

續前爲義壽者以趣後爲能凡夫旣執我倒佛爲二乗說無我法故智論另名字我如大乗入楞伽云自心所現身器世間皆是藏心之所顯現剎那相續變壞不停如河流如種子如燈焰如迅風如浮雲躁動不安如猿猴樂不淨處如飛蠅不知猒足如猛火無始虛僞習氣爲因諸有趣中流轉不息如汲井輪種種色身威儀進止辟如死屍呪力故行亦如木人因機運動若能於此善知其相是名人無我智大論云但於五衆取相故計有人相而生我心以我心故生我所我所心生故有利益我者生貪欲違逆我者而

生瞋恚此結使不從智生從狂惑生是名爲癡三毒爲一切煩惱之根本悉由吾我故作福德爲我後當得亦修助道法我當得解脱初取相故名爲想衆因吾我起結使及諸善行是名行衆是二衆則是法念處於想行衆法中求我不可得何以故是諸法皆從因緣生悉是作法而不牢固無實我法行如芭蕉葉葉求之中無有堅想如遠見野馬無水有水想但誑惑於眼我本空寂二乘既執四枯故佛於無我中而示眞我故涅槃經明八自在一能示一身多身數如微塵二以塵身滿大千界三以大身輕舉遠到四現

無量類常居一國五者諸根互用六得一切法如無法想七說一偈經無量劫八身如虛空存沒隨宜不窮

阿蘭那 肇翻無諍又云寂靜坐禪三昧經云無諍者將護衆生不令起諍也什注淨名無諍有二一以三昧力將護衆生令不起諍心二隨順法性無違無諍

䭾那演那 此云靜慮婆沙論此定定慧平等餘定缺少不名靜慮靜即定也慮即慧也

末陀摩 本經注云末者莫義陀摩者中義莫著中道也

毗怛迦 此云尋

毗遮羅

此云伺藏疏云尋謂尋求伺謂伺察心之麁性名之爲尋心之細性名之爲伺論云入三摩地有三種一有尋伺謂初禪及未至定也二無尋唯伺謂中間禪也大梵六天即中間定力所感三無尋無伺謂二禪近分乃至非非想天尋伺亦名覺觀智論問有覺有觀爲一法爲是二法耶荅二法麁心初念是名爲覺細心分別是名爲觀譬如撞鍾初聲大時名爲覺後聲細微名爲觀問曰如何毗曇説欲界乃至初禪一心中覺觀相應今云何言麁心初念名爲覺細心分别名爲觀荅曰二法雖在一心二相不俱覺時觀不

明了觀時覺不明了辟如日出衆星不現一切心心數法隨時受名亦復如是

三跋羅

此翻護即是無表思第六識相應善思也又名無表色有止惡防非功能故云護故金剛鈔明戒體克出體性即無表思一法也

三跋致

晉言發趣或云至奏奏爲也進也

達嚫

尊婆須蜜論作檀嚫此云財施解言報施之法名曰達嚫導引福地亦名達嚫字或從手西域記正云達嚫拏者右也或云馱器尼以用右手受人所施爲其生福故肇云夫以方會人不可以一息期以財濟物

不可以一時周是以會通無隅者弥
綸而不漏法澤冥被者不易而普覆

周羅 立世毗曇

云閻浮人衣服莊嚴不同或有頂留一髻餘髻皆除
名周羅髻應法師云此譯為小謂小髻也弘明集云
削髮毀容事存高素辭親華愛意趣聖方袪嗜欲於
始心忘形骸於終果何眷戀於三界豈留連於六道
哉薩婆多云剃髮剪爪是佛所制律云半月一剃此
是恒式涅槃云惡比丘相頭鬚爪髮悉皆長利是破
戒之相
式觀應世廣說萬行之網目緬想契理唯唱四句之

綱要故十二年略教戒曰諸惡莫作衆善奉行自淨其意是諸佛教妙玄釋曰諸惡即七支過罪輕重非違如是等惡戒所防止戒分性遮亦名主客又号新舊諸善乃善三業若散若靜前後方便支林功德悉是清升故稱爲善自淨其意者破諸邪倒了知世間出世因果正助法門能除心垢淨諸瑕穢豈過於慧佛法曠海此三攝盡但由觀機樂欲爲善不同應物隨宜示行有異或辨根性則分信法之殊或陳行相則列别圓之異且根性信法者薩婆多云因聞入者是爲信行因思入者是爲法行曇無德云位在方便自見法少憑聞力

多後時要須聞法得悟名爲信行憑聞力少自見法多後時要須思惟得悟名爲法行天台遠討根源久劫聽學久劫坐禪得爲信法種子其次行相別圓者妙玄引涅槃明五行一聖行謂戒定慧爲自行因二梵行謂慈悲喜捨爲因中化他此二是地前修因行也垂裕記問諸文或云聖梵是因今何以梵行在果答聖梵二行並通因果對於天行以二爲因今云在果何所疑也三天行謂初地已上證第一義天天然之理由理成行故名天行垂裕記問天既是證何名爲行答從天起行故名天行故天行位在於地住四

嬰兒行謂示同三乘七方便所修之行也五病行謂示同九道之身現爲三障之相此二皆是從果起應之行淨名疏云嬰兒行從大慈善根而起病行從大悲善根而起四教義云同生善邊名嬰兒行同煩惱邊名爲病行然此五行若會三諦聖行是眞諦梵行嬰兒病行是俗諦天行是中諦又依法華釋圓五行經云如來莊嚴而自莊嚴即圓聖行如來室即圓梵行如來座即圓天行如來衣有二種柔和即圓嬰兒行忍辱即圓病行大經云復有一行是如來行所謂大乘大般涅槃此示行法之綱要也

君山延慶庵沙門曇定囘施鏹錢陸貫文足開版資
悼 故李十一承事往生淨土
吳江法喜院比丘如浩囘施伍貫文足開版資悼
先師祖機首座往生淨土
雲川潯溪楊世隆施錢伍貫文足開版洗滌罪愆
莊嚴淨土
姑蘇崑山顔天成施錢伍貫文足開版洗滌罪愆
莊嚴淨土
平江開元寺比丘蘊蒙囘施伍貫文足開版莊嚴
安養

蘇州全書

《蘇州全書》編纂出版委員會 編

·翻譯名義集

甲編

古吳軒出版社
蘇州大學出版社

翻譯名義集五

姑蘇景德寺普潤大師　法雲　編

三德秘藏篇第四十九　法寶衆名篇第五十
四十二字篇第五十一
名句文法篇第五十二
增數譬喻篇第五十三
半滿書籍篇第五十四

三德秘藏篇第四十九

光明玄云法身般若解脫是爲三常樂我淨是爲德無二生死爲常不受二邊爲樂是八自在爲我三業

清淨爲淨章安疏云法身之身非色非無色非色故不可以形相見非無色故不可以心想知雖非色而色充滿十方雖非非色亦可尋求即法身德般若德者非知非字亦非不知非不字云解脱德者非縛非脱非縛而縛非脱而脱云哀歎品曰云何名爲秘密之藏猶如伊字三點若並則不成伊縱亦不成如摩醯首羅面上三目乃得成伊三點若別亦不成伊我亦如是解脱之法亦非涅槃如來之身亦非涅槃摩訶般若亦非涅槃三法各異亦非涅槃我今安住如是三法爲衆生故名入涅槃章安釋云若約昔教隱故名秘覆

故名藏謂無常等覆於常等令常等隱名秘密藏令
經開敞如月處空清淨顯露不如昔教但以正法微
妙不可思議絕名離相衆生不解名爲秘密法界包
含攝一切法用不可盡名之爲藏令釋秘密藏文爲
三一辟三點二辟三目三合以三德此之三文一往
而言是從事入理三點是文字此約言教見字體篇三目是
天眼此約修行見辟喻篇三德是佛師此即約理又是佛印
印於教行凡有言說與此相應即秘密教修習相應
是秘密行證得相應是秘密理從我今安住下是第
四結秘密藏安住三法是結三德入大涅槃結秘密

藏占察經云復次彼心名如來藏所謂具足無量無邊不可思議無漏清淨之業以諸佛法身從無始本際來無障無礙自在不滅勝鬘經明二如來藏一空如來藏謂若離若脱若異一切煩惱藏二不空如來藏謂具過河沙不離不脱不思議佛法南岳止觀云一空如來藏以此心體平等妙絶染淨之相非直心體自性平等所起染淨等法亦復自性非有二不空如來藏所謂具有染淨二法以明不空淨法中復有二種一具足無漏性功德法二具足出障淨法染法亦二種一具足染性二具足染事淨覺說題云應知

二種約在纏出纏二義分之故彼經云若於無量煩惱藏所纏如來藏不疑惑者於出無量煩惱藏法身亦無疑惑也居式圓覺疏云空如來藏即無住本不空如來藏即所立法此二釋違南岳止觀又起信云一者如實空以能究竟顯實故賢首釋云此以如實之中空無妄染非謂如實自空此則如實之空以妄空故遂能顯示真理故云顯實二者如實不空以有自體具足無漏性功德故賢首釋云此有二義一異妄無體故二異恒沙有流煩惱故故佛性論偈云由客塵空故與法界相離無上法不空與法界相隨圭

山略疏三義釋藏一隱覆名藏二含攝名藏三出生名藏又略鈔明五種一如來藏在纏含果法故二自性清淨藏在纏不染故此二就凡位說三法身藏果位爲功德所依故四出世間上上藏出纏超過二乘菩薩故此二就聖位說五法界藏謂通因果外持一切染淨有爲故名法界內含一切恒沙性德故名爲藏僧道注金剛三昧云如來藏者住自性眞如也諸佛智地名如來藏能攝一切有情在如來智內故名爲藏有情惑染煩惱無明所覆名有情境若無明惑染境空諸識不起境如故名如來智智如故即如來

藏長水釋楞嚴云如來藏四義喻海一水絕百非如海甚深二包含萬有如海廣大三無德不備如海珍寶四無法不現如海現影又尼犍經云王名嚴熾有大薩遮來入其國王出遠迎乃爲王說大王當知依煩惱身觀如來身何以故此身即是如來藏故一切煩惱諸垢藏中佛性滿足如石中金木中火地中水乳中酪麻中油子中禾藏中金模中像孕中胎雲中日是故我言煩惱之中有如來藏涅槃論云身外有佛亦不寄身內有佛亦不寄非有非無亦不寄衆生是佛故微密涅槃云如人七寶不出外用名之爲藏

其人所以藏積此寶爲未來故所謂穀貴賊來侵國值遇惡王爲用贖命（準四念處乃是贖於藏通之命別圓自有常住之命故非所論）財難得時乃當出用諸佛秘藏亦復如是爲未來世諸惡比丘畜不淨物爲四衆說如來畢竟入於涅槃讀誦外典不敎佛經如是等惡出現世時爲滅諸惡爲說是經是經若滅佛法則滅（神智云文有單複所言複者謂乘及戒若言不許畜入不淨此是戒門事門若說如來畢竟涅槃及遮外典此是乘門理門由無乘戒失常住命若單說者唯約戒門扶律贖命）欲令學者通達異名識自秘藏故詳敘焉

摩訶般涅槃那　此云大滅度大即法身滅即解脫度即般若大經云涅言

不生槃言不滅不生不滅名大涅槃楞伽云我所説
者妄想識滅名爲涅槃肇師涅槃論曰秦言無爲亦
名滅度無爲者取其虛無寂寞妙絶於有爲滅度者
言其大患永滅超度四流斯蓋鏡像之所歸絶稱謂
之幽宅也法華金剛皆云滅度奘三藏翻爲圓寂賢
首云德無不備稱圓障無不盡稱寂圭山正名寂滅
準肇公云泥洹盡諦者豈直結盡而已則生死永寂
滅故謂之盡矣或翻安樂凡聖大小皆有涅槃或名
彼岸肇師云彼岸涅槃岸也彼涅槃岸豈崖岸之有
以我異於彼故借我謂之耳智論云槃名爲趣涅名

爲出永出諸趣故名涅槃或名泥曰如嚴佛調云佛旣泥曰微言永絶新云梵本正名波利昵縛喃此云滅度二教論云涅槃者常恒清凉無復生死心不可以智知形不可以像測莫知其所以名强謂之寂其爲至也亦以極哉縱其雙林息照而靈智常存體示闍維而法身恒在然涅槃法若辨其義應分有餘無餘之殊當揀少分究竟之異言有餘無餘者光明玄云若三界煩惱盡證有餘涅槃焚身灰智入無餘涅槃言少分者勝鬘經云知有餘苦斷有餘集證有餘滅修有餘道是名得少分涅槃得少分涅槃者名向

涅槃界究竟涅槃者大法鼓經云乃至得一切種功
德一切種智大乘涅槃然後究竟法華云不令有人
獨得滅度皆以如來滅度而滅度之初發大心當期
究竟故輔行云菩薩初心常觀涅槃自行初修也亦
令衆生常觀涅槃化他初修也安置諸子秘密藏中
化他後入也我亦不久自住其中自行後入也故知
自他初心無不皆修自他後心無不皆入若欲修入
當依四法故涅槃云有四法爲涅槃近因一近善知
識二聽聞正法三思惟其義四如說修行若言勤修
苦行是涅槃近因緣者無有是處一近善知識者止

觀釋曰大品云佛菩薩羅漢是善知識六波羅蜜三十七品是善知識法性實際是善知識佛菩薩等咸光覆育即外護也六度道品入道之門即同行也法性實際諸佛所師即教授也二聽聞正法等三句即三慧也華嚴云我或爲衆生說聞慧法或爲衆生說思慧法或爲衆生說修慧法故楞嚴云從聞思修入三摩地眞諦云散心名覆器無聞慧故忘心名漏器雖得而失無思慧故倒心名穢器非而謂是無修慧故淨名跡云聞若不聽無受潤因聽而不思無深旨趣思而不修終無證理三慧若備入道不疑荆溪釋

云念前聞思所依之境當如聞思而修行之應知三慧有横有竪横則名字已上位位有之竪則名字爲聞觀行爲思相似爲修三慧具足能得相似分眞之定名入秘藏

法寶衆名篇第五十

光明玄云至理可尊名曰法寶論曰般若是一法佛說種種名爲諸衆生類隨緣立異字如金體一似器用殊鐶釧順人之好别鉼盆隨時之應殊雖千化以暫分而一性以不變故曰泥洹眞法寶衆生從種種門入也

達磨

此翻爲法唐明濬云契之於心然後以之爲法在心爲法形言爲教法有自相共相教乃遮詮表詮天台明法廣有八種一教二理三智四斷五行六位七因八果略言三義謂教行理如闡義云以約修行始終三義收盡謂依教修行行成契理若以位分約教屬名字位人稟教生解故約行屬觀行相似依解修行故約理在初住分證本理故然於約行復須從容若論造修猶居名字的取行成方名觀行凡當辨位須知此旨若約能詮所詮但明教理二教論曰教者何也詮理之謂也理者何也教之

所詮教若果異理豈得同理若必同教寧得異筌不期魚蹄不爲兎將謂名乎妙樂云教有二種詮理之教無二表行之敎自分詮理之教者平等真法界佛不度衆生表行之教者秪由忘智親疎致使迷成厚薄青龍䟽云有教行證名爲正法有教有行無證名像法像者似也但有於教而無行證名爲末法行事鈔云顯理之教大分爲二一謂化教此則通於道俗二謂行教（亦名制教）唯局於内衆大乘入楞伽云教由理故成理由教故顯當依此教理勿更餘分别

達磨馱都 此云法界妙樂云所

詮無外故名法界賢首云依生聖法故云法界清涼
云法界者一切衆生身心之本體也起信云心眞如
者即是一法界大總相法門體所謂心性不生不滅
一切諸法唯依妄念而有差別淨名云從無住本立
一切法天台釋云若迷無住則三界六道紛然而有
則立世間一切諸法若解無住即是無始無明反本
還源發眞成聖故有四種出世聖法普門玄云世者
爲三一五陰二衆生三國土云云世是隔別即十法界
之世亦是十種五陰乃至依報隔別不同也間是間
差三十種世間差別不相謬亂故名爲間各各有因

各各有果故名爲法各各有界畔分齊故名爲界今就一法界各有十法所謂如是性相等十界即有百法十界互相有則有千法如是等法皆因緣生法六道是惑因緣生法四聖是解因緣法云是諸因緣法即是三諦因緣所生法我說即是空亦名爲假名亦名中道義清凉新經疏云統唯一眞法界謂惣該萬有即是一心然心融萬有便成四種法界一事法界界是分義一一差別有分齊故二理法界界是性義無盡事法同一性故三理事無閡法界具性分義性分無閡故四事事無閡法界一切分齊事法一一如

性融通重重無盡故

阿耨多羅三藐三菩提

肇論曰秦言無上正徧知道莫之大無上也其道眞正無法不知正徧知也苑師云阿此云無耨多羅翻上三藐翻正也三徧也等也菩提覺也孤山跡云極果超因故云無上正則正觀中道等則雙照二邊蓋果上三智也發軫云無上是理正等覺是智正謂正中即一切種智寂滅相也等謂平等即行類相皃如實知也裴相國云是諸佛所證最上妙道是衆生所迷根本妙源故凡夫流浪六道由不發此菩提心故令得人身

起慶幸意當須秉心對佛像前燒香散華三業供養
立四弘誓發成佛心故華嚴云菩提心者名爲種子
能生一切諸佛法故發此心者須識其體體有二種一
曰當體二曰所依體其當體者所謂悲心智心願心
此三種心乃是當體所依體者自性清淨圓明妙心
爲所依體性自具足号如來藏惑不能染智無所淨
虛寂澄湛眞覺靈明能生萬法号一大事但由群生
久迷此性唯認攀緣六塵影像作起作滅虛妄之念
以爲自心一迷爲心決定惑爲色身之內不知色身
外洎山河虛空大地咸是妙明眞心中物此之心體

如肇師云微妙無相不可爲有用之弥勤不可爲無度一切諸佛境界經文殊言菩提者無形相無爲云何無形相不可以六識識故云何無爲無生住滅故裴相國云性含萬德體絶百非如淨月輪圓滿無缺惑雲所覆不自覺知妄惑既除眞心本淨性含萬德故在聖不爲得體絶百非故居凡不爲失然欲發此心者當運慈悲而爲宗要故華嚴海雲比丘告善財言發菩提心者所謂發大悲心普救一切衆生故發大慈心等祐一切世間故一切群彙本無生死妄風飄鼓汩沒苦海今發大願黑暗崖下誓作明燈生死

波中永爲船筏此起悲心拔衆生苦一切凡夫本性具足性淨功德今迷寶藏貧窮孤露今啓洪願誓與群萌無上佛果究竟之樂如一衆生未成佛終不於此取泥洹願舉修途之初步宜運成山之始簣崇德廣業不倦終之昔住大覺有王仁林垂訪問曰佛道若云易成經云佛道長遠久受勤苦乃可得成若云難成安云一稱南無佛皆已成佛道余即答曰了性則見本是佛依自圓修乃易昧性則欲求作佛依他別修乃難慕圓宗者起信樂心纔舉念時已作如來具子如回向際便成無上菩提

菩提

肇師云道之極者稱曰菩提秦無言以譯之後代諸師皆譯爲道以大論翻爲佛道故今問如周易曰立人之道曰仁與義此則儒宗仁義爲道莊子曰虛靜恬淡寂寞無爲

者天地之平而道德之至此則道家以虛無爲道今釋氏宗以何爲道荅曰般舟經云諸佛從心得解脫心者清淨名無垢五道鮮潔不受色有解此者大道成是知吾教以心爲道心乃自性清淨心也其躰湛寂其性靈照無名無相絕有絕無心不能思口不能議褒美稱爲第一義諦或者問曰如淨名云菩提者不可以身得不可以心得今安以心而爲道耶荅究乎菩提非身心者如肇師云無爲之道豈可以身心而得乎故度一切佛境界經云菩提者不可以身覺不可以心覺何以故身是無知如草木故心者虛誑

不眞實故是故菩提非身心也然淨名中却云諸佛解脫當於衆生心行中求者天台釋云今觀衆生心行入本性清淨智窮衆生心源者即顯諸佛解脫之果如勸求水不得離氷寒雖結水成氷暖則釋氷爲水故華嚴云若能善用其心則獲一切勝妙功德凡夫由昧心源故隨妄念能於妄念深照性空名解大道故華嚴云體解大道發無上心此心智發能爲佛毋号曰智度是故智度亦名大道故大論云智度大道佛善來如用此智修習萬行其所修法亦名大道故法華云爲滅諦故修行於道由道是心其性虛通

徧一切法無非是道如金色女問文殊云何謂爲道荅曰汝則爲道又喜根云婬欲即是道恚癡亦復然如此三事中無量諸佛道今問婬事穢汚佛道清淨安指穢事名爲淨道荅觀婬怒癡相同水月了染淨體性如虛空遇順無著逢違不瞋於惡境界得解脱門乃行非道通達佛道是名無礙人一道出生死若起凡見成地獄業如熱金圓取必燒手如是無爲名道人也

阿婆磨 大論翻云無等等佛名無等般若波羅蜜利益衆生令與佛相似故名無等等

目帝羅 此云解脫荆溪

淨名記云若正用功上可作古買切下作恥活切功成之日上應作戶賈切下應作徒活切智論云解脫知見者用是解脫知見知是二種解脫相有爲無爲解脫知諸解脫相所謂時解脫不時解脫慧解脫俱解脫壞解脫不壞解脫不可思議解脫無礙解脫等分別諸解脫相牢固是名解脫知見無滅云問曰解脫知見者但言知何以復言見荅言知言見事得牢固辟如繩二合爲一則牢堅復次若但說知則不攝一切慧如阿毗曇所説慧有三種有知非見有見非知有亦知亦見有知非見者盡智無生智五識相應

智有見非知者八忍世間正見五邪見有亦知亦見者餘殘諸慧若說知則不攝見若說見則不攝知是故說知見

阿惟顏 應法師引十地則具足經謂一生補處

阿鞞跋致 亦名阿惟越致此云不退轉不退有三義入空位不退入假行不退入中念不退妙樂云般若是位離二死故解脫是行諸行具故法身是念證實境故智論云無生忍法即是阿鞞跋致地

膩地 此云依法華疏云利物以慈悲入室為首涉有忍辱為基濟他以忘我為本能行三法大教宣

通即世間依止名爲法師垂裕記云皆言依者以内有道法可爲人天依止依者憑也於佛滅後憑此四人取解故也涅槃四依品云有四種人能護正法爲世所依初依示爲小乘内凡像故經云具煩惱性能知如來秘密之藏二依示爲須陁洹像三依示爲斯陁含阿那含像四依示爲阿羅漢像智者云涅槃四依義通別圓若作別義者如古師云地前名初依登地至三地名須陀洹五地名斯陀含是第二依七地名阿那含是第三依八地至十地名阿羅漢是第四依若作圓義者準望別教以住前爲初依十住爲三

依又始終判者五品六根爲初依十住爲二依行向爲三依十地等覺爲四依四果配位例别可見此人四依二行四依律明糞掃衣長乞食樹下坐腐爛藥此四種行上根利器所依止故三法四依涅槃云依法不依人依義不依語依智不依識依了義經不依不了義經

摩訶衍

大論云摩訶此含三義謂大多勝衍是乘也勝鬘云摩訶衍者出生一切聲聞緣覺世出世間善法世尊阿耨大池出四大河起信云摩訶衍者惣說有二種一者法二者義所言法者謂衆生心是心則攝一切世間出世間

法依於此心顯示摩訶衍義云云

陀羅尼

大論秦言能持集種種善法能持令不散不失辟如好器盛水水不漏散惡不善根心生能遮令不生若欲作惡罪時持令不作是名陀羅尼肇翻惣持謂持善不失持惡不生又翻遮持輔行云體遮三惑性持三智熏聞云遮二邊之惡持中道之善此從慧性立名闡義云然則陀羅尼既是梵語呪字即當華言經題華梵雙標故云陀羅尼呪若尒何故云陀羅尼翻遮持耶荅古人見秘密不翻例如此土禁呪等法便以呪名往翻然亦不失遮持之義何者呪既訓

願如菩薩四願二願拔苦即遮惡義三願與樂即持善義大論明三陀羅尼一聞持陀羅尼得此陀羅尼者一切語言諸法耳所聞者皆不忘失即是名持二分別知陀羅尼得是陀羅尼諸衆生諸法大小好醜分別悉知故分別陀羅尼即是義持三入音聲陀羅尼得此陀羅尼者聞一切語言音聲不喜不瞋一切衆生如恒沙等劫壽惡言罵詈心不憎恨一切衆生如恒沙等以讃歎供養其心不動不喜不著是爲入音聲陀羅尼即是行持也法華明三陀羅尼一旋陀羅尼二百千萬億旋陀羅尼三法音方便陀羅尼淨

名疏釋云旋者轉也轉假入空得證真諦百千萬億者即是從空入假旋轉分別破塵沙惑顯出恒沙佛法法音方便者即是二觀方便得入中道

薩怛多般怛羅 資中曰相傳云是白傘蓋喻如來藏性本無染徧覆有情也

蘇盧都訶 此云梵音決定毗婆尸佛說此一呪治一萬八千種病

胡蘇多 此云除一切鬱蒸熱惱式棄佛所說呪

蜜奢兜 此云金鼓隨葉佛所說呪四拘留秦佛說金剛幢呪五拘那含

牟尼佛說名聲振十方呪六迦葉佛說拯濟群生呪七釋迦世尊說金光照輝呪

阿牟伽皤賒此云不空罥索呾你也他或呾姪他此翻所謂娑婆訶或莎訶此翻善說又云散去

薩婆若多般舟名薩雲若大論云秦言一切智相因名般若果名薩婆若大品云薩婆若是聲聞辟支佛智道種智是菩薩摩訶薩智一切種智是諸佛智經曰欲以一切智斷煩惱習當習行般若波羅蜜論問一心中得一切

智一切種智斷煩惱習今云何言以一切智具足得一切種智以一切種智斷煩惱習荅實一切智一時得此中爲令人信般若波羅蜜故次第差别品說

尒焰 或名尒炎此云所知又云應知又云境界問如大論云是時過意地住在智業中華嚴安云普濟諸含識令過尒焰海荅由此能知之智照開所知之境是則名爲過尒焰海故楞伽經第一曰智尒焰得向此乃全由其境以成其智名智業中

多伽梢 或多伽羅此翻根智維摩云智度菩薩母淨名疏云智度即是實智實智有能

顯出法身之力故如母能生實智亦名如理智正觀眞諦如理而知則無顛倒攝論云順理清淨名如理智十八空論云如理智即無分別智亦名正智又名眞智又名根本智

漚和俱舍羅 此云方便維摩云方便以爲父肇師云方便即智之別用耳智以通幽窮微決定法相無知而無不知謂之智也雖達法相而能不證處有不失無在無不捨有冥空存德彼我兩濟故曰方便淨名疏云方便是權智權智外用能有成辦如父能營求長成所言權智亦名如量智徧觀俗諦如事

數量則攝一切十八空論云如量智即無分別後智亦名徧智又名俗智又名後得智佛性論云又此二智有二種相一者無著二者無礙言無著者見衆生界自性清淨是如理智相也言無礙者能通達觀無量無邊諸世界故是如量智相也又如理智爲因如量智爲果言爲因者能作生死及涅槃因言爲果者由此理故知於如來眞俗等法又如理智是清淨因如量智者是圓滿因清淨因者由如理智三惑滅盡圓滿因者由如量智三德圓滿又如理智即一心之體爲因如量智即一心之用爲果二教論云釋氏之

教理冨權實有餘不了稱之爲權無餘了義号之爲實由此權實二智而設權實二教也北山云眞道焉可以修身權道焉可以御化眞道不可以暫廢故混而不滓權道不可以久立故捨而合道也

四十二字篇第五十一

此錄字母法門通言門者以能通爲義妙玄明四種門一文字爲門如大品四十二字二觀行爲門釋論明修三三昧等三智慧爲門法華云其智慧門四理爲門大品云無生法無來無去言四十二字者補注頌曰阿囉波遮那邏陀　婆荼沙和多夜吒　迦娑

磨伽他闍皺　馱奢呿叉哆若柂　婆車摩火嗟伽他拏頗歌醝遮吒茶　大品云菩薩摩訶薩摩訶衍所謂字等語等諸字入門智論云四十二字是一切字根本因字有語因語有名因名有義若聞字因字乃至能了其義是字初阿後茶中有四十南岳譯字等者謂法慧說十住十方說十住者皆名法慧乃至金剛藏亦復如是言語等者十方諸佛說十住與法慧說等乃至十地亦復如是又一切字皆是無字能作一切字是名字等發言無二是名語等一切諸法皆互相在是名諸字入門等也前是事釋次是理

解華嚴善知衆藝童子告善財言我恒唱持此之字毋入般若波羅蜜門清凉䟽曰字毋爲衆藝之勝書說之本故此偏明之文殊五字經云受持此陀羅尼即入一切平等速得成就摩訶般若纔誦一遍如持一切八萬四千修多羅藏

阿上聲提秦言初阿耨波陀秦言不生大品云阿字門一切法初不生智論云得是字阿羅尼菩薩若一切語中聞阿字即時隨義所謂一切法從初來不生二教論曰萬化本於無生而生生者無生三才肇於無始而

始始者無始然則無生無始物之性也有化有生人之聚也中論云諸法不自生亦不從他生不共不無因是故說無生止觀云若心具者心起不用緣若緣具者緣具不關心若共具者未共各無共時安有若離具者既離心離緣那忽心具今問佛教因緣爲宗論遣共生應屬所破耶荅單眞不立獨妄難成因緣和合從顛倒說今觀實相豈可順迷故曰應照理體本無四性又復自行雖離四執化他無妨四說經說自生云三界無別法唯是一心作經說他生云善知識者是大因緣或云五欲令人墮惡道或說共生云

水銀和眞金能塗諸色像或說離云十二因緣非佛所作其性自尒華嚴云唱阿字時入般若波羅蜜門名以菩薩威力入無差別境界䟽云阿者入無生義無生之理統該萬法菩薩得此無生達諸法空斷一切障

羅闍　大論泰言垢大品云羅字門一切法離垢故華嚴唱多字門入無邊差別門䟽云彼經第二當囉字是清淨無染離塵垢義今云多者應是譯人之誤

波羅末陁　泰言第一義大品云波字門一切法第一義故楞伽云謂第一義聖樂言說所入是第一義非

言說是第一義第一義者聖智自覺所得非言說妄想覺境界是故言說妄想不顯示第一義言說者生滅動搖展轉因緣起若展轉因緣起者彼不顯示第一義又云如爲愚夫以指指物愚夫觀指不得實義如是愚夫隨言說指攝受計著至竟不捨終不能得離言說指第一實義大集經云甚深之理不可說第一義諦無聲字華嚴唱波字門名普照法界疏云諸法皆等即普照法界

遮梨夜

秦言行大品云遮字門一切法終不可得故論曰若聞遮字即知一切諸行皆非行今加釋曰行始名因

行終名果弘明集云纖芥之惡歷劫不亡毫釐之善積世長存福成則天堂自至罪積則地獄斯臻此乃必然之數無所容疑若造善於幽得報於顯世謂陰德人咸信矣造惡於顯得報於幽斯理灼然寧不信耶又云聖人陳福以勸善示禍以戒惡小人謂善無益而不爲謂惡無傷而不悔夫殃福蓋有其根不可無因而妄致善惡當收其報必非無應而徒已又云然則法王立法周統識心三界牢獄三科驗定一罪二福三道罪則三毒所結繫業屬於鬼王福則四弘所成我固屬於天主道則虛通無滯據行不無明昧

昧則乘分大小智涉信決明則特違理性高超空有又云福者何耶所謂感樂受以安形取歡娛以悅性也今論福者悲敬爲初悲則哀苦趣之艱辛思拔濟而出離敬則識佛法之難遇弘信仰而澄神緣境乃涉事情據理惟心爲本虛懷不繫其福必回於自他倒想未移作業有乖於事用今觀弘明所立三科其名雖美所釋三義其旨猶失以論十界淆混不分今謂十使十惡此屬乎罪名爲黑業報四惡趣五戒十善四禪四定此屬於福名曰白業報處人天三乘摩訶衍此屬乎道感報四聖此則凡聖界分因果事定

以此三科收行盡矣大論云或説三行身行口行意行身行者出入息所以者何息屬身故口行者覺觀所以者何先覺觀然後語言意行者受想所以者何受苦樂取相心發是名意行心數法有二種一者屬見二者屬愛屬愛主名爲受屬見主名爲想以是故説是二法爲意行華嚴唱者字門名普輪斷差別跡云者字諸法無有諸行既空徧催差別

那

秦言不大品云那字門諸法離名性相不得不失故論曰即知一切法不得不失不來不去華嚴唱那字門名得無依門名得無依無上跡云那者諸法無有

性相言説文字性相雙亡故無依能所詮泯謂無上

邏求 秦言輕大品邏字門諸法度世門故亦愛枝因滅故論曰若聞邏字即知一切法離輕重相華嚴唱邏字門名離依止無垢疏云邏字悟一切法離世間故

陀摩 秦言善大品陁字門諸法善心生故亦施相故論曰即知一切法善相華嚴唱柂（輕呼）字門名不退轉方便疏云悟一切法調伏寂靜眞如平等無分別故方爲不退轉方便南山云策勤三業修習戒行有善起護名之爲作作而無犯稱之曰持音義指歸云持者執也執持所

受之法猶若捧珠執玉也犯者干也謂干犯所受之法略無護惜如珠落玉墮也善者順也起信云以知法性體無慳貪故隨順修行檀波羅蜜以知法性無染離五欲過隨順修行尸波羅蜜乃至以知法性體明離無明故隨順修行般若波羅蜜以善是順義積善之家必有餘慶故太戊之時桑穀生朝一暮大如栱王懼伊陟曰臣聞妖不勝德帝德有闕太戊從而桑穀枯死殷道中興積不善之家必有餘殃故帝辛之時有雀生烏在城之隅太史占曰以小生大國家必昌帝辛驕暴不修善政殷國遂亡經云勿謂小罪

以爲無殃水滴雖微漸盈大器然或執自然之道專非報應之說蓋爲善而召禍此亦多矣爲惡以致福斯不少焉故佛名經云行善者觸事轗軻行惡者是事諧偶致使世間愚人謂之善惡不分如堯帝德化而值洪水湯王善政而遭乆亢閔損行孝以家貧顏回修仁而壽夭遂謂貴賤自因命致愚智盡由天賦妍醜本出自然貧富非是業感乃曰誰尖荊棘畫禽獸誰鑿江海與川源暴風卒起還自止萬物須知是自然不省聲和響順奚曉影直形端不了三種之報差殊焉悟乃劫之行有異故云行惡得樂爲惡未熟

至其惡熟自見受苦修善遇苦爲善未熟至其善熟自見受樂故大涅槃經明三種報一順現報明主孝慈訓世則祥雲布壽星現仁君恩德及物則醴泉涌嘉苗秀善旣有徵惡亦可驗樵客指熊而臂落酒客啖肉以皮穿二順生報今世雖行善惡之因次生方受苦樂之果鉼沙轉報於四天有相改生於六欲三順後報因造今身報終後世伽吒七反而享餘慶那律从劫以受遠福此三種報皆名定業又涅槃云未入我法名決定業若入我法則不決定大品云菩薩行般若故所有重罪現世輕受智論釋云又如王子

雖作重罪以輕罰除之以是王種中生故菩薩亦如是能行般若得實智慧故即入佛種中生雖有重罪云何重受青龍疏云不定有三謂時定報不定報定時不定時報俱不定此中所轉是第二句何者由報定故轉重令輕由時不定故墮惡道業人間現受其餘二句一切都滅是故釋氏指虛空世界悉我自心考善惡報應皆我自業則知三界循環斯皆妄識四生磐泊並是惑心故古德云皆本一心而貫諸法

婆陀

秦言縛大品婆字門諸法婆字門離故論曰即知一切法無縛無解華嚴唱婆

蒲我字門名金剛場疏云悟一切法離縛解故方入金剛場**茶闍他**秦言不熱大品茶字門諸法茶字淨故論曰即知諸法無熱相華嚴唱茶徒解字門名曰普輪疏云悟一切法離熱矯穢得清凉故是普摧義**沙**秦言六大品云沙字門諸法六自在王性清淨故論曰即知人身六種相華嚴唱沙史我字門名爲海藏疏云悟一切法無罣礙如海含像**和波陁**秦言語言大品和字門入諸法言語道斷論云知一切法離語言相故華嚴唱縛字門名普生安住疏云悟一切法言語道斷故

多他 秦言如大品多字門入諸法如相不動故論云諸法在如中不動故華嚴唱哆(都我)字時名圓滿光疏云悟一切法眞如不動故 **夜他跛** 秦言實大品夜字門入諸法如實不生故論云諸法入實相中不生不滅華嚴唱也(以可)字時名差別積聚疏云悟如實不生故則諸乘積聚皆不可得 **吒婆** 秦言障礙大品吒字門入諸法制伏不可得故論云知一切法無障礙相華嚴唱瑟吒字時名普光明息煩惱 **迦邏** 秦言作者大品迦字門入諸法作者不可得故論云

知諸法中無有作者華嚴唱迦字時名**娑婆**秦言無差別雲䟽云作業如雲皆無差別一切法苑云一以普及爲言切以盡際爲語大品娑字門入諸法時不可得故諸法時來轉故論云即知一切法一切種不可得一切有二種一者名字一切如云一切皆懼死無不畏刀杖無色無身不畏刀杖此名字一切也二者實一切大品云一切者所謂內外法是二乘能知不能用一切道起一切種華嚴唱娑蘇我字時名降霆大雨䟽云即平等性**磨磨迦羅**秦言我所大品磨字門入

諸法我所不可得故論曰若聞磨字即知一切法離我所故肇曰我爲萬物主萬物爲我所又生公曰有我之情自外諸法皆以爲我之所有淨名疏云內心法想爲我計十法界爲所華嚴唱磨字時名大流湍激衆峰齊峙疏云即我所執性我慢高舉若衆峰齊峙我慢則生死長流湍馳奔激

伽陀 秦言底大品伽字門入諸法去者不可得故論曰即知一切法底不可得故華嚴唱伽上聲輕呼字時名普安立疏云即一切法行取性

多他阿伽陀 秦言如去大品他字門入諸法處不

可得故論曰即知四句如去不可得華嚴唱他可他字時名眞如平等藏䟽云即是扗處所性**闍**音社**提闍羅**秦言生大品闍字門入諸法生不可得故論曰即知諸法生老不可得闍華嚴唱社字時名入世間海清淨䟽云即能所生起**簸**大品簸字門入諸法簸字不可得故論曰若聞濕波字即知一切法如濕波字不可得濕波字無義故不釋華嚴唱鎖字時名念一切佛莊嚴䟽云即安隱性**馱摩**秦言法性大品馱字門入諸法性不可得故論曰即知一切法中法性不可

得唯識論明三性一徧計所執性六七二識徧於染淨一切法上計實我法名徧計所執如繩上蛇頌曰由彼彼徧計徧計種種物此徧計所執自性無所有二依他起自性染淨諸法依他衆緣而得生起故云依他如麻上繩頌云依他起自性分别緣所生諸心心所依他起故亦如幻事非眞實有爲遣執心心所外實有境故説唯有識若執唯識眞實有者亦是法執三圓成實性唯一眞空圓滿成實唯麻獨存唯識頌云圓成實於彼常遠離前性證眞云言於彼者即於彼依他法上遠離徧計所執便名圓成實性古師

惣釋云圓成是眞徧計是妄依他淨分同眞染分同妄頌曰白日見繩繩是麻夜間見繩繩是蛇麻上生繩猶是妄那堪繩上更生蛇性宗釋圓成云本覺眞心始覺顯現圓滿成實眞實常住三法皆具空有初則情有理無次則相有性無三則情無理有相無性有南岳云心體平等名眞實性心體爲染淨所熏依隨染淨二法名依他性所現虛相果報名分別性唯識云即依此三性說彼三無性初則相無性次無自然性後由遠離前所執法我性故佛密意說一切法無性又云若時於所緣智都無所得能所一如無有二相尒時住唯

識離二取相故華嚴唱馱字時名觀察揀擇一切法聚跡云即能持界性

賖多　都餓切秦言寂滅大品賖字門入諸法定不可得故論曰即知諸法寂滅相妙樂云此唱寂滅是滅生之滅非即生之滅即生之滅是不滅故如淨名云法本不然今則無滅是寂滅義華嚴唱奢尸訶字時名隨順一切佛教輪光明跡云即寂靜性

呿去　秦言虛空大品呿字門入諸法虛空不可得故華嚴唱佉字時名修因地智慧藏跡云即如虛空性

叉耶　秦言盡大品叉字門入諸法盡不可得華嚴唱叉字

時名息諸業海迦哆度求那秦言是事邊
藏疏云即盡性得何利大品
哆字門入諸法有不可得故論曰即知諸法邊得何
利華嚴唱娑蘇紇多上聲字時名蠲諸惑障開淨光明疏
云即任持處非若那或闍那秦言智大品若字
處令不動性門入諸法智不可得故論
云即知一切法中無智相華嚴唱壤字時名作世間
智慧門疏云即能所知性佛地經明四智一大圓鏡
智者如依圓鏡衆像影現如是依止如來智鏡諸處
境識衆像影現地論云大圓鏡智離一切我我所執乃至能現能生一切境界又云此智是如來第

八淨識資中云離倒圓成周鑒萬有名大圓鏡智二平等性智者證得一切領受緣起平等法性圓滿成故三妙觀察智者住持一切陀羅尼門三摩地門無礙辯才說諸妙法故四成所作智者勤身化業示現種種摧伏諸佞引諸衆生令入聖教成解脫故然涅槃云依智不依識在聖名成所作智在凡名五識在聖名妙觀察智在凡名六識在聖名平等性智在凡名七識在聖名大圓鏡智在凡名八識雖聖凡體一而迷悟名異故令依智不依識傳燈智通禪師不會三身四智遂謁六祖求解其義祖曰三身者清淨法身汝之性也圓滿報身汝之智也千百億化身汝之行也若離本性別說三身即名有身無智若悟三身無有自性即名四智菩提聽吾偈曰自性具三身發明成四智不離見聞緣超然登佛地吾今為汝說諦信永無迷莫學馳求者終日說菩提通曰四智之義可得聞乎祖曰既會三身便明四智何更問耶若離三身別談四智此名有智無身也即此有智還成無智復說偈曰大圓鏡智性清淨平等性智心

無病妙觀察智見非功成所作智同圓鏡五八六七果因轉但用名言無實性若於轉處不留性繁興永處那伽定六七因中轉五八果上轉釋籤云菴摩羅是第九本理無染以對眞性阿梨耶是第八無没無明無明之性即是智性故對般若末那識即是第七執持藏識所持諸法即此執持名爲資成以助藏識持諸法故第六但能分別諸法故與第七同爲資成是故今文不論第六若準唯識論轉於八識以成四智又束四智以成三身者則轉第八爲大圓鏡智轉第七爲平等性智轉第六爲妙觀察智轉五識爲成所作智大圓鏡智成法身平等性智成報身成所作智成化身妙觀察智徧於三身此中不取第九乃是教道一途屬對不與今同何者彼居果位三身仍別此在因位三身互融即此三身秖是三德三德據內三身約外今從初心常觀三德故與彼義不可偏同寶藏論云智有三種一曰眞智謂躰解無物本來寂靜通達無涯淨穢不二二曰內智謂自覺無明割斷煩惱心意寂靜滅無有餘三曰外智謂分別根門識了塵境博鑒古今皆通俗事又大品明三智見薩婆若

阿施秦言義大品施字經本作施字門入諸法施字不可得故論曰若聞

他字即知一切法義不可得華嚴唱曷攞多（上聲）字名生死境界智慧輪疏云（即執著義性執著爲生死境義即智慧輪）

娑伽　秦言破大品娑字入諸法破壞不可得故論曰知一切法不可得破相華嚴唱婆（蒲餓）字時名一切智宮殿圓滿莊嚴疏云即可破壞性圓滿之言不空譯爲道場

伽車提　秦言去大品車字門入諸法欲不可得故如影五衆亦不可得故論曰即知一切法無所去華嚴車（上聲）字時名修行方便藏各別圓滿疏云即欲樂覆性

阿濕麼　秦言石大品魔

字門入諸法魔字不可得故論曰即知諸法牢堅如金剛石華嚴唱娑（蘇紇）麽字時名隨十方現見諸佛蹤云即可憶念性

火夜 秦言喚來大品火字門入諸法喚不可得故論曰即知一切法無音聲相華嚴唱訶（上聲）婆（上聲）字時名觀察一切無緣衆生方便攝受令出生無礙力蹤云即可呼召性無緣召令有緣故

末嗟羅 秦言慳大品嗟字門入諸法嗟字不可得故論曰嗟字即知一切法無慳無施相華嚴唱縒（七可）字時名修行趣入一切功德海蹤云即勇健性

伽那 秦言

厚大品伽字門入諸法厚不可得故論曰即知諸法不厚不薄華嚴唱伽(上聲)字時名持一切法雲堅固海藏疏云即厚平等性

他(土茶)**那** 秦言處大品他字門入諸法處不可得故論曰即知諸法無住處華嚴唱吒字時名隨願普見十方諸佛疏云即積集性

拏 秦言不大品拏字門入諸法不來不去不立不坐不卧論曰衆生空法空華嚴唱拏(奴可)字時名觀察字輪有無盡諸億字疏云即離諸喧諍無往無來行住坐卧謂以常觀字輪故

頗羅 秦言果大品頗字門入諸法徧不可得故

論曰即知一切法因果空故華嚴唱娑（蘇紇）頗字名化衆生究竟處跡云即徧滿果報

歌大

秦言衆大品歌字門入諸法聚不可得論曰即知一切五衆不可得華嚴唱娑（同前）迦字名廣大藏無礙辯光明輪徧照跡云即積聚蘊性

醝

倉我切大品醝字門入諸法醝字不可得故論曰即知醝字空諸法亦尒華嚴唱也（陝舺）娑（蘇舺）字名宣說一切佛法境界跡云即衰老性相

遮羅地

秦言動大品遮字門入諸法行不可得故論曰即知一切法不動相華嚴唱室者字時名於一切衆生界

法雷徧吼疏云即聚集足跡謂**多羅**秦言岸大
聚集一切衆生法雷即是足跡　品咜字門
入諸法驅不可得故論曰若聞多字即知一切法此
彼岸不可得華嚴唱侘加耻字時名以無我法開曉衆
生疏云即相驅迫性謂**彼茶**秦言必大品茶字
無我曉之即爲驅迫　門入諸法邊竟處
不終不生過茶無字可說論曰即知一切法必不可
得華嚴唱陁字時名一切法輪差別藏疏云此究竟
舍藏一切法輪新譯乃是茶字大品云一字皆入四
十二字四十二字亦入一字南岳大師用表四十二

位初阿字門表初住後茶字門表妙覺故曰過茶無可說字爲世執謂之法衆聖所由謂之門

名句文法篇第五十二

瑜珈云佛菩薩等是能說者語是能說相名句文身是所說相成唯識論云名詮自性句詮差別文即是字爲二所依此非色心屬不相應行名曰三假婆沙問云如是佛教以何爲體荅一云語業爲體謂佛語言唱詞評論語音語論語業語表是爲佛教此語業師也二云名等爲體名身句身文身次第行列安布聯合爲名句文云何但以聲爲教體此名句師也語

業師難曰名句文但顯佛教作用非是自體名句師難曰聲是色法如何得爲教體要由有名乃說爲教是故佛教體即是名名能詮義故名爲體二師異見氷執不通正理論中雙存兩義故正理鈔云案上二說各有所歸諸論皆有兩家未聞決判西方傳說具乃無虧何者若以教攝機非聲無以可聽若以詮求旨非名無以表彰故俱舍云牟尼說法蘊數有八十千彼體語或名是色行蘊攝體即教體語即語業名謂名句言是色行蘊者由聲屬乎不可見有對色在色蘊收名句屬不相應行在行蘊攝體旣通於色行

則顯能詮之教聲名句文四法和合方能詮理又復
須知佛世滅後二體不同若約佛世八音四辯梵音
聲相此是一實名句文身乃是聲上屈曲建立此三
是假若約滅後衆聖結集西域貝葉東夏竹帛書寫
聖教其中所載名句文身咸屬色法此則從正别分
若乃就旁通説佛世雖正屬聲旁亦通色如迦旃延
撰集衆經要義呈佛印可斯乃通色滅後正雖用色
旁亦通聲以假四依説方可解作此區别教體明矣
瑜伽論云諸契經體略有二種一文二義文是所依
義是能依十住品云文隨於義義隨於文文義相隨

理無殊謬方爲眞教此叙體竟

便善那 此云文身者爲名句依而顯所表顯有四義一扇二相好三根形四鹽如次能顯顯風凉大人男女味故故名爲顯即喻此文身能顯於理若依古譯翻文爲味但是所顯非能顯也大乘入楞伽云文身者謂由於此能成名句楞伽云形身者謂顯示名句是名形身又形身者謂長短高下注曰形身即字也入楞伽云字身者謂聲長短音韻高下名爲字身今問文與於字爲異爲同荅若未改轉斯但名字若已改轉文即是字

是則依類像形爲字形聲相稱曰文
那摩 此云名楞伽云名身者謂依事立名是名名身
波陀 秦言句句謂句逗逗止也住也大論云天竺語法衆字和合成語衆語和合成句如菩爲一字提爲一字是二不合則無語若和合名爲菩提大乘入楞伽云句身者謂能顯義決定究竟成唯識論云句詮差別如名爲眼即詮自性若言佛眼天眼乃顯句詮差別也
阿耨窣覩婆 或輸盧迦波天竺但數字滿三十二即爲一偈号阿耨窣覩婆偈
蘊馱

南此云集施頌謂以少言攝集多義施他誦持**跋渠**法華文句云中阿含翻品品者義類同者聚在一段故名品也或佛自唱品如梵網或結集所置如大論大品一部結集之家本唯三品或譯人添足如羅什師以類加之成九十品

彌底此云正量相宗明三種量一現量唯約佛果起後得智見實相理有二一定位定心澄湛境皆明證故名現量現者明也二散心現量如五識緣色等時親明而取局附境體分明顯現現者親也二比量通約凡夫至等覺比量生解如遠見煙比知有火雖不見火言非虛故

三證言量諸佛經教以爲證准因明論云能立與能破及似唯悟他現量與比量及似唯自悟明義有八一能立三支辟喻宗因由此辟況喻曉宗因宗者所宗所主之義因者所以義建立義世親已前宗等皆爲能立陳那已後唯以一因二喻爲能立宗是所立二能破三似能立四似能破五現量六比量七似現量八似比量因明疏云刊定法體要須二量現量則得境親明比量亦度義無謬度共相境無邪謬矣宗鏡云教無智而不圓木匪繩而靡直比之可以生誠信量之可以定真詮杜狂愚之妄說故得正法之輪

永轉唯識之旨廣行則事有顯理之功言有定邪之力

都羅此云喜釋論云五塵中生樂名樂法塵中生樂名喜先求樂願令衆生得從樂因令衆生得喜又云麁樂名樂細樂名喜辟如初服藥時名樂藥發徧身時名喜智論明示教利喜示人好醜善不善應行不應行生死爲醜涅槃安隱爲好分別三乘分別六波羅蜜名示教者教言汝捨惡行善利者未得善法味故心則退没爲說法引導令出汝莫於因時不求果汝今雖勤苦果報出時大得利益令其心利故名利喜者隨其所行而讚歎之故名爲喜以此四事莊嚴

說法智論明三事具足故大歡喜一能說人清淨二所說法清淨三依法得果清淨論又問是諸羅漢已證實際無復憂喜小喜尚無况大歡喜荅羅漢離三界欲未得一切智慧故於諸甚深法中猶疑不了是般若中了了解說斷除其疑故大歡喜

摩訶羅 此云無知律中阿難攝衆無法迦葉訶言年少阿難言我今頭白何故名年少荅云汝不善察事同年少老年愚法豈不例之

梵壇 此云默擯梵壇令治惡性車匿五分云梵壇法者一切七衆不來往交言若心調伏爲說那陀

迦旃延經令離有無即入初果文見闡釋迦注

唱薩此言訛也正言娑度此云善哉

阿呼此云奇哉

闍維或耶旬正名荼毗此云焚燒西域記云涅疊槃那舊闍維訛也通慧音義云親問梵僧未聞闍維之名

陀呵云燒纂要云用照則暗不生用燒則物不生

僧柯慄多弭此云有為大品云一者有為法相謂十八空智乃至八聖道智十力四無所畏世間法出世間法等二者無為法相無生無滅無住無異無垢無淨

無增無減諸法自性大論釋曰有爲法相是作相先無今有已有還無故無上相違即無爲法相然此二法若約相即如般若云佛告善現不得離有爲說無爲不得離無爲說有爲宗鏡云或事理相即亦得此理是成事之理此事是顯理之事若約俱立如華嚴云於有爲界示無爲理不滅有爲之相宗鏡云或理事不即亦得以全理之事非理能依非所依不壞俗諦故於無爲界示有爲之法不壞無爲之性宗鏡云以全事之理非事所依非能依不隱眞諦故若約俱泯道智經云所謂一心本法非有爲故能作有爲非無爲故能作無爲

般遮于瑟或般遮跋利沙此云五年一大會般遮于

旬此云五神通人經云般遮于旬乃以其瑟歌頌佛德 四毗舍羅念佛三昧經云度脫五道四毗舍羅注云此或言施戒法此無慳義 没栗度此云耎物柔目耎 麗掣昌制 毗此云細滑 諄之閏 那此云碎末 四摩此云別住此處作法餘不相通 嗢瑟尼沙此云髻無上依經云欝尼沙頂骨涌起自然成髻故名肉髻 烏瑟膩沙此云佛頂 母陀羅

構李白結印手也

迦私 或迦尸此云光能發光故釋迦世尊圓光一尋阿弥陀佛光明無量智論云無量有二種一者實無量二有量之無量見第七卷

舍利 新云室利羅或設利羅此云骨身又云靈骨即所遺骨分通名舍利光明云此舍利者是戒定慧之所熏修甚難可得最上福田大論云碎骨是生身舍利經卷是法身舍利法苑明三種舍利一是骨其色白也二是髮舍利其色黑也三是肉舍利其色赤也菩薩羅漢皆有三種若佛舍利椎擊不破弟子舍利椎試即碎感通傳天人王

璠言是大吴蘭臺臣也會師初達建業孫主耶未許之令感希有之事爲立非常之法于時天地神祇咸加靈被於三七日遂感舍利吴主手執銅瓶傾銅盤内舍利所衝盤即破裂火燒椎試俱不能損遂興佛法又多聞長子名那吒嘗以佛牙贈宣律師 太祖皇帝疑非真牙以火鍜之了然不動遂成願文 太宗皇帝聖製頌曰功成積劫印文端不是南山得恐難眼覩數重金色潤手擎一片玉光寒鍊時百火精神透藏處千年瑩彩完定果熏修真祕密正心莫作等閑看 真宗皇帝聖製偈曰西方有聖号迦文接

物垂慈世所尊常願進修增妙果庶期饒益在黎元

仁宗皇帝御製贊曰三皇掩質皆歸土五帝潛形已化塵夫子域中誇是聖老君世上亦言真埋軀祇見空遺冢何處將身示後人惟有吾師金骨在曾經百鍊色長新　徽宗皇帝　崇寧三年重午日當迎請釋迦佛牙入內祈求舍利感應隔水晶匣出如雨點神力如斯嘉歎何已因以偈贊大士釋迦文虛空等一塵有求皆赴感無剎不分身玉瑩千輪在金剛百鍊新我今恭敬禮普願濟群輪

摩奴末那

此云意生身楞伽經明三種意

生身山家法華玄淨名疏輔行記伸明此義其名互出後學披卷罔曉厥旨由是不揆庸淺輒開二門初釋通號　次辯別名　原夫通號意生者意謂作意此顯同居之修因生謂受生此彰方便之感果故曰安樂作空意三昧作假意自性作中意又意者如意故魏譯入楞伽經云隨意速去如念即至無有障礙名如意身又意者意憶故唐譯大乘入楞伽經（文有七卷）佛告大慧意生身者譬如意去速疾無礙名意生身此即從譬號意生身彼經兩義釋此通名初云大慧譬如心意於無量百千由旬之外憶先所見種種

諸物念念相續疾詣於彼非是其身及山河石壁所
能爲礙意生身者亦復如是次云如幻三昧力神通
自在諸相莊嚴憶本成就衆生願故猶如意去生於
一切諸聖衆中輔行釋云初云憶處次云憶願二義
並是意憶生故名爲意生然此通名先達釋云生方
便已憶先同居所見凡境智願熏修作意來生神通
化物今謂此解違文失旨且違文者淨名疏云三種
意生身所不能斷故生有餘受法性身是則祖師釋
名從下以生上先達解義自上而來下顛倒談之違
於文矣其失旨者經中憶先所見本是喻文先賢迷

之而作法解故知舊釋未善通名也然智者疏稱意生身以依宋譯楞伽故（楞伽阿跋多羅寶經文有四卷）荆溪記中名意成身以準唐譯楞伽故雖二經名殊而義歸一揆以後譯經取成就義號意成身故記主云成之與生並從果說是則意之一字乃順於因生之一字則從於果故知此名因果雙立也次辯別名者初法華玄云一安樂法意生身此欲擬二乘人入涅槃安樂意也二三昧意生身此擬通教出假化物用神通三昧也三自性意生身此擬別教修中道自性意也今釋曰初名安樂者以舊經云安住心海識浪不生故智者

立爲安樂法也此乃用經義以立名二名三昧意生
身者以舊經云得如幻三昧無量相力具足莊嚴隨
入佛刹故智者立爲三昧意生也然則今宗三諦俱
受三昧之名此文旣以神通而釋則當俗諦三昧如
釋籤云若於諸知識所但得俗諦三昧但破無知名
爲無明今此三昧與彼文同三曰自性者以舊經云
覺一切佛法緣自得樂相故智者立爲自性意生以
别敎中道是諸法之自性故淨名記云若不見中則
不見於諸法自性然此玄義不用被接解釋唯約前
之三敎以伸者斯則順乎敎旨也良以作意之名從

偏教立由無照性之功遂有別修之行所以圓教無
此意耳故輔行云玄文不云攝入三者以觀勝故且
置不論又意生之名宜在教道二淨名疏云一三昧
正受意生身恐是通教同入眞空寂定之樂故涅槃
云聲聞定力多故不見佛性二覺法性意生身恐是
別教菩薩雖證偏眞而覺知有中道法性三無作意
生身此恐是圓教菩薩觀於中道無作四諦圓伏無
明今釋曰初名三昧吾祖既以眞空寂定而釋此則
屬乎眞諦三昧以此之定心寂不動故名正受位次
言之如記主云若約通教七地已上或至九地此之

初名全依經立（經如下引）二名覺法性者覺謂覺知法性乃是但中之理以位言之如記文曰言自性者别住同通應取十行此之一名亦依經立三名無作者圓中稱性修德行亡故云無作以位言之如記主云圓教既云伏於無明即知七信也然兹疏文若約正接甄明此用通教一正以釋初名復以别圓兩接銷後二義若望玄文前則無於三藏後乃加乎圓教而此文中前無三藏者乃順教旨以界外之土小乘未詮故談意生不用三藏復加圓者此順位義以由别圓似解未發眞修皆名作意然淨名疏明意生身雖指

勝鬘及乎釋義全用楞伽當知勝鬘但有通名無別號矣三輔行記云一入三昧樂意成身亦云正受即三四五地心寂不動故二覺法自性意成身即八地中普入佛刹故以法爲自性三種類俱生無作意成身謂了佛證法今釋曰初之一名既指通教三地已去與前二文名義大同如唐譯經云三四五地入於三昧離種種心寂然不動心海不起轉識浪波了境心現皆無所有是名入三昧樂意成身宋譯魏譯則名三昧樂正受意生身二名覺法自性意成身者與妙玄第二名異義同然記文中既指入地入假乃以覺了如幻之法通達自

在名爲覺法自性故唐譯經云謂八地中了法如幻皆無有相心轉所依住如幻定及餘三昧能現無量自在神通如華開敷速疾如意如幻如夢如影如像非造所造與造相似一切色相具足莊嚴普入佛刹了諸法性是名覺法自性意成身（宋譯名覺法自性性意生身魏譯名如實覺知諸法相意生身）三名種類俱生無作行意成身者種以能生爲義類從流類立名中道之觀能生佛界故此因位與果爲類故曰種類俱生也（經中亦名聖種類身）言無作者别十回向了佛證法故名無作故唐譯經云了達諸法自證法相是名種類俱生無作行意成身（宋魏二譯此名皆同）然第三

名雖三文立名俱異而同對中觀復與淨名第二之名義亦同矣然荊溪師自斷記文則云此約通教及以別接竪判次位故知輔行用通一正及別接也問曰凡作記者本扶於疏何緣此記釋意生身但用通教竪論位次有異智者二疏之義荅曰準記宗云故知今判與經意同經文未攝別位爲異是知荊溪異智者者爲順本經故問曰準經判位既唯在通何緣智者用四教釋耶荅曰秖由意生之義該乎九人藏教二乘通教三乘別三十心圓十信位所以吾祖就義釋之適時有異問曰天台頓悟法相朗然淨名疏內焉稱恐是法華玄中

安言欲擬乎荅曰淨名記云皆言恐者尊重聖典兼非示無執三重階降經文義含爲是何教所以立名旣通解義難局或以偏圓而釋或約正接而伸不固執之乃云欲擬問曰小教不談界外二乘但謂無生何嘗要心生方便耶荅曰法性之土雖昔未聞變易之身在後當受何者期心趣果秉志修因欲出煩惱之方願入涅槃之境未亡取捨還有死生如是之懷寧逃作意鄉人不曉之却云約大乘判謬之甚矣問曰是時過意地住在智業中是則大論明於實報旣是智生何故淨名定於十地猶通意生耶荅曰淨名記

云一者但是未極名意二帶教道挫之言意問曰寶
性論云二乘於無漏界生三種意陰未審意生意陰
同異云何荅曰釋籤解云二乘在彼三中之一今通
言之故云三種非謂二乘盡具三也言意陰者由意
生陰名爲意陰又作意生陰名爲意陰又意即是陰
名爲意陰前之兩釋從因得名後之一釋從果立号
荆溪既云二乘在彼三中之一此乃當於安樂法意
是則經與論文名雖小異義實大同昔因講次聊述
梗槩今附此集刋助來哲
增數譬喻篇第五十三

太虛水月並喻體空兎角龜毛皆況名假因動背定比舟行而岸移由妄迷真辟雲駛而月運六道生死若朽故之火宅諸佛涅槃辟清凉之寳渚今欲開解遂集辟喻俾聞法人見月亡指冀修行者到岸捨筏故引而伸之

阿波陀那　此云辟喻文句云辟者比況也喻者曉訓也至理玄微抱迷不悟妙法深奧執情奚解要假近以喻遠故借彼而況此涅槃經說喻有八種一順喻二逆喻三現喻四非喻五先喻六後喻七先後喻八徧喻順喻者天降大雨溝

瀆皆滿溝瀆滿故小坑滿等如來法雨亦復如是衆生戒滿戒滿足故不悔心滿等逆喻者大海有本所謂大河大河有本所謂小河等以喻涅槃有本謂解脫等現喻者衆生心性猶如獼猴非喻者如來曾對波斯匿王說有四山從四方來欲害於人王若聞者當設何計王即荅云唯當專心持戒布施四山即是生老病死常來切人故云非喻先喻者辟如有人貪著妙華欲取之時爲水所漂衆生亦然貪著五欲爲生老病死之所漂没後喻者莫輕小惡以爲無殃水渧雖微漸盈大器先後喻者辟如芭蕉生果則死愚

人得養亦如是如縣懷妊命不乆全徧喻者三十三天有波利質多樹其根深入有五由旬枝葉四布葉熟則黃諸天見已心生歡喜其葉既落復生歡喜枝變色已又生歡喜等我諸弟子亦如是葉色黃者喻我弟子念欲出家其葉落者喻我弟子剃除鬚髮等經中具說以此樹等徧喻佛弟子等故云徧喻又第五卷明分喻云面皃端正如盛滿月白象鮮潔猶如雪山滿月不可即同於面雪山不可即是白象不可以喻喻真解脫爲衆生故故作是喻雪山比象安責尾牙滿月况面豈有眉目

斫訖羅此土翻輪淨名云三

轉法輪於大千其輪本來常清淨言三轉一曰示轉二曰勸轉三曰證轉所云法者軌持名法軌謂軌則令物生解持謂任持不捨自體輔行云輪具二義一運轉義二摧碾義文句云轉佛心中化他之法度入他心名轉法輪輔行云以四諦輪轉度與他摧破結惑如王輪寶能壞能安法輪亦尒懷煩惱怨安住諦理智論云諸佛法輪有二種一者顯二者密顯謂顯露言顯義露号顯露教如在鹿苑顯為五人說小密為八萬說大密謂秘密先達釋秘乃分二種一者隱秘在昔四時權謀隱覆曰秘神用潛益曰密二者眞

秘在今法華昔所未説爲秘開已無外爲密今論秘密復有二種一者至理秘密阿含云甚深之理不可説第一義諦無聲字故楞伽云我於某夜成道某夜入般涅槃中間不説一字依何密語作如是説佛言依二密語謂緣自得法及本住法發軫釋云自得法者修德也本住法者性德也是則如來道場所得實智是法非思量分別之所能解亦不可以容聲矣故法華云止止不須説我法妙難思言語道斷故不須説心行處滅故妙難思所以掩舌摩竭用晉息言之津杜口毗耶以通得意之路故達磨西來少林面壁神

光往彼晨夕參承夜遇大雪堅立不動遲明過膝師憫問曰當求何事光悲淚曰惟願和尚慈悲開甘露門師曰諸佛無上妙道曠劫精勤難行能行難忍而忍豈以小德小智輕心慢心欲冀眞乘徒勞勤苦光聞師誨潛取利刀自斷左臂置于師前師知是法器乃曰諸佛最初求道爲法忘形汝今斷臂吾前求亦可在遂與易名慧可光曰諸佛法印可得聞乎師曰諸佛法印匪從人得光曰我心未寧乞師與安師曰將心來與汝安光曰覓心了不可得師曰我與汝安心竟據此達磨但爲除病道絕言說二者言詞秘密

如諸神呪雖立語言詞句義密人不能解究此密談之法意在遮惡持善故陀羅尼翻爲遮持謂遮惡持謂持善此釋龍樹二種法輪若依天台乃辨入教頓漸秘密不定示佛設化之儀式名化儀四教藏通別圓釋佛化物之法門号化法四教方味具足應病授藥煩惱惡疾自然消伏宗鏡問達磨以心傳心不立文字何用廣引佛菩薩教借蝦爲眼無自己分荅木匪繩而靡直理非教而不圓以聖言爲定量邪僞難移用至教爲指南依憑有據圭峰云經是佛語禪是佛意諸佛心口必不相違忠國師云應依佛語一

乗了義契取本源心地轉相傳授與佛道同五祖莊嚴大師一生訓徒常舉維摩曰不著世間如蓮華常善入於空寂行達諸法相無罣礙稽首如空無所依時有人問此是佛語欲得和尚自語師云佛語即我語我語即佛語願諸智者勿分别焉

一門

法華云是舍唯有一門而復狹小天台釋曰别者一謂一理一道清淨門謂正教通於所通小謂不容常七方便等教理寛博則非狹小衆生不能以此理教自通將談無機故言狹小耳通者理純無雜故言一即理能通故言門微妙難知故言狹小教者十方

諦求更無餘乘唯一佛乘故言一止教能通故言門

二翼　亦喻二輪又辟二門故止觀云馳二輪而致遠喻止觀以横周鼓兩翅以高飛辟定慧之竪徹故荆溪咨左溪曰疇昔之夜夢披僧服掖二輪游大河之中左溪曰噫汝當以止觀二法度群生於生死之淵乎夫品佛告須菩提辟如有翼之鳥飛騰虚空而不墮墜雖在空中亦不住空須菩提菩薩摩訶薩亦復如是學空解脱門學無相無作解脱門亦不作證故不墮聲聞辟支佛地辟二門者智論云欲成佛道凡有二門一者福德二者智慧行施戒忍是

爲福德門知一切諸法實相摩訶般若波羅蜜是爲智慧門菩薩入福德門除一切罪所願皆得若不得願者以罪垢遮故入智慧門則不厭生死不樂涅槃二事一故今欲出生摩訶般若波羅蜜要因禪定門禪定門必須大精進力此以六度合辟二門免踟躕於小逕令優游於通衢也寶積喻二種縛一見縛二利養縛又喻二種癰瘡一者見他過二者自覆已罪又喻二種毒箭雙射其心一邪命爲利二樂好衣鉢此三雙喻覽宜自照中繩之謂君子不中繩之謂小人焉

三目涅槃云如摩醯首羅面上三目章安涅槃疏云摩醯首羅居色界頂統領大千一面三目

三目一面不可單言一三縱橫若並若別能嚴天顔作世界主徹照三千不縱不橫嚴主照世一切皆成三德亦尒縱橫並別秘藏不成不縱不橫秘藏乃成天台云備說三德爲涅槃雖三點上下而無縱表裏而無橫一不相混三不相離釋籤云上下是縱義雖一點在上不同點水之縱三德亦尒法身本有不同別教爲惑所覆表裏是橫義雖二點居下不同烈火之橫三德亦尒二德修成不同別人理體具足而不

相收故借縱橫之辟顯非並別之法斯可通喻十種三法如光明玄學者覽之

四蛇 金光明云猶如四蛇同處一篋四大蚖蛇其性各異天台釋云二上升是陽二下沉是陰何故相違猶其性別性別那能和合成身故大集云昔有一人避二醉象生死緣藤命根入井無常有黒白二鼠日月齧藤將斷旁有四蛇欲螫四大下有三龍吐火張爪拒之三毒其人仰望二象已臨井上憂惱無託忽有蜂過遺蜜滴入口五欲是人唼蜜全亡危懼

四喻 金光明經四佛同舉山斤海滴地塵空界

尚可盡邊無有能計釋尊壽命天台釋云若從信相所疑應言壽有量若從四佛釋疑應言壽無量孤山索隱未善此文執能喻之有量迷所況之無量以下三無常之數釋上三常壽之身報應淆混疑釋顛倒垂裕後昆當詳察焉

五味

聖行品云譬如從牛出乳從乳出酪從酪出生酥從生酥出熟酥從熟酥出醍醐譬從佛出十二部經從十二部經出九部修多羅從九部出方等從方等出摩訶般若從摩訶般若出大涅槃此喻一取相生次第牛譬於佛五味譬教乳從牛

出酪從乳生二酥醍醐次第不亂二喻濃淡此取一番下劣根性所謂二乘在華嚴座不信不解不變凡情故辟其乳次至鹿苑聞三藏教二乘根性依教修行轉凡成聖辟轉乳成酪次至方等聞彈斥聲聞慕大耻小得通教益如轉酪成生酥次至般若奉勑轉教心漸通泰得別教益如轉生酥成熟酥次至法華三周說法得記作佛如轉熟酥成醍醐此乃約教竪辨其如約教横辨兼但對帶多少可知晋華嚴云辟如日出先照一切諸大山王次照一切大山次照金剛寶山然後普照一切大地又云辟如日月出現世間

乃至深山幽谷無不普照此喻先照高山次照幽谷後照平地天台準涅槃五味演第三平地開爲三時方等如食時般若如禺中法華如正午釋籤問曰應還取涅槃本文何以却取華嚴文耶非但數不相當亦恐文意各别荅涅槃五味轉變而秖是一乳華嚴三照不同而秖是一日今演平地之辟以對涅槃後之三味數雖不等其義宛齊又涅槃以牛辟佛乳從牛出辟佛初說大乳出已後其味轉變猶成分辟故此下文義立五味皆從牛出未若華嚴日辟於佛光辟說教日無縁慈非出而出衆機所扣非照而照故

使高山幽谷平地不同同稟教光終歸等照故用兩經二義相成佛出娑婆慈濟群彙經五十年普潤無方而此二喻槩然可觀乃使感應之道彰矣華嚴五喻別況五蘊文見心經輔中記也

六賊　原性明靜因情昏散狂心若歇眞佛自彰當知塵識是賊止觀如兵（禪止心散觀照心昏）喻雖遣兵而討賊法要即賊以成兵如楞嚴曰眼耳鼻舌及與身心六爲賊媒自劫家寶（媒訓謀謀合二姓名媒六根能生六識令着六塵所以六根如媒人也）金光明云猶如世人馳走空聚（六根虛假如空聚落）六賊所害愚不知避（六塵汚染害智慧命劫功德財故名六賊）亦名六衰妙樂云衰秖是賊

能損耗故法句經云昔佛在時有人河邊樹下學道經二十年但念六塵（色聲香味觸法）心無寧息佛知可度化作沙門樹下共宿其夜月明龜從河出野干欲噉龜縮其頭尾及四足藏於甲中狗不得便須臾遠去龜還入水道人見此語沙門曰龜有護命之鎧野干不能得便沙門對云世人不如此龜放恣六情外魔得便復說偈曰藏六如龜防意如城慧與魔戰勝則無患須知無爲能殺其賊故安般守意經云有外無爲有内無爲外無爲者眼不視色（色壞我眼爲恩愛奴一角大仙因着色故頭騎婬女）耳不聽聲（皷樂歌笑聞生惑着五百仙人聞女歌聲皆失禪定）鼻不受香（種種香氣動諸結使愛蓮

華香池神訶責口不味味沙弥味酪爲酪中蟲何況貪食酒肉葱薤身離細滑智論明術婆伽欲火
內發燒身爲灰意不妄念楞嚴云縱滅一切見聞覺知內守幽閑猶爲法塵分別影事惟無念三昧經云人生世間
所以不得道者但坐思想穢念多故一善念者得善果報惡念者得惡果報如響應聲如影隨形若攝念者心不放逸內無
爲者數息相隨止觀還淨此名六妙門一數息二隨息三止四觀五還六淨經又
闊曰現有所念何以無爲荅身口爲戒意向道行雖
有所念本趣無爲也無行經云觀身畢竟無觀受內
外空觀心無所有觀法但有名古德云見聞覺知本
非因見色聞聲覺香味觸心知六塵當體虛玄絕妄眞見相不生癡愛
業洞然全是釋迦身無機子復述短頌普勸人間壽
短地獄苦長惡須日息善要時揚

六喻　秦金剛云一切有爲法如夢幻泡影如露亦如電應作如是觀初喻夢者穌中神游也列子分六夢一正夢（平居自夢）二愕夢（驚愕而夢）三思夢（思念而夢）四寤夢（覺而道之而夢）五懼夢（恐懼而夢）六喜夢（喜悅而夢）周禮占六夢之吉凶善見律明四種夢一四大不和夢見山崩飛騰虛空或見虎狼獅子賊逐二先見故夢晝見白黑及男女相夜就夢見三天人與夢若善知識天人示善得善若惡知識示惡得惡四想心故夢前身修福今感吉夢先世造罪今感凶夢石壁法師釋夢喻云如有一人（眞如一心）忽然睡著（不覺無明忽起）作夢（最初業識相）見

（轉識相）種種事（現識相）起心分別（六麤初智相）念念無閒（二相續相）於其違順深生取著（三執取相）爲善爲惡是親是疎（四計名字相）於善於親則種種惠利於惡於疎則種種凌損（五起業相）或有報恩受樂或有報怨受苦（六業計苦相）忽然覺來上事都遣（覺唯心故佛如夢覺如蓮花開）釋籤辨夢三觀云如於夢中修因得果夢事宛然即假也求夢不可得即空也夢之心性即中也止觀云若體知心性非眞非假息緣眞假之心名之爲正諦觀心性非空非假而不壞空假之法若能如是照了則於心性通達中道圓照三諦　二喻幻者楞伽云如工幻師依草木瓦石作種種幻起一切

衆生若干形色起種種妄想釋籤云焰幻之名通於徧圓今從圓說一心三幻淨名記云具如幻化俗同眞異一俗三眞指要立三種幻以性奪修幻但理隨緣幻緣生無體幻故指要云性本圓具徧發由熏以性奪修故修如幻又云然此尚非但理隨緣之幻豈同緣生無體之幻方知如幻名同幻義各異　三喻泡者淨名疏云上水渧下水上水爲因下水爲緣得有泡起斯須即無　四喻影者顔氏家訓云影字當爲光景之景凡陰景者因光而生即謂景也尚書云惟景響晋葛洪字苑傍加彡於景切梵云頻婆帳此

云身影淨名疏云有物遮光則有影現物異影異物動影動無明行業遮理智光則有三事報身影現業異從生至死流動非一　五喻露者大戴禮云露陰陽之氣也夫陰氣勝則凝爲霜雪陽氣勝則散雨露朝陽纔照薤露即晞人生處世奄忽何期　六喻電者經律異相明四電師或云電是龍瞬眼生光五經通義曰電雷光也顧凱之曰電陰陽相觸爲雷電經取疾速之象令悟無常之法性通達者當起信志此釋六種能喻其所譬法今述頌曰世界變成如幻化受想行起似浮泡法塵緣慮同觀影身似露珠垂樹梢過去翻

思事若夢現前如電燿荒郊須知畢音常空寂自是無端與物交

六輪 本業瓔珞經云鐵輪十信位銅輪十住位銀輪十行位金輪十向位琉璃輪十地摩尼輪等覺妙覺

七華 維摩經云無漏法林樹覺意淨妙華天台釋云覺意即七覺支（一擇法二精進三喜四除五捨六定七念）七覺調停生眞智因華故智論云無學實覺此七能到故以爲華又云定水湛然滿布以七淨華天台釋云一戒淨（是正語業命）二心淨（是精進念定）三見淨（是正見正思惟）四斷疑淨（是見道）

五分別淨六行淨是修道七涅槃淨是無學道又涅槃云辟如有人而有七子是七子中一子遇病父母之心非不平等然於病者心則偏重章安釋云或以七方便根性爲七子謂人天二乘三教菩薩是七子中有起過者心則偏重又智論云智度大道佛善來智度大道佛窮底智度相義佛無礙稽首智度無子佛古人立四義釋無子一者無等一切衆生無與佛等二云無礙佛是法王於法自在三云無子復有二義一者就理佛能體悟無生眞理名爲無子二者就事如來生死種子已盡故名無子四者無子亦有二義一者

般若名爲佛母母有七子謂佛菩薩及辟支佛并四果人此七子中佛最居長故云無子二者無明蔽中無有智慧種子故云無子

八筏 郭璞云水中簰筏功德施論云如欲濟川先應取筏至彼岸巳捨之而去智論引筏喻經云汝等若解我筏喻法是時善法宜應棄捨況不善法斯乃無所得之要術俾不凝滯於物矣故德王品曰辟如有王（智論王喻魔王）以四毒蛇盛之一篋令人瞻養若令一蛇生嗔恚我當準法戮之都市其人怖畏捨篋逃走王時復遣五旃陀羅拔刀隨後一人藏刀詐爲

親善其人不信投一聚落欲自隱匿既入聚中不見人物即便坐地聞空中聲云今夜當有六大賊來其人恐怖復捨而去路值一河其水漂急即取草木爲筏截流而去既達彼岸安隱無患菩薩亦尒聞涅槃經觀身如篋四大如蛇五旃陀羅即是五陰詐親即貪愛空聚即六入六賊即外六塵河即煩惱筏即道品(智論云筏是八正道)到於常樂涅槃彼岸　又喻八輪正理論云如世間輪有輻轂輞八支聖道似彼名輪正見正思惟(正勤正念)似輻正語正業正命似轂正定似輞三事具足可乘轉於通衢也

九喻　方等如來藏經佛爲金剛藏菩薩說一法九喻具有十文經云我以佛眼觀一切衆生諸煩惱中有佛智眼有如來身結加趺坐儼然不動下有九喻長行偈頌寶性論佛性論具釋圭山跡引今略録示一偈云辟如萎變華論云貪煩惱亦亦初樂後不樂其華未開敷天眼者觀見如來身無染此法身躰二云辟如巖樹蜜說一味法無量蜂圍繞論云群蜂爲成蜜嗔心蠹諸人善方便取者先除彼衆蜂三云辟如彼粳糧說種種法糠稽未除蕩論云如是癡心纏不見内堅實貧者猶賤之謂爲可棄物四云如金在不淨眞如不變隱沒莫能見論云增上貪嗔癡圭山云上三種子今喻麤顯現行發身口意造一切業故云增上天眼者乃見即以告衆人五云

譬如貧人家（根本無明無覆無記未有愛惡之相名無明住地）內有珍寶藏（法身萬德所依）主既不知見寶復不能言六云譬如菴羅果（此喻見惑）內實不毀壞（報化身佛性）種之於大地必成大樹王七云譬如持金像（出纏法身）行詣於他方裹以穢弊物（此喻思惑）棄之於曠野八云譬如貧女人色皃甚醜陋（喻八不淨地垢）而懷貴相子當爲轉輪王（喻成報身）九云譬如大冶鑄無量眞金像（喻成化身）愚者自外觀但見焦黑土（八九十淨地諸垢）又魏譯金剛云一切有爲法如星翳燈幻露泡夢電雲應作如是觀彌勒頌曰見相及於識器身受用事過去現在法亦觀未來世論釋曰譬如星宿爲日所映有而不現能見心

法亦復如是（此譬見分）又如目有翳則見毛輪等色觀有爲法亦復如是以顛倒見故（此辟相分大雲釋曰此喻若執在意見實我法此翳配在第七以常行故圭山云既在第七即知是見分毛輪喻我法我法即第七家相分是第八也）又如燈識亦如是依止貪愛法住故（此喻識躰）又如幻所依住處亦復如是以器世間種種差別無一體實故（此辟器）又如露身亦如是以少時住故（此喻身）又如泡所受用事亦如是以受想因三法不定故（此喻受用事故）又如夢過去法亦如是以惟念故（此喻過去法）又如電現在法亦如是以剎那不住故（辟現在法）又如雲未來法亦如是以於子時阿梨耶識爲一切法爲種子根本故（此辟未來法）

十寶　光明云我當安止住於十地十種珍寶以爲脚足天台釋云珍寶者十地因可貴諸地即是珍寶也脚足者十地是果家之基故言脚足又十度是十地之脚足於餘功德非爲不修隨力隨分正以檀爲初地之足檀足若滿得入初地乃至智度足滿得入十地又如法華十喻況勝文見彼經

半滿書籍篇第五十四

涅槃云辟如長者唯有一子心常憶念憐愛無已將詣師所欲令受學懼不速成尋便將還以愛念故晝夜殷勤教其半字而不教誨毗伽羅論何以故以其

幼稚力未堪故

離佉此云書釋名曰書庶也紀庶物也春秋左傳序云大事書之於策小事簡牘而已文選注云大竹名策小竹名簡木版名牘尚書序云伏羲神農皇帝之書謂之三墳言大道也少昊顓頊高辛唐虞之書謂之五典言常道也世歷明三古伏羲爲上古文王爲中古孔子爲下古司馬遷史記辨六宗一陰陽使人拘而多所畏然其序四時之大順不可失也二儒者博而寡要勞而少功是以其事難盡從然其序君臣父子之禮不可易也三墨者儉而難遵是

以其事不可徧循然其強本節用不可廢也四名者使人儉而善失眞然其正名實不可不察也五法者嚴而少恩然其正君臣上下之分不可改矣六道德者使人精神專一動合無形其爲術也明陰陽之大順采儒墨之善要與時遷移應物變化立俗施事無所不宜指約而易操事少而功多班固漢書明九流一儒流順陰陽陳教化述唐虞之政宗仲尼之道焉二道流守弱自卑陳堯舜揖讓之德奉周易之謙恭也三陰陽流順天歷象敬受民時矣四法流明賞勑法以順禮制耳五名流正名列位言順事成矣六墨

流清廟宗祀養老施惠也七縱横流謂受明使專對
權事焉八雜流兼儒墨之銓含名法之訓知國大體
事無不貫矣九農流勸勵耕桑備陳食貨耳彌天云
史遷六氏道家爲先
班固九流儒宗爲上

悉曇章

西域悉曇章本是婆羅賀磨天所作自古迄今更無異書但點畫之間微有不同悉曇此云成就所生悉曇章是生字之根本說之爲半餘章文字具足說名爲滿又十二章悉名爲半自餘經書記論爲滿類如此方由三十六字母而生諸字澤州云梵章中有十二章其悉曇章以爲第一於中合

五十二字悉曇兩字是題章惣名餘章是章體所謂惡阿乃至魯流盧樓

毗伽羅 安疏曰此云字本河西云世間文字之根本典籍音聲之論宣通四辯訶責世法讚出家法言詞清雅義理深邃雖是外論而無邪法將非善權大士之所爲也故以此論喻方等經三藏傳云其音不正正云毗耶羯剌諵女咸此翻爲聲名記論以其廣紀諸法能詮故名聲名記成劫初梵王說百萬頌住劫初帝釋略爲十萬頌

攝拖苾馱 此云聲明西域記云開蒙誘進先遵十二章七歲之後漸

授五明大論言五明者一曰聲明釋詁訓字詮目流別二工巧明伎術機關陰陽曆數三醫方明禁呪閑邪藥石針艾四因明考定正邪研覈眞僞外道言論五曰内明究暢五乘因果妙理大般若云五地菩薩覺五明此内五明也外五明者前四明同五曰符印

韋陀

亦名吠陀此云智論知此生智即邪智論亦翻無對舊云毗陀訛也韋陀有四一阿由此云方命亦曰壽謂養生繕性二殊夜謂祭祀祈禱三娑磨謂禮儀占卜兵法軍陣四阿達婆謂異能技數禁呪醫方索隱引摩蹬伽經云初人名梵天造一韋

陀次有仙名白淨變一爲四一名讀誦二名祭祀三名歌詠四名穰災次名弗沙有二十五弟子各一韋陀能廣分别或云韋陀是符檄漢書高紀曰檄以木簡爲書長尺二寸用徵召也其有急事則加鳥羽插之示疾速也

佉路瑟吒 或佉樓謂北方邊處人書

僧佉論 正云僧企耶此云數術又翻數論輔行云迦毗羅説經十萬偈名僧佉論用二十五諦明因中有果計一爲宗言二十五諦者一者從冥初生覺過八萬劫前冥然不知但見最初中陰初起以宿命力恒憶想之

名爲冥諦亦云世性謂世間衆生由冥初而有即世間本性也亦曰自然無所從故從此生覺亦名爲大即中陰識也次從覺生我心者此是我慢之我非神我也即第三諦從我心生色聲香味觸從五塵生五大謂四大及空塵細大麤合塵成大故云從塵生大然此大生多少不同從聲生空大從聲觸生風大從色聲觸生火大從色聲觸味生水大五塵生地大地大藉塵多故其力最薄乃至空大藉塵少故其力最強故四輪成世界空輪最下次風次火次水次地從五大生十一根謂眼等根能覺知故故名爲根名五

知根手足口大小遺根能有用故名五業根心平等根合十一根心能徧緣名平等根若五知根各用一大謂色塵成火大火大成眼根眼根還具色空塵成耳根耳根還聞聲地成鼻水成舌風成身亦如是此二十四諦即是我所皆依神我名爲主諦能所合論即二十五

衞世師 正云鞞崽所皆此云無勝優樓僧佉計六徧造但眼根火多乃至身根風多文見金七十論輔行云優樓僧佉此云休留仙其人晝藏山谷以造經書夜則游行説法教化猶如彼鳥故得此名亦名眼足其人在佛前八百年出世

亦得五通説論十**勒沙婆**此云苦行以筭數爲
萬偈名衞世師　聖法造經十萬偈名
尼乹子此三仙説無漏盡通故唯五通宗鏡云迦毗
羅計因中有果僧佉計因中無果勒沙婆計因中亦
有果亦**毗世**此云勝異論即六句義於實句中有
無果　九法地水火風空時方等計積極微
以成器世間此外道**尼羅蔽茶**西域記云唐
計極微常住不滅　言青藏記言
書事各有司存史誥惣稱謂尼羅蔽茶善惡見舉災
祥備著前漢書明劉歆七略輯略輯與集同師古曰

謂諸書之惣要六藝略六經也諸子略詩賦略兵書
略術數略占卜之書方技略醫藥之書説苑明人臣
之行有六正六邪一者萌兆未現見存亡之機名爲
聖臣二者進善通道功歸於君名爲大臣三者卑身
進賢稱古行事以勵主意名爲忠臣四者明察早見
終無憂患名爲智臣五者守文奉法飲食廉節名爲
貞臣六者國家昏亂而不諛犯主嚴顏言主之過身
死國安名爲直臣阮瑀論通士以四奇高人必有四
難之忌言多方者中難處也術饒津者要難求也意
弘博者情難足也性明察者下難事也阮瑀論質士

以四短違人必有四安之報少言詞者政不煩也孟僖
所以不能荅郊勞也寡知見者物不擾也慶氏所以困相鼠也左傳云齊慶封来聘叔孫與慶食不敬爲
賦相鼠亦不知也專一道者思不散也沮濛襄者民不備也

路伽耶應法師譯云順世本外
道縛摩路迦也天台曰
此云善論亦名師破弟子慈恩云此翻惡對荅是順
世者以其計執隨于世間之情
計也劉虬云如此土禮義名教

逆路伽耶陀
應師云逆路底迦此云左世天台曰此惡論亦名弟
子破師慈恩云此翻惡徵問左道惑世以其所計不
順世間故也劉虬云如此土莊老玄書故揚雄斥老

子曰槌提仁義絶滅禮學吾無取焉斥莊子曰齊生死同富貴等貴賤其有懼乎然此半滿兩乘東夏偏弘邪正二教西域各習世尊預鑒以誡學焉故十誦云好作文誦莊嚴章句是可怖畏不得作五分云爲知差次會等學書不得爲好廢業不聽卜相及問他吉凶四分開學誦學書及學世論爲伏外道故雜法中新學比丘開學筭法智論云習外典如以刀割泥泥無所成而刀自損言内外典者二教論云救形之教稱爲外濟神之典典號爲内智度有内外兩經仁王辨内外二論方等明内外兩律百論言内外二道

通源記簡兩重内外一約域二約教約域即以世間爲内出世爲外約教即以治心爲内治身爲外是則儒道之教縱曰治心且無出世之理俱屬域内釋氏之教雖有治身亦爲出世之因俱屬域外梁陳留處士阮孝緒字士宗撰七錄十二卷一經典二傳記三子兵書四文集五術伎此五名爲内篇六佛法七仙道此二名爲外篇南山以佛道爲方外之篇起於是矣莊子大宗師孔子曰彼游方之外者也而丘游方之内者也通源記問彼既以道爲外今何判屬内耶荅彼且以神仙道德之説非如周孔治世之教名爲

外篇今以佛教望之其實域内之談耳言儒教者范曄云碩德爲儒楊雄云通天地人曰儒孔子姓孔名丘字仲尼魯國鄒邑平昌鬫里人爲魯司寇自衞反魯删詩書定禮樂修春秋賛易道以六經爲教也言道教者隋書經籍志云蓋萬物之奥聖人之賾也老子姓李名耳字伯陽謚曰聃楚苦縣厲鄉曲仁里人爲周守藏室之吏西入流沙爲函谷關吏尹喜說五千言即道德二經爲教也言釋教者老子西昇經云吾師化游天竺善入泥洹符子云老子之師名釋迦文釋迦所說之法謂之釋教後漢郊祀志云佛教以

修善慈心爲主不殺生類專務清尚又以人死精神不滅隨復受形所行善惡後生皆有報應所貴行善以練其精神練而不已以至無生而得爲佛也有經書數千卷以虛無爲宗包羅精粗七胡無所不統善爲宏闊勝大之言所求在一體之內所明在視聽之表玄微深遠難得而測故王公大人觀生死報應之際無不懅然自失也　寶王論曰三教之理名未始異理未始同且夫子四絕中一無我者謙光之義爲無我也道無我者長而不宰爲無我也佛無我者觀五蘊空爲無我也上二教門都不明五蘊孰辨其四諦

六度萬行聖賢階級籛然無闕但和光同塵保雌守靜旣慈且儉不敢爲天下先各一聖也安用商搉其淺深歟三教無我明矣　弘明集云秦景西使摩騰東來道暢皇漢之朝訓敷永平之祀竺法蘭之入洛康僧會之遊吳顯舍利於南國起招提於東都南山云自教法東漸亟涉窊烏瓜隆三被屛除五遭拜伏此非休明之代乃是暴虐之君故使布令非經國之謨乖常致良史之誚事理難反還習舊津　初東晉成帝咸康六年庚冰輔政帝在幼沖爲帝出詔令僧致拜時尚書令何充謝廣等建議不合拜往反三議當

時遂寢　安帝元初中太尉桓玄上書令拜尚書令桓謙中書王謐等抗諫曰今沙門雖意深於敬不以形屈爲禮迹充率土而趣超方内是以外國之君莫不降禮良以道在則貴不以人爲輕重尋大法東流爲日諒久雖風移政變而弘之不易豈不以獨絕之化有日用於陶漸清約之風無時害於隆平者乎玄又致書遠法師遠著沙門不敬王者論五篇其事由息及安帝返政還崇信奉　有宋劉氏雖孝武大明六年暫制拜君尋依先政　中原元魏太武眞君七年道士寇謙司徒崔皓譏於佛法帝然之遂滅佛法

逃僧梟斬後延曇始頂禮悔過廢經五載帝被癘疾遂誅崔氏還興佛法　自晉失御中原國分十六斯諸僞政信法不虧唯赫連敎敎據有夏州兇暴無厭以殺爲樂背像背上令僧禮之後爲天震而死及葬又震出之其子昌襲位破長安滅佛法逢僧斬戮沙門曇始被刃不傷因尔改心尋爲北朝後魏所滅周武帝初信佛法後納道士張賓及前僧衞元嵩之讒將除佛教安師著二教論抗云九流之教教止其身名爲外教三乘之教教靜其心名爲內教老非教主易謙所攝帝聞之存廢理乖遂雙除屏不盈五載

身歿移隋　煬帝嗣録改革前朝雖令致敬僧竟不屈　唐祖太武出沙汰佛道詔太宗制拜君親勅感秀道宣等上表及臣僚書國議不行　武宗會昌五年道士劉玄靜趙歸眞非毀釋氏沙汰佛寺六年帝崩宣帝立復佛寺誅劉玄靜毀罪通源記云或責梁武崇佛卒有侯景之敗者蓋不知業通三世因緣會遇果報還受之義故文中子曰詩書盛而秦世滅非仲尼之罪也玄虛長而晉室亂非老莊之罪也齋戒修而梁國亡非釋迦之罪也此説明矣吳書云吳主問三教尚書令闞澤對曰孔老設教法天制用不敢違天佛之設教諸天奉行

翻譯名義集五

少傅保寧軍節度使充醴泉觀使信安郡王
謹施俸資一百貫文彫開
翻譯名義助法流布保
國安寧壽禄增延福慧圓顯法界有情
同霑法利者

翻譯名義集六

姑蘇景德寺普潤大師　法雲　編

唐梵字體篇第五十五　煩惱惑業篇第五十六
心意識法篇第五十七　陰界入法篇第五十八

唐梵字體篇第五十五

西域五竺經尚天書東夏九州字法鳥跡自古罕覿因譯方傳琅函具存此集略辨

卍　熏聞曰志誠纂要云梵云室利靺瑳此云吉祥海雲如來胷臆有大人相形如卐字名吉祥海雲華嚴音義云案卍字本非是字大周長壽二年主

上權制此文著於天樞音之爲萬謂吉祥萬德之所
集也經中上下據漢本惣一十七字同呼爲万依梵
文有二十 卍 苑師云此是西域万 卍 音万是吉
八相云云 字佛胷前吉祥相也 祥勝德之
相由髮右旋而生似卍字梵云塞縛悉底迦此云有
樂有此相者必有安樂若卍卐萬万字是此方字宋
高僧傳明翻譯四例一翻字不翻音諸經呪詞是也
二翻音不翻字如華嚴中卐字是也以此方万字翻
之而字體猶是梵書三音字俱翻經文 ∴ 章安疏
是也四音字俱不翻西來梵夾是也 云言伊

字者外國有新舊兩伊舊伊橫竪斷絶相離借此況彼橫如烈火竪如點水各不相續不橫不同烈火不竪不同點水應如此方草下字相細畫相連是新伊相舊伊可辟昔教三德法身本有般若修成入無餘已方是解脱無復身智如竪點水縱而相離又約身約智分得有餘解脱橫一時有三法各異如橫烈火各不相關新伊者辟今教三德法身即照亦即自在名一爲三三無別體故不是橫非前非後故是非縱一即三如大點三即一如細畫而三而一而一而三不可一三說不可一三思故名不可思議者不可思

議者即非三非一名秘密藏如世伊字谷響云西方字有新舊亦猶此土之篆隸也莫不以篆爲舊以隸爲新

附明修性離合之法

殺三摩娑

此云離合欲顯三點非縱橫相當示修性有離合法三道至迷理性之法法圓具二因開悟修習之事事融通開則各離爲三對乃共合成一論此三點試開十門

初本文　二消名　三釋義　四定體　五示相

六究意　七判教　八定位　九決疑　十指訛

初本文者大經云一切諸法本性自空亦用菩薩修

習空故見諸法空起信論云以知法性體無慳貪隨順修行檀波羅蜜天台別行玄云原此因果根本即是性德緣了也此之性德本自有之非適今也又云以此二種方便修習漸漸增長起於毫末得成修德合抱大樹荆溪不二門云性德秖是界如一念此內界如三法具足性雖本尒藉智起修此皆修性之明文大經云解脫之法亦非涅槃如來之身亦非涅槃摩訶般若亦非涅槃章安涅槃玄釋文云法身亦非那可單作三身釋大文云解脫亦非那可單作三脫釋滅文云般若亦非那可單作三智釋度故知單釋

非令經意三德中各各求皆不可得三法合求亦不可得智者妙玄云此之妙行與前境智一而論三三而論一荆溪云又了順修對性有離有合離謂修性各三合謂修二性一永嘉云偏中三應須簡一有般若無解脱法身二有解脱無法身般若三有法身無解脱般若有一無二故不圓不圓故非性又偏中三應須揀一有般若解脱無法身二有解脱法身無般若三有法身般若無解脱有二無一故不圓不圓故非性圓中三應須具一法身不癡即般若般若無著即解脱解脱寂滅即法身（二三例亦）此皆離合之本文二消

名者修謂立行進趣起正助之二因性謂本自體性即界如之一念凡夫迷故從眞起妄猶鏡塵翳緣了之明性自存故具理性之德行人悟故背塵合覺似鑑揩磨姸醜之影像遂現故有修成之德三釋義者離合之法南屏法師嘗立三義以伸明之一離是各也離謂修性各三合是共也合謂修二性一二離乃開也約性恒開合乃對也對修方合三離即與義與而言之一性本具於二修二修常即乎一性合即奪義理即雖具緣了奪而言之由不發心未曾加行故性緣了秖名正因二修雖具法身因智照故但名了因由

起行故合名緣因四定體者欲示離合教相須核修性法體良以若性若修皆以三千惣相以爲其體故起信云心眞如者即是一法界大惣相法門體所謂心性不生不滅心雖本眞不覺起妄經云心如工畫師造種種五陰一切世間中無不從心造由此無明爲緣成衆生法維摩詰言辟如幻師見所幻人菩薩觀衆生爲若此由悟斯理故有佛法法華云唯佛與佛乃能究盡諸法實相而此三法旣互具於三千亦各攝乎百界體其本寂乃名理具照於起心則名事進修性雖二三千體一故妙樂云秖緣理一是故修

性相對離合五示相孤山顯性録示離相曰一家修性正義即約互文前三妙也境即性三智即智三行即行三行之所階即有諸位若至初住名隨分果則分證三法也若就合說即合性爲一合修爲二合理性三爲一正因法身德也合智三爲一了因般若德也合行三爲一緣因解脫德也故開雖具九九只是三三九雖殊其理常一今詳此說文會義便以釋離義文會釋籤境即理性三德智即三德之解行即三德之觀消明合義文會釋籤一謂涅槃三謂三德言義便者離合既是迷悟與奪當在住前若至初住修

性一合無復分張奚論與奪之別歟二四明指要鈔云如光明玄十種三法采取經論修性法相故具離合兩說如三德三寶雖是修德之極義必該性三身三智文雖約悟理必通迷三識三道既指事即理必全性起修此六豈非修性各三三因既以一性對智行二修三菩提三大乘三涅槃並以一性對證理起用二修此四豈非修二性一今謂修性一門本依智行二妙對境妙在迷之理相對與奪而論離合十種三法乃顯果人所證三德並屬于悟棄親本文遠取他部此迷文矣又山家離合大有二義一約修性相

成在性則全修成性性自有三起修則全性成修修自具三二約修性相對離謂修性各三合謂修二性一今用修性各三而解修六性三此混相成相對之門復亂六法九法之數斯背義焉三淨覺雜編云子嘗有文心解具引玄籤注之大意與孤山不異（說離同也）但取境智行三圓對三德（此說合異）故雜編云如三身中法身可解報即般若應即解脫三般若中實相即法身觀照即般若文字即解脫三解脫中性淨即法身圓淨即般若方便淨即解脫此似合掌合矣亦如川字合焉若以性德緣了歸修報應修中法身合性正因此

失與奪之義又違金錍故性緣了同名正因四南屏斷於離合大有四種一者三一釋籤云一謂涅槃三謂三德二者三六金錍本有三種三理元徧達性成修修三亦徧離雖有六合則但三三者三九離謂修性各三（此成九法）合謂修二性一（此成三法）四者性九修十八如光明夢見金鼓之文今謂三一三九是離合之正義修三性三屬全性以起修非對辨於離合五先稟清辨老師甞分二義一修性各論離合二修性對論離合且各論者如金錍云本有三種三理元徧此乃在性則全修成性性自離九自合成三達性成修修三亦徧

此乃起修則全性成修修亦離九亦合成三斯約橫論兩重離合若對論者如釋籤云離謂修性各三性無所移修常宛亦故有九法合謂修二性一此約功力與奪相對論合性中緣了無功斥爲一性修德法身受熏奪名二修茲約竪論一番離合六究意者今宗示此離合之法爲顯法體不思議故何哉雖論合三爲一一不定一自常三雖示離一爲三三不定三三自常一故章安曰橫之弥高竪之弥廣會之常分派之常合七判教者如金錍云論生兩教似等明具別教不詮種具等義非此可述故別佛性滅九方見圓

人則達九界三道即見圓伊三德體徧別教不談乎
種具遂説修性之縱横圓宗由示於體徧故演修性
之離合此顯共而不雜復彰離亦不分八定位者敎
旣唯圓位須簡濫初局住前二通初後三示極果初
局住前者不二門云如境本來具三依理生解故名
爲智智解導行行解契理初住旣三法相符與奪離
合局住前也二通初後者顯性録云一家縁了之位
深淺與奪非止一途若法華壽量疏文則住前通是
縁因初住眞正顯了乃是了因以約聲聞聞經得記
即入初住此約眞似分縁了若藥草喻疏至于究竟

名爲智三中間四即悉爲行三以順經文究竟至於
一切智故此以分極分緣了若法師品跡道前眞如
即是正因道中眞如即爲緣因亦名了因道終眞如
即是圓果記云此以修德對彼正因正中緣了同成
正因修中正因同成緣了又云此以博地爲道前發
心巳後爲道中位分之爲二住前爲緣登住巳去爲
了此之三因該通一教三亦極果者涅槃立釋大滅
度文云法身亦非那可單作三身釋大文云解脫亦
非那可單作三脫釋滅文云般若亦非那可單作三
智釋度先達乃謂大滅度三既各開九乃成離爲二

十七法今謂章安立云雖一而三雖三而一雖復三
一而非三一雖非三一而三而一不可思議攝一切
法祖師爲顯三德圓融異乎縱横並别後裔分析爲
二十七法去道遠矣九決疑者或人問曰性中三法
若起二修乃顯秖有一法安言合三爲一耶南屏釋
云秖一三德説有開合若從迷論則合三爲一若就
悟言則起修爲二如身與臂縛則合爲一身解則開
成三處先師解曰終日隨緣雖起二修何妨性中終
日不變所謂性無所移修常宛尔十指詵者光明懺
悔品夢中見聞有二一夢見金皷二夢擊皷聲見皷

又三一正見皷皷體觀法身二見皷光光智觀報身三見光中佛佛即應身二夢見擊皷文爲三一見擊皷二出大音聲三聲所詮辨皷是法身桴皷合是報身擊出是應身舊謂夢見金皷三身各三是性中九法夢見擊皷是修中九法遂說三九二十七法新記斥曰前文見皷是法身之三即境三也皷光之三即智三也見佛之三即用三也今文但明能擊之人用智擊皷何曾論於修性二十七法耶又如四明記曰上皷表三光三佛三秖是一三今對信相機智所觀合三爲一但名法身此乃修性融即之明鑑學斯宗者當了世伊三點天主三目異別教之縱橫建

圓宗之離合顯修性之一致會生佛以同原絕思議之門非數量之法故淨名詞喪於毗耶釋迦言罄於摩竭故名不思議之法矣

煩惱惑業篇第五十六

煩惱菩提體元一矣涅槃生死見有二焉若知如實性了幻化相以施慈慧治貪嗔癡故大集云遠離一切諸煩惱清淨無垢猶真實其心則作大光明是名寶炬陁羅尼

阿梨耶 起信云以依阿梨耶識故說有無明不覺而起（一業識相）能見（二轉識相）能現（三現識相）能取境界起

念相續故說爲意此明無明爲緣生三細號無明惑境界爲緣生六麤一智相二相續相三執取相四計名字相五起業相六業繫苦相名見思惑無明是根本惑障中道理當修中觀破此別惑見思是枝末惑障眞諦理當修空觀破此通惑通別之惑如亡眞中之理自顯

薩迦耶疏具云薩迦耶達利瑟致此云身見百法疏云謂於五蘊執我我所一切見趣所依爲業

達梨舍那此云見見有五種一身見執我我所爲身見二邊見邊見隨身計斷常三見取見取執劣以爲勝四戒取戒取於非因計因五邪見邪見撥無因果法具此五種名曰見惑止觀云見則見

理見實非惑見理之時能斷此惑從解得名名爲見惑復次見惑非但隨解得名亦當體受名稱之爲假者虛妄顛倒名之假耳當知見惑乃有三種一俱生見二推理見三發得見一俱生見者止觀云五鈍何必是貪嗔如諸蠕動實不推理而舉蠍張鬐怒目自大底下凡夫何嘗執見行住坐卧恒起我心故知五鈍非無利也記云鈍中有利如畜獸凡夫亦能起我我即是利雖利屬鈍又云底下之人雖起於利此利屬鈍從於鈍使背上而起二推理見止觀云今約位分之令不相濫未發禪來雖有世智推理辯聰見想猶弱所有十使同屬於鈍記云未得禪來縱起宿習所有煩惱及因見陰起於我見仍屬鈍使初果所斷凡夫共有冥伏在身障眞無漏若見諦理

（此惑自除故名此惑以之爲見故不同於禪後所起）三發得見止觀云從因定發見見心猛盛所有十使從強受名皆屬於利（記曰若諸外道由未見諦得禪定已雖斷鈍使仍未曾斷一毫見惑見惑現前故不同於未發禪來所有見惑及冥伏者是故不以八十八使中見惑爲例故八十八使義屬陰境攝）略言三結廣說八十八使（今述頌曰苦具十使集滅七身邊戒取三使無道諦但去身邊二上不嗔）

（成八十八）略言三結者一身見二戒取三疑使更加貪嗔名五下分如妙樂云言下分者貪雖通上不是唯上嗔一唯下更不通上餘三徧攝一切見惑今問見通五利何故俱舍但言三結荅如論頌曰攝根門故言根門者身見即苦門戒禁取即苦道二門疑通四門謂四諦也所言攝根者邊見依身見轉見取依戒禁轉

邪見依疑轉故此三結即攝五見問見惑旣歷三界四諦安云餘三徧攝一切見惑雖復通上而復牽下耶荅所迷之諦雖通三界能牽之惑正在欲界故云縱斷貪等至無所有由身見等還來欲界問如妙玄云斷見諦惑而復兼除四思未審何法爲思耶荅此以四趣之思爲四思也以妙玄因明因益是故凡位持戒則伏四趣之業初果修觀則斷四趣之思以俱生推見二思隨見落故乃曰兼除應知思惑乃有三種一俱生思與形俱生如男女託胎妄於父母起愛惡心斯是邪思還歸見惑　二依見思止觀云五利

豈唯見惑何嘗無恚欲耶（記云：利中有鈍，如諸外道依於諸見而起嗔恚。）問：止觀云：若利中有鈍，見諦但斷於利，鈍猶應在。荅：準止觀云：毗曇謂利上之鈍名背上使，見諦斷時，正利既去，背使亦去。三界繫思，即是三界九品思惑，此名鈍使，亦名事障，號正三毒（俱生，如杜牧云）。夫七情愛怒二者生而自能，是二者性之根、惡之端也。乳兒見乳，必拏求，不得即啼，是愛與怒與兒俱生也。問：五上分者：一掉舉（高舉是貪家等流），二慢，三無明，四色染，五無色染（由貪重故，兩界別說）。何故上界而無疑耶？荅：疑隨見落，故無此惑。淨名疏以五蓋配四分：貪欲、嗔恚、睡、疑屬癡（記云：由癡故睡，由癡故疑），掉散是我取記云以我取心徧起三毒故名掉散止觀云掉有三種一身掉身好游走諸雜戲諠坐不暫安二口掉好喜吟詠競爭是非無益戲論世間語言等三者心掉心情放逸縱意攀緣思惟文藝世間才技諸惡覺觀等名爲心掉此四各出二萬一千新華嚴云貪行多者二萬一千嗔行多者二萬一千癡行多者二萬一千等分行者二萬一千了知如是悉是虛妄垂裕釋十纏是思惑忿恚曰嗔隱藏自罪曰覆意識昏迷曰睡五情暗冥曰眠嬉游曰戲三業躁動曰掉屛處起罪不自羞曰無慚露處起罪不羞他曰無媿財法不能惠施曰慳他榮

心生熱惱曰嫉俱舍頌曰纒八無慚愧嫉慳并悔眠及掉舉昏沉或十加忿覆楞嚴明十習一婬習節䟽云婬習即所發之業具足貪癡二貪即是愛根本之數三慢恃己凌他高舉為性四嗔熱惱居懷性不安隱五詐習詐謂謟曲罔冒於他矯設異儀謟曲為性六誑誑謂矯誑心懷異謀多現不實矯現有德詭詐為性邪命為業七怨即恨也由忿為先懷惡不捨結寃為性不能含忍常熱惱故八見即五種見輔行云大經二十三云謂離五事即五見也因是五見生六十二章安云此有二意一者我見有五十六謂欲界五陰各計四句合為二十色界亦尔無色除色但有十六故知三界合五十六邊見有六三界各二謂斷常添前合成六十二見二者三世五陰各計斷常用有無二見而為根本此準大論六十八文謂色如去等四句四陰亦然合二十句此即計過去世也又計色常等四句四陰亦然合二十句此即計現在世也又計色有邊等四句四陰亦然合二十句即計未來也三世六十并有無二九枉謂遍壓良善害所攝也亦嗔之類十訟習謂相論得失忿恨為先惱之一法性相應故

尼延底此云深入貪之異名樂著

名貪能貪之人有二種一者有力二者無力所貪之境禪門明三種一外貪欲男子緣女人女人緣男子二內外貪欲外緣男女身相復緣內身形皃三徧一切處貪欲衆生處處著俱舍明四種一顯色謂青黃赤白也二形色謂長短方圓等三妙觸四供奉大論明六種一著色若赤若白若黃若黑二或著形容細膚纖指修目高眉三或著威儀進止坐起行住禮拜俯仰揚眉頓瞚親近按摩四或著言語軟聲美詞應意承旨五或著細滑柔膚軟肌熱時身涼寒時體溫六或著人相若男若女

羯吒斯

此云愛之別名。涅槃云：愛河洄澓，没衆生無明所盲，不能出。貪與於愛，圭峰圓覺約四句釋：一貪非愛，如人貪財忙，非是愛忙（人貪財忙非是愛忙）；二愛非貪，如人愛看相打相殺，誰肯貪求（如人愛看相打相殺誰肯貪求）；三亦貪亦愛，即名利財色（即名利財色）；四非貪非愛，即違情之境。管子云：利之所在，雖千仞之山，無所不上；深源之下，無所不入。商人通賈，倍道兼行，夜以續日，千里不遠，利在前也。漁人入海，海水百仞，衝波逆流，宿夜不出，利在水也。漁父：人有八疵，非其事而事之，謂之惣（惣濫也，非是已事而強知之，謂之叨濫也）；莫之顧而進之，謂之佞（強進忠言，人不采顧，謂之佞）；希意導言，謂之諂（希望前人意氣而導達其言）；不擇是非而言，謂之腴（謂苟順物，不簡是非）；好言人之惡，謂之讒（聞人之過，好播……）

讒之析交離親謂之賊人有親情交故輒欲離而析之斯助害也稱譽詐僞以敗

惡人謂之匿與己親者雖惡而譽與己疏者雖善而毀不擇善否兩容顏適偷拔

其所欲謂之險否惡也善惡二邊兩皆容納和顏悅色偷拔其意之所欲隨而使之斯險詖之人也此八疵者外

以亂人內以傷身君子不友明君不臣漁父事有四

患好經大事變更易常以掛功名謂之叨注云伺候安危

經營大事變改之際建立功名謂叨濫之人　專知

擅事侵人自用謂之貪注云專己獨擅自用陵人謂之

貪見過不更聞諫愈甚謂之很注云有過不改聞諫弥

增很戾之人人同於己則可不同於己雖善不善謂之矜

注云物同於己雖惡而善物異乎己雖善而惡謂之

矜夸之人

提鞞沙 此云嗔恚，恚怒恨也。禪門明三種嗔：一非理嗔，他不來惱而自生嗔；二順理嗔，外人來惱，尒乃生嗔，亦如淨土有正三毒；三諍訟嗔，著已之法謂是，在他之法言非，由茲不順而生惱覺。

慕何 此云癡。禪門明三種癡：一計斷常，過去諸法爲滅有耶？現在諸法不滅有乎？推尋三世，若滅即斷，不滅乃常。二計有無，我及陰等有耶？無耶？如是乃至非有非無。三計世性，作是念言：由有微塵即有實法，有實法故乃有四大，有四大故乃有假名衆生世間，因茲思念而行邪道。阿含正行經佛坐思念人癡故有生死何等爲癡本從癡中來今生爲人復癡心不解自不開不知死當所趣向見佛不問見經不讀見沙門不承事不信道德見父母不敬不念世間苦不知泥犁中栲治劇是名癡故有生死不止生死如呼吸間膬（音脆）不過於人命然此貪嗔癡名爲三毒中陰經云三毒之重者癡病是其原又此三毒須分二種一者三毒惑別行記云任運起者名爲煩惱止觀云昏煩之法惱亂心神與心作煩令心得惱二者三毒業別行記云卒起決定能動身口名三毒業瑞應云貪欲致老嗔恚致病愚癡致

死義推等分致生又復須知業有多種如智論云黑業者是不善業果報地獄等受苦惱處是中衆生以大苦惱悶極故名爲黑受善果報處所謂諸天以其受樂隨意自在明了故名爲白業是業是三界天善不善受果報處所謂人阿修羅等八部此處亦受樂亦受苦故名白黑業問無漏業應是白何以言非白非黑荅無漏法雖清淨無垢以空無相無作故無所分別不得言白黑白是相待法此中無相待故不得言白復次無漏業能滅一切諸觀觀中分別故有黑白此中無觀故無白云云然遺教云我如良醫知病說

藥妙玄云作大醫王須解脉種種病識種種藥精種種治得種種差仁王云佛知衆生有三種病一者貪病二者嗔病三者癡病既知此病當投於藥故仁王云治貪嗔癡三不善根起施慈慧三種善根治貪則教布施故光明云捨諸所重肢節手足治嗔則教行慈悲故法華云常柔和能忍慈悲於一切治癡則教修智慧故遺教云實智慧者則是度老病死海堅牢船也亦是無明黑暗大明燈也雖有此藥服與不服非醫咎也故華嚴云辟如善方藥自疾不能除於法不修行多聞亦如是

阿耆毗伽

此云邪命以邪法活命根也智論云如經中說舍利弗入城乞食得已向壁坐食時梵志女名曰淨目見而問曰沙門汝食耶荅言食淨目問下口食耶仰口食耶方口食耶四維口食耶俱荅云不淨目言食法四種我問汝汝言不我不解汝當說舍利弗言有出家人合藥種穀植樹不淨活命名下口食有出家人觀視星宿日月風雨雷電霹靂不淨活命名仰口食有出家人曲媚豪勢通使四方巧言多求不淨活命名方口食有出家人學種種呪術卜筭吉凶如是活命名四維口食姊我不墮是四不淨食我用清淨乞

士活命是時淨目聞說清淨法食歡喜信解舍利弗因爲說法得須陁洹又智論釋八正道云五種邪命以無漏智慧捨離是爲正命問何等是五種邪命荅一爲利養故詐現奇特二爲利養故自說功德三爲利養故占相吉凶四爲利養故高聲現威令人畏敬五爲利養故稱說所得供養以動人心邪因緣活命故是爲邪命

阿羅伽 此云欲希須爲義五情之所欲是名五欲大論云哀哉衆生常爲五欲所惱而欲求之不已此五欲者得之轉劇如火炙疥五欲無益如狗齧骨五欲增爭如鳥競

肉五欲燒人如逆風執炬五欲害人如踐惡蛇五欲無實如夢所得五欲不久假借須臾世人愚惑貪著五欲至死不捨爲之後世受無量苦辟如愚人貪著好果上樹食之不肯時下人伐其樹樹傾墮落身首毀壞痛惱而死然此五欲分界內外如大論云二乘但斷界內五欲故世間五欲所不能動別惑未除故爲界外上妙色聲之所染污故迦葉云三界五欲我已斷音不能動心此是菩薩淨妙五欲吾於此事不能自安此是迦葉爲界外之聲動天女散花身子除去此爲界外之色動又分別生死涅槃有異分別亦是

别見斯爲法塵所感也

奢佗此云諂曲罔冒仙故矯設異儀曲順時人

心意識法篇第五十七

華嚴云諸業虛妄積集名心末那思量意識分别眼等五識了境不同愚癡凡夫不能知覺怖老病死求入涅槃生死涅槃二俱不識於一切境妄起分别楞伽云略說有三種識廣說有八相何等爲三謂眞識宗鏡云不爲垢法之所染寧爲淨法之所治非生死之所羈豈涅槃之能寂遂稱識主故號心王現識及分别事識大慧譬如明鏡持諸色像現識現處亦復如是密嚴經云譬如殊勝寶野人所輕賤若用飾冕旒則爲王頂戴如是賴耶識是清淨佛性凡位恒雜染佛果常保持如美玉在水苔衣所纏覆賴耶處生死習

氣紫不現於此賴耶識有二取相生如蛇有二頭隨樂而同往賴耶亦如是與諸色相俱一切諸世間取之以爲色惡覺者迷惑計爲我我所若有若非有自在作世間賴耶雖變現體性恒甚深於諸無智人悉不能覺了大慧現識及分別事識此二壞不壞相五識得塵即滅是壞熏入八識爲種是不壞展轉因七識執八識爲我八識引五識取塵大慧不思議熏賢首云謂無明能熏眞如不可熏處而能熏故名不思議熏又熏則不熏不熏之熏名不思議熏及不思議變謂眞如心受無明熏不可變異而變異故云不思議變又變即不變不變之變名不思議變勝變中不染而染染而不染難可了知者謂此不思議也是現識因所起現識行相微細於中亦有轉識業識舉麤顯細故但名現識即是不相應心也大慧取種種塵即是現識所現境界還能動彼心海起諸事識之波浪也及無始妄想熏即彼和合心海之中妄念習氣無始巳來熏習不斷未曾離念故此塵及念熏動心海種種識生以妄念及塵麤而且顯故所起分別事識行相麤顯成相應心也是分別事識因又云辟如巨海浪斯由猛風起洪波鼓溟壑無有斷絕時藏識海

常住 華嚴論云世尊於南海中楞伽山說法其山高峻下瞰大海傍無門戶得神通者堪能昇住乃表心地法門無心證者方能升也下瞰大海表其心海本自清淨因境風所轉識浪波動欲明達境心空海亦自寂心境俱寂事無不照猶如大海無風日月森羅煥然明白此經意直爲根熟頓說種子業識爲如來藏異彼二乘滅識趣寂者故亦爲異彼般若修空菩薩增勝者故直明識體本性全眞便明識體即成智用如海無風境象自明異彼深密別立九識接引初根漸令留惑長大菩提故不令其心植種於空亦不令心猶如敗種解深密經乃是入惑之初門楞伽維摩直示惑之本實故楞伽明八識爲如來藏淨名即觀身實相觀佛亦然 境界風所動種種諸識浪騰躍而轉生 密嚴經云賴耶爲於愛所熏而增長既自增長已復增於餘識展轉不斷絕猶如於井輪以有諸識故衆趣而生起於是諸趣中識復得增長識與世間法更互以爲因譬如河流水前後而不斷亦如芽與種相續而轉生各各相差別分別而顯現 又楞伽大慧白佛惟願世尊更爲我說陰入界生滅彼無有我誰生誰滅愚夫者依於生滅不覺苦盡不識涅槃 華嚴云愚癡凡夫不能知覺怖老病死求入涅槃生死涅槃二俱不識於一切境妄起分別 佛告

大慧如來之藏是善不善因能徧興起一切趣生辟如伎兒變現諸趣唯識論云能變有二種一因能變謂第八識中等流異熟二因習氣等流習氣由七識中善惡無記熏令生長異熟習氣由六識中有漏善惡熏令生長二果能變謂前二種習氣力故有八識生現種種相等流習氣因緣故八識體相差別而生名等流果果似因故異熟習氣為增上緣感第八識酬引業力恒相續故立異熟名感前六識酬滿業者從異熟起名異熟生不名異熟有間斷故即前異熟及異熟生名異熟果果異因故又唯識論明四種變一共中共云云離我我所不覺彼故三緣和合方便而生外道不覺計著作者為無始虛偽惡習所熏名為識藏密嚴經云藏識持於世猶如線穿珠亦如車有輪隨於業風轉陶師運輪杖器成隨所用藏識與諸界共力無不成內外諸世間弥綸悉周徧辟如衆星象布列在虛空風力之所持運行常不息如空中鳥跡求之不可見然鳥不離空頡頏而進退藏識亦如是不離自他身如海起波濤如空含万象生無明住地與七識俱如海浪身常生不斷離無常過離於我

論自性無垢畢竟清淨其餘諸識有生有滅意意識等念念有七因不實妄想取諸境界種種形處計著名相不覺自心所現色相不覺苦樂不至解脫又偈曰心如工伎兒（八識妄動如牽線主）意如和伎者（七識執我如應和人）五識爲伴侶（五識取塵如共和伎）妄想觀伎衆（六識分別如看衆人）大乘入楞伽云心能積集業意能廣積集了別故名識對現境說五婆沙問此三何別答或別不別言不別者心即意識如火名焰亦名爲熾亦名燒薪秪是一心有三差別言有別者名即差別或云過去名意未來名心現在名識或云在界名心在入名意在陰名識或云雜色名

心如六道由心繫屬名意如五根屬意語想名識如分別屬識又妙樂引俱舍云集起名心思量名意了別名識在彼一向全無即理若大乘中八識名心七識名意六識名識彼敎爲迷又無即理故偏小敎有漏之法全無性淨即常住理知之者寡大寶積經佛言所言識者謂能了別眼所知色耳所知聲鼻所知香舌所知味身所知觸意所知法是名爲識所言智者於內寂靜不行於外唯依於智不於一法而生分別及種種分別是名爲智大乘同性經楞伽王白佛云何衆生捨此壽命受彼壽命捨此故身受彼新身

佛言衆生捨此身已業風力吹移識將去自所受業而受其果圭山云欲驗臨終受生自在不自在但驗尋常行心塵境自由不自由二六時中當省察耳

汚栗馱 此方稱草木心　矣栗馱 此方名積聚精要心

紇胡結利陀耶 此云肉團心如黃庭經五藏論所明正法念經云心如蓮華開合提謂云心如帝王皆肉團心色法所攝

𧉧補迷羅尸 或閉尸此云肉團見經音義　質多耶 或名質帝或名

波荼此方翻心黃庭經五藏論目之爲神西域外道計之爲我此土佛教翻緣慮心此通八識謂眼緣色乃至第八緣根身種子器世間故云集起以解心第八獨名心緣慮以解心緣謂緣持慮即思慮八識揔名心然此緣慮亦名慮知宗鏡云無幽不矚有法皆知察密防微窮今洞古故謂之靈臺司馬彪云心爲神靈之臺莊子云萬惡不可內於靈臺百法論疏心法有六種義一集起名心唯屬第八集諸種子起現行故二積集名心屬前七轉能熏積集諸法種故或初集起屬前七轉現行共集熏起種故或後積集名心屬於第八含藏積集諸法種故此上二解雖各有能集所集之義今唯取能集名

心如理應思三緣慮名心俱能緣慮自分境故四或
名爲識了別義故五或名爲意等無閒故六或第八
名心第七名意前六名識入楞伽云藏識說名心思
量性名意能了諸境相是故名爲識然第六意識具
有五種一定中獨頭意識緣於定境定境之中有理
有事事中有極略色極逈色及定自在所生法處諸
色二散位獨頭緣受所引色及徧計所起諸法處色
如緣空華鏡像彩畫所生者並法處攝三夢中獨頭
緣夢中境四明了意識依五根門與前五識同緣五
塵五亂意識是散意識於五根中狂亂而起如患熱

病青爲黃見非是眼識是此緣故宗鏡第六識具十名一從根得名名爲六識二能籌量是非名爲意識三能應涉塵境名攀緣識四能徧緣五塵名巡舊識五念念流散名波浪識六能辨前境名分別事識七所在壞他名人我識八愛業牽生名四住識九令正解不生名煩惱障識十感報終盡心境兩別名分段死識

末那　唯識翻意或云執我亦云分別唯識宗云具足應言訖利瑟吒耶末那此翻染汚意謂我癡我見我慢我愛四惑常俱故名染汚常審思量名之爲意思慮第八度量爲我如是思量唯

第七有餘識所無故獨名意復能了別名之爲識前之六識從根得名此第七識當體立號識論頌云次第二能變是識名末那依彼轉緣彼思量爲性相四煩惱常俱謂我癡我見并我慢我愛及餘觸等俱有覆無記攝大乘入楞伽大慧問佛云何但說意識滅非七識滅佛言大慧以彼爲因及所緣故七識得生大慧意識分別境界起執著時生諸習氣長養藏識由是意俱我我所執思量隨轉無別體相藏識爲因爲所緣故執著自心所現境界心聚生起展轉爲因大慧譬如海浪自心所現境界風吹而有起滅是故

意識滅時七識亦滅然楞伽經唯明三識不辨七識者準此文云無别體相所以唯說八六二識起信亦然通源問現識屬第八事識屬前六何故不言第七識耶荅七識名染汚意常時執取第八爲我是則若言第八必兼第七故瑜珈論云賴耶識起必二識相應又事識緣外境時必依第七是故不說宗鏡問第六能斷惑成無漏第七不能斷惑何故亦成無漏荅謂第七識是第六所依根第六是能依識能依識旣成無漏第七所依亦成無漏謂第六入生法二空觀時第七識中俱生我法二執現行伏令不起故第七

成無漏問何故第八是有漏耶答第八是惣報主持種受熏若因中便成無漏即一切有漏雜染種子皆散失故即便成佛何用更二劫修行耶問前五既非是惣報主何故不成無漏答前五根是第八親相分能變第八既是有漏所變五根亦有漏五根是所依尚有漏能依五識亦成有漏也宗鏡七識十名一六後得名稱爲七識二根塵不會名爲轉識宗鏡云轉爲改轉是不定義即三性三量三境易脫不定方名轉識三不覺習氣忽然念起名妄想識四無間生滅名相續識五障理不明名無明識六返迷從正能斷四住煩惱名爲解識七與涉玄途順理生善

名爲行識八解三界生死盡是我心更無外法名無畏識九照了分明如鏡顯像故名現識十法既妄起恃智爲懷令眞性不顯名智障識

阿賴耶 或阿梨耶起信云以依阿梨耶識說有無明不覺而起能見能現能取境界眞諦就名翻名無沒識取不失之義奘師就義翻爲藏識能含藏諸法種故又此識體具三藏義能藏所藏執藏故名爲藏謂與雜染互爲緣故有情執爲自內我故復能了別種子根身及器世間三種境故名之爲識古釋云一能藏者即能含藏義猶如庫藏能含藏寶貝故得藏

名此能含藏雜染種故名之爲藏亦即持義二所藏者即是所依義猶如庫藏是寶等所依故此識是雜染法所依處故三執藏者堅守不捨義猶如金銀等藏爲人堅守執爲自內我故名爲藏此識爲染末那堅執爲我故名爲藏起信鈔釋云能藏所藏者且所藏義謂此識體藏是根身種子器世間所藏處也以根等是此識相分故如藏中物像如身在室內欲覓賴耶識秖在色心中欲覓摩尼珠秖在青黃內次能藏義謂根身等法皆藏在識身之中如像在珠內欲覓一切法惣在賴耶中欲覓一切像惣在摩尼內與

前義互爲能所故云能藏自體於諸法中能藏諸法於自體内或名宅識一切種子之所栖處或名心由種種法熏習種子所積集故積集義故名心集起義故名心或名阿陀那執持種子及諸色根令不壞故宗鏡云又將死時唯異熟心由先業力恒徧相續執受身分捨執受處冷觸便生壽煖識三不相離故冷觸起處即是非情宗鏡問諸根壞日識遷離時捨此故身別受餘質去來之識相狀云何荅顯識經佛告賢護識之運轉遷滅往來猶如風大無色無形不可顯現而能發動萬物示衆形狀或摇振林木摧折破裂出大音聲或爲冷爲熱觸衆生身作苦作樂風無手足面目形容亦無黒白黄赤諸色賢護識界亦尒無色

無形無光明顯現所熏因緣故顯示種種功用殊勝或名所知依能與染淨所知諸法爲依止故（即三性與彼爲依名所知依）或名種子識（梵語阿世耶此云種子）能徧住持世出世間諸法種子故（古德云從無始時來此身與種子俱時而有如草木等種）唯識論云一切種子皆本性有不從熏生由熏習力但可增長如契經說一切有情無始時來有種種界如惡义聚法尔而有界即種子差別名故有如外草木等種護法意云有漏無漏種子皆有新熏本有合生現行亦不雜亂若新熏緣即從新熏生若本有遇緣即從本有生攝論云此阿賴耶識與種子如此共生雖有能依所依不由

體別故異乃至能是假無體所是依是實有體假實和合異相難可分別以無二體故此識先未有功能熏習生後方有功能故異於前前識但是果報不得名一切種子後識能爲他生因說名一切種子前識但生自相續後識能生自他相續故勝於前攝論云第八識從種子生故稱果報識能攝持種子故亦名種子識宗鏡云本識是體種子是用種子是因所生是果問熏生何別答熏是資熏擊發之義生是生起從因生出之義謂本識等雖無力資熏擊發自種之義而有親生自種之義如本有無漏種子雖有生果

之能若不得資加二位有漏諸善資熏擊發即不能生現又如本識中善染等種能引次後自類種子雖有生義無自熏義如穀麥等種雖有生芽之能若不得水土等資熏擊發亦不能生其現行本識雖有生種之能然自力劣須假六七與熏方生由是義故本識等雖非能熏而能生種故與親種得爲因緣又熏者發也致也習者生也近也數也即發致果於本識内令種子生近生長故熏有二種一熏習謂熏心體成染淨等事二資熏謂現行心境及諸惑相資等攝論云轉依名法身由聞熏四法得成一信樂大乘是

大淨種子二般若波羅蜜是大我種子三虛空品三昧是大樂種子四大悲是大常種子此間熏習四法爲四德種子四德圓時本識都盡四德本來是有不從種子生從因作名故稱種子然善染如沉麝韮蒜等故不受熏無記如素帛故能受熏如善不容於惡猶白不受於黑若惡不容於善如臭不納於香唯本識之含藏同太虛之廣納矣或名異熟識能引生死善不善業異熟果故宗鏡云又第八識本無阿賴耶名由第七執第八見分爲我令第八得阿賴耶名若不執時但名異熟識者此是善惡業果位以善惡業爲因即招感得此引果故前世業爲因因是善惡今世感第八識是無記異熟即果果異於因故名異熟又具四義一實二常三徧四無雜是名眞異熟識問第八眞異熟識如何名引果荅爲善惡業爲能引第八爲所引是能引家

之果故名引果故是惣報主前六識名爲滿果有一分善惡別報來滿故此滿業所招名異熟生非眞異熟也不具四義唯第八是引果眞異熟識眞異熟心一切時相續酬牽引業非同滿業有間斷故以餘轉識不能引業但來滿善惡之業果引果之識徧三界有六識不徧無色界無心定等**或名現識**宗鏡云具三顯義一顯現此簡七識果不顯現故二現在簡非前後三現有此簡假法體是實有方成種子**故唯識論云如瀑流水上下魚草等物隨流不捨此識亦尒與內習氣外觸等法恒相續轉**唯識論云常與觸作意受想思相應阿賴耶識無始時來乃至未轉於一切位恒與此五心所相應**天台名無沒識**釋籤云無始時有未曾斷絕故云無沒　宗鏡問云祖先歿後嗣資悼違三界之惟心乘万法之惟識荅有五力唯識不判一定力二通力三借識力四大願力五法威德力道氣法師對唐明皇云佛力法力三賢十聖亦不能測**或名隨眠**顯宗論云相續中眠故名隨眠即順流者身中安住增昏滯義或隨勝者相續中眠即是趣入如實解位爲昏迷義或有獄中長時隨逐覆有情類故名隨眠又瑜伽云煩惱麁重隨附依身說名隨眠能爲種子生起一切煩惱故也**菩薩處胎經云爾時世尊將**

欲示現識所趣向道識俗識有爲識無爲識有漏識無漏識華識果識報識無報識天識龍識鬼神阿修羅迦樓那緊那羅摩睺羅伽人非人識上至二十八天識下至無救地獄識爾時世尊即於胎中現勾鏁骨偏滿三千大千世界云云佛告弥勒汝觀勾鏁骸骨令一切衆知識所趣分别決了令無疑滯爾時弥勒菩薩即從座起手執金剛七寶神杖攪勾鏁骨聽彼骨聲即白佛言此人命終嗔恚結多識墮龍中次復攪骨此人前身十戒行具得生天上次復攪骨此人前身破戒犯律生地獄中如是攪骨有漏無漏有爲

無爲從二十八天至無救地獄知識所趣善惡果報白
黑行報有一全身舍利無有缺減爾時弥勒以杖攪
之推尋此識了不知處如是三攪前白佛言此人神
識了不可知將非如來入涅槃耶佛告弥勒汝紹佛
位於當來世當得作佛成無上道何以攪舍利而不
知識處耶弥勒白佛言佛不思議不可限量非我等
境界所能籌量今有狐疑唯願世尊當解說之五道
神識盡能得知彼善惡趣不敢有疑於如來所今此
舍利無有缺減願說此識令我等知佛告弥勒過去
未來現在諸佛舍利流布非汝等境界所能分别又

阿賴耶識無始時來恒與此五心所相應以是徧行心所攝故一作意者論云作意謂能警心爲性於所緣境引心爲業作意警心有二功力一心未起時能警令起二若起已能引令趣境二觸者論云觸謂三和分別變異令心心所觸境爲性受想思等所依爲業觸謂三和者即根境識體異名三不相乖返更相交涉名爲隨順根本爲依境可爲取識二所生可依於根而取於境此三之上皆有順生一切心所功能作用名爲變異三受者論云受謂領納違順俱非境相爲性起愛爲業四想者論云想謂於境取像爲性施設種種名言爲業謂要安立境分劑相方能隨起種種名言此中安立取像異名謂此是青非青等作分劑而取其相名爲安立五思者論云思謂令心造作爲性於善品等役心爲業謂能取境正因

等相驅役自心令造善等此觸等五與異熟識行相雖異而時依同所緣事等故名相應此識行相極不明了不能分別違順境相微細一類唯與捨受相應又此相應受唯是異熟隨先引業轉不待現緣任善惡業勢力轉故唯是捨受苦樂二受是異熟生非眞異熟待緣現故非此相應宗鏡問一百法中凡聖愸具不答若凡夫位通約三界九地種子皆具百法若諸佛果位唯具六十六法除根本煩惱六隨煩惱二十不定四不相應行中四共除三十四法宗鏡明八識十名一七後得名稱爲八識二眞僞雜間名和合識三蘊積諸法名爲藏識四住持起發名熏變識五凡成聖名爲出生識六藏體無斷名金剛智識七體非寂亂名寂滅識八中實非假名爲體識九藏體非迷名本覺識

十功德圓滿名一切種智識此識建立有情無情發生染法淨法若有知有覺則衆生界起若無想無慮則國土緣生因染法而六趣回旋隨淨法而四聖階降可謂凡聖之本根器之由了此識原何法非悟證斯心性何境不眞可謂絶學之門栖神之宅又云第八本識眞如一心廣大無邊體性微細顯心原而無外包性藏以該通擅持種之名作惣報之主建有情之體立涅槃之因居初位而惣號賴耶處果位而唯稱無垢備本後之智地成自他之利門隨有執無執攝論云一切種子心識成熟展轉和合增長廣大依二執受一者有色諸根及所依執受二者相名分別言說戲論習氣執受宗鏡云執受各

具二義且執二義者一攝義即攝爲自體二持義即持令不散受二義一領義即領以爲境二覺義即令生覺受安危共同根身具執受四義一攝爲自體同是無記性故二持令不散第八能任持此身令不爛壞三領已爲境此根身是第八親相分故四令生覺受安危共同若第八危五根危第八安五根安若器世間量但緣非執受即受二義中領已爲境問何以器界不似根身第八親執受荅以與第八遠故所以不攝爲自體又器界損時第八亦不隨彼安危共同所以不執受若髮毛爪齒膀胱宿水等雖近已同外器攝所以第八亦不執受應具四句一持而不緣即無漏種二緣而不持即器界現行三俱句即內身根塵四俱非即前七現行而立多名據染緣淨緣而作衆體含一切而如太虛包納現万法而似大地發生則何法不收無門不入但以迷一眞之解作第二之觀因於覺明能了之心發起內外塵勞之相於一圓湛析出根塵聚內四大爲身分外四大爲境內以識精爲垢外因想相成塵無念而境觀一如有想而眞成萬別

若能心融法界境豁眞空幻翳全消一道明現可謂
裂迷途之緻綱抽覺戶之重關惛夢惺而大覺常明
狂性歇而本頭自現

阿陀那

義翻執持能執持種子根身生相續義執持有三一執持
根身令不爛壞二執持種子令不散失三執取結生
相續義即有情於中有身臨末位第八識初一念受
生時有執取結生相續義結者繫也屬也於母腹中
一念受生便繫屬彼故亦如磁毛石吸鐵鐵如父母
精血二點第八識如磁毛石一剎那間便攬而住同
時根塵等種從自識中亦生現行名爲執取結生故

楞嚴曰陀那微細識習氣如瀑流槜李云言習氣者謂熏習氣分乃種子異名以第八識中無始習氣微細生滅流注不息故如瀑流解深密經云如瀑流水生多波浪諸波浪等以水爲依五六七八皆依此識眞非眞恐迷我常不開演宗鏡云佛若一向說眞則衆生不復進修墮增上慢以不染而染非無客塵垢故若一向說不眞則衆生撥棄自身生斷見故無成佛期故對凡夫二乘恐生迷倒常不開演故解深密經云阿陀那識甚微細一切種子如瀑流我於凡愚不開演恐彼分別執爲我熏聞云眞諦謂之第七識蓋取第八染分立名唯識百法謂之第八識者則通取染淨和合爲因解深密經謂之第九者乃別取第八淨分言之故攝論云世尊說法凡有三種一染汚分二清淨分三染汚清淨分譬如金藏土中有三一地界二金三土輪以地譬依他性具染淨二分此八識以土譬分別性爲生死染分此七識以金譬眞實性爲涅槃淨分此九識宗

鏡云分別諸識開合不同皆依體用約體則無差而差以全用之體不礙用故約用則差而無差以全體之用不失體故如舉海成波不失海舉波成海不礙波非有非無方窮識性不一不異可究心原古德云約諸識門雖一多不定皆是體用緣起本末相收本是九識末是五識從本向末寂而常用從末向本用而常寂寂而常用故靜而不結用而常寂故動而不亂靜而不結故眞如是緣起動而不亂故緣起是眞如眞如是緣起故無涅槃不生死即八九爲六七緣起是眞如故無生死不涅槃即六七爲八九無生死

不涅槃故法界皆生死無涅槃不生死故法界皆涅槃法界皆涅槃故生死非雜亂法界皆生死故涅槃非寂靜生死非雜亂衆生即是佛涅槃非寂靜佛即是衆生是以法界違故說涅槃是生死即理隨情用法界順故說生死是涅槃即情隨理用如此明時說情非理外理非情外情非理外故所以即實說六七爲八九實者體也理非情外故所以即假說八九爲六七假者用也以假實無礙故人法俱空以體用無礙故空無可空人法俱空故說絕待空無可空故言妙用如斯說者亦是排情之言論其至實者不可以

名相得至極者不可以二諦辨不可以名相得故非
言象能詮不可以二諦辨故非有無能說故云至理
無言賢聖默然正可以神會不可以心求問一心湛
寂云何起諸識浪荅只爲不覺忽尒念生起信云以
不如實知眞如法一故不覺心起摩訶衍論云即是
顯示根本不覺之起因緣根本不覺何因緣故得起
而有因不如故得起而有何等法中而不如耶謂三
法中而不如故言不如者當有何義謂違逆義故云
何三法一者實知一法二者眞如一法三者一心一
法是名爲三實知法者謂一切覺即能達智眞如法

者謂平等理即所達境一心法者謂一法界即所依體於此三法皆違逆故無明元起是故說言謂不如實知眞如法一故不覺心起彼三種法皆守一中終不離故故通名一又起信云以無明熏力不覺心動最初成其業識因此業識復生轉識等論釋云最初不覺稱爲第一業相能見所見無有差別心王念法不可分析唯有精勤隱流之義故名爲業如是流動只申不覺第二轉相以業相念爲所依故轉作能緣流成了相第三現相以了別轉爲所依戲論境界具足現前所緣相分圓滿安布依此見分現彼相分又動

相者動爲業識理極微細謂本覺心因無明風舉體微動微動之相未能外緣即不覺故謂從本覺有不覺生即爲業相如海微波從靜微動而未從此轉移本處轉相者假無明力資助業相轉成能緣有能見用向外面起即名轉相雖有轉相而未能現五塵所緣境相如海波浪假於風力兼資微動從此擊波轉移而起現相者從轉相而成現相方有色塵山河大地器世間等楞伽經大慧白佛言世尊諸識有幾種生住滅佛告大慧諸識有二種生住滅非思量所知謂流注生住滅相生住滅梵語你伽此云流注不斷言流注者唯目第八

三相微隱種現不斷名爲流注由無明緣初起業識
故說爲生相續長劫故名爲住到金剛定等覺一念
斷本無明名流注滅相生住滅者謂餘七識心境麄
顯故名爲相雖七緣八望六爲細具有四惑故亦云
麄依彼現識自種諸境緣合生七說爲相生長劫熏
習名爲相住從末向本漸伏及斷至七地滿名爲相
滅依前生滅立迷悟依依後生滅立染淨依後短前
長事分二別即是流注生住滅相生住滅仁王般若
經云然諸有情於久遠劫初剎那識異於木石生得
染淨各自能爲無量無數染淨識本從初剎那不可

說劫乃至金剛終一刹那有不可說不可說識生諸有情色心二法色名色蘊心名四蘊宗鏡引古釋初刹那識異於木石者謂一念識有覺受故異於木石即顯前念中有末心所見赤白二穢即同外器木石種類此識生時攬彼爲身故異木石問既非久遠無始何名初識耶荅過去未來無體刹那重熏唯屬現在現在正起妄念之時妄念違眞名爲初識非是過去有識創起名爲初識故知横該一切處竪通無量時皆是即今現在一心更無別理道契經文殊師利白佛言世尊阿賴耶識具一切法過於恒沙如是諸

法以誰爲本生於何處佛言如是有爲無爲一切諸法生處殊勝不可思議何以故於非有爲非無爲處是有爲是無爲法而能生故文殊又白佛言世尊云何名爲非有爲非無爲處佛言非有爲非無爲處者所謂一心本法非有爲故能作有爲非無爲故能作無爲是故我言生處殊勝不可思議又云當作二門分明顯說一者下轉門二者上轉門生滅門中不出此二如是二門云何差別頌曰諸染法有力諸淨法無力背本下下轉名爲下轉門諸淨法有力諸染法無力向原上上轉名爲上轉門識論云云何應知依識

所變假說我法非別實有由斯一切唯有識耶頌曰
是諸識轉變轉變是改轉義即八種識從自證分轉變似二分現即所變見分有能作用說名爲見所變相分爲所作用說名爲相即俱依自證分而轉既若見相二分包一切法盡即此二分從心躰上變起故知一切諸法皆不離心分別所
分別從初業識起見相二門因見立能因相立所能所纔具我法互興或謂用爲能相體爲所相或以七識爲能相第八識爲所相
由此彼皆無此見相二分上妄執彼實我法二執是無即由此見相二分外妄情執有心外我法之境皆是無故
故一切唯識唯遮境有識簡心空將唯字遮薩婆多執心外有其實境將識字簡清辨等執惡取空破空有二邊正處中道
又諸師所明惣有四分義一相分一實相名相體即眞如是眞實相故二境相名相爲能與根心而爲境故三相狀名相此唯有爲法有相狀故通影及質唯是識之所變四義相名相即能詮下所詮義相分是此四相中取後三相而爲相分又相分有二一識所頓變即是本質二識等緣境唯變影緣不得本質二見分唯識論云於
自所緣有了別用見分有五類一證見名見即三根本智見分是二照燭名見此通根心俱有照燭義故三能緣

名見即通内三分俱能緣故四念解名見以念解所詮義故五推度名見即比量心推度一切境故於此五種見中除五色根及内外二分餘皆見分所攝

三自證分爲能親證自見分緣相分不謬能作證故四證自證分謂能親證第三自證分緣見分不謬故從所證處得名此四分義鏡如自證分鏡明如見分鏡象如相分鏡後弝必駕如證自證分此四分有四師立義第一安慧菩薩立一分自證分識論云此自證分從所緣生是依他起故説爲有見相二分不從緣生因徧計心妄執而有如是二分情有理無唯自證分是依他起性有種子生是實有故見相二分是無更變起我法二執又是無以無似無若準護法菩

薩即是以有似無見相二分是有體變起我法二執是無體故安慧引楞伽云三界有漏心心所皆是虛妄分別爲自性故知八識見相二分皆是徧計妄執有故唯有自證一分是依他起性是實有故二難陀論師立二分成唯識初標宗者即一切心生皆有見相二分見相二分是能所二緣也若無相分牽心心法無由得生若無能緣見分誰知有所緣相分耶即有境有心等成唯識也見分爲能變相分是所變能所得成須具二分見分相分是依他起性有時緣獨影境即同種生有時緣帶質境即別種生故非徧計

也若不許者諸佛不應現身土等種種影像也三陳那菩薩立三分安慧立一分但有體而無用難陀立見相二分但有用而無體皆互不足立理者謂立量果義論云能量所量量果別故相見必有所依體故相分爲所量見分爲能量即要自證分爲證者是量果也喻尺量絹絹爲所量尺人爲能量記數之智名爲量果今見分緣相分不錯皆由自證分爲作果故今眼識見分緣青時定不緣黄如見分緣不曾見境忽然緣黄境時定不緣青若無自證分即見分不能自記憶故知須立三分若無自證分即相見亦無若

言有二分者即須定有自證分集量論頌云似境相所量能取相自證釋云似境相所量者即相分似外境現能取相自證者即是見分能取相分故自證即是體也四護法菩薩立四分立宗者心心所若細分別應有四分立理者若無第四分將何法與第三分爲量果耶汝陳那立三分者爲見分有能量了境用故即將自證分爲量果汝自證分亦有能量照境故即將何法與能量自證分爲量果耶即須將第四證自證分爲第三分量果也引密嚴經云衆生心二性內外一切分內一分為一性見相二分爲第二性即心境內外二性所取能取纏能緣麤動是能緣見

分所取是所緣相縛也見種種差別見分通三量故言種種差別夫爲量果須是現量方爲量果前五識與第八見分雖是現量以外緣故即非量果爲量果者須内緣故七識雖是内緣亦非量果爲量果者應具二義一現量二内緣又果中後得見分雖是現量内緣時變影緣故非量果即須具三義又果中根本智見分雖親證眞如不變影故是心用故非量果即須是心體具足四義一現量二内緣三不變影四是心體方爲量果問四分以何爲體性荅相分所變色心爲體性若内三分即用現行心所而爲體宗鏡問未有無心境曾無無境心凡聖通

論都有幾境答大約有三境頌曰性境不隨心性是實義即實根塵四大及實定果色等相分境言不隨心者爲此根塵等相分皆自有實種生不隨能緣見分種生故獨影唯從見影謂影像是相分異名爲此假相分無種爲伴但獨自有名故名獨影即空華兔角過去未來諸假影像法是此但從能緣見分變生與見分同種故名獨影唯從見帶質通情本即相分一半與本質同一種生一半與見分同一種生故言通情本情即能緣見分即所緣本質性種等隨應隨應是不定義謂於三境中名隨所應有性種界繫三科異熟等差別不定又廣釋云性境者爲有體實相分名性境即前五識及第八心王并現量第六識所緣諸實色得境之自相不帶名言無籌度心此境方名性境及根本智緣眞如時亦是性境以無分別任運轉故言不隨心者都有五種不隨一性不隨者其能緣見分通三性所緣相分境唯

無記性即不隨能緣見分通三性二種不隨者即見
分從自見分種生相分從自相分種生不隨能緣見
分心種生故名種不隨三界繫不隨者如明了意識
緣香味境時其香味二境唯欲界繫不隨明了意識
通上界繫又如欲界第八緣種子境時其能緣第八
唯欲界繫所緣種子便通三界即六八二識有界繫
不隨四三科不隨且五蘊不隨者即如五識見分是
識種收五塵相分即色蘊攝是蘊科不隨十二處不
隨者其五識見分是意處收五塵相分五境處攝是
處科不隨十八界不隨者其五識見分是五識界收

五塵相分五境界攝此是三科不隨五異熟不隨者
即如第八見分是異熟性所緣五塵相分非異熟性
名異熟不隨獨影境者謂相分與見分同種生名獨
影唯從見即如第六識緣空華兎角過未及變影緣
無為并緣地界法或緣假定果極逈極略等皆是假
影像此但從見分變生自無其種名唯從見獨影有
二種一者無質獨影即第六緣空華兎角及過未等
所變相分是其相分與第六見分同種生無空華等
質二者有質獨影即第六識緣五根種現是皆托質
而起故其相分亦與見分同種而生亦名獨影境三

帶質者即心緣心是如第七緣第八見分境時其相
分無別種生一半與本質同種生一半與能緣見分
同種生從本質生者即無覆性從能緣見分生者即
有覆性以兩頭攝不定故名通情本質即第七能緣
見分本即第八所緣見分又四句分別一唯別種非
同種即性境二唯同種非別種即獨影境三俱句即
帶質境四俱非即本智緣如以真如不從見分種生
故名非同種又真如當體是無爲但因證顯得非生
因所生法故名非別種性種等隨應者性即性境種
種謂種類謂於三境中各有種類不同今皆須隨應

而說又約八識分別者前五轉識一切時中皆唯性境不簡互用不互用二種變中唯因緣變又與五根同境故第六意識有四類一明了意識亦通三境與五同緣實五塵初率尒心中是性境若以後念緣五塵上方圓長短等假色即有質獨影亦名似帶質境二散位獨頭意識亦通三境多是獨影通緣三世有質無質法故若緣自身現行心心所時是帶質境若緣自身五根及緣他人心心所是獨影境亦名似帶質境又獨頭意識初刹那緣五塵少分緣實名亦名性境三定中意識亦通三境通緣三世有質無質法

故是獨影境又能緣自身現行心心所故是帶質境又七地已前有漏定位亦能引起五識緣五塵故即是性境四夢中意識唯是獨影境第七識唯帶質境第八識其心王唯性境因緣變故相應作意等五心所是似帶質真獨影境問三境以何爲體荅初性境用實五塵爲體具八法成故八法者即四大地水火風四微色香味觸等約有爲說若能緣有漏位中除第七識餘七皆用自心心所爲體第二獨影境將第六識見分所變假相分爲體能緣即自心心所爲體第三帶質即變起中間假相分爲體若能緣有漏位

中唯六七二識心心所爲體攝論云遠行及獨行無身寐於窟調其難調心是名眞梵志百法釋云如來依意根處說遠行及獨行也隨無明意識徧緣一切境也故名遠行又諸心相續一一轉故無實主宰名獨行無身者即心無形質故寐於窟者即依附諸根潜轉身内名寐於窟寐者藏也即心之所蘊在身中此偈意破外道執有實我也世尊云但是心獨行無别主宰故言獨行又無始游歷六塵境故名遠行

菴摩羅 此云清淨識僧遁注金剛三昧經云白淨無垢識彼經佛言諸佛如來常

以一覺而轉諸識入菴摩羅何以故一切衆生本覺常以一覺覺諸衆生令彼衆生皆得本覺覺諸情識空寂無生何以故決定本性本無有動熏聞云天台依攝大乘說菴摩羅名無分別智光即第九淨識也（宗鏡云摩羅淨識湛若太虛佛性明珠皎同朗月）然據諸論所說第八若至我見永不起位即捨梨耶之名別受清淨之稱是則果位名菴摩羅天台所依攝大乘義取第九識者非無深致此依眞諦所譯梁攝論也輔行云眞諦三藏云阿陀那七識此云執我識此即惑性體是緣因阿賴耶八識此名藏識以能盛持智種不失體是無役無明無

明之性性是了因菴摩羅九識名清淨識即是正因唐三藏不許此識云第九是第八異名故新譯攝論不存第九地論文中亦無第九但以第八對於正因第七對於了因第六以對緣因今依眞諦仍合六七共爲緣因以第六中是事善惡亦是惑性委釋識義非今所論但以三識體性對於三德三因於理即足論家雖云翻識爲智而不即照三識一心即此一心三智具足光明玄云菴摩羅識是第九不動若分別之即是佛識宗鏡問無垢淨識爲佛決定有心決定無心答據體則言亡四句意絶百非約用則唯無量故知如來心智能明非情所及應以智知阿梨耶識即是第八無沒識猶有

隨眠煩惱與無明合別而分之是菩薩識大論云在
菩薩心名爲般若即其義也阿陀那識是第七分別
識訶惡生死欣羨涅槃別而分之是二乘識於佛即
是方便智波浪是凡夫第六識無俟復言宗鏡九識
十名一自體非僞名爲眞識二體非有無名無相識
三軌用不改名法性識四眞覺常存體非隱顯名佛
性眞識五性絕虛假名實際識六大用無方名法身
七隨流不染名自性清淨識八阿摩羅翻無垢識九
體非一異名眞如識十勝

乾栗陀耶或名牟呼

妙絕待號不可名目識

栗多此云堅實心𢥮伽注云謂第一義心如樹貞實心非念慮也乃是群生本有之性又摩訶衍論立十種識惣攝諸識云何爲十於前九中加一切一心識論上文云所謂以一心識徧於二種自在無所不安立如佛告文殊師利言我唯建立一種識所餘之識非建立焉所以者何一種識者多一一識此識有種種力能作一切種種名字而唯一識終無餘法是故我說建立一種識今謂一切一心識是此方言梵語正名乾栗陀耶問一切一心識與菴摩羅云何甄別荅從諸佛所證之理乃立菴摩羅名就衆生所迷之

本則標乾栗陀號何者經云而轉諸識入菴摩羅故知果位名菴摩羅一切一心識論云能作一切種種名字知是群生所迷之本輙辨此義後賢詳之【昔住大覺李相公垂訪問曰楞嚴性覺妙明本覺明妙此爲一法此爲二法若云二法性覺即本覺若云一法上句安言妙明下句安言明妙余即答曰一法二義上句言性性體即寂而常照故曰妙明下句言覺覺用即照而常寂故曰明妙】禮記云人生而靜天之性也感物而動性之欲也斯乃儒家以寂然不動爲性感而遂通曰情吾宗則以明靜眞心爲性是理具也昏動妄念爲情是事造也故楞嚴云從無始來生死相續皆由不知常住眞心性淨明體用諸妄想此想不眞故有流轉以茲情性分今十識前之八識皆屬情

也九十二識乃當性焉問心與性同異云何荅或同或異言或同者如楞嚴云常住眞心性淨明體此俱目眞光明云心識二性躁動不停此俱召妄二名異者如楞嚴云舜若多性可消亡爍迦羅心無動轉此心眞而性妄矣大意云隨緣不變故爲性不變隨緣故爲心此性眞而心妄也忠國師云迷時結性成心悟時釋心成性然眞妄二心經論所明大有四義一唯眞心起信云唯是一心故名眞如二者唯妄心如楞伽云種種諸識浪騰躍而轉生三者從眞起妄如楞伽云如來之藏是善不善因能徧興造一切趣

生四者指妄即眞如楞嚴云則汝今者識精元明又淨名云煩惱之儔是如來種諸文所陳此四收盡然此諸識西域東夏異計紛紜今先敘異執後述會通初異執者性相二宗肇分於竺國南北之黨弥盛於齊朝故西域那爛陀寺戒賢大德遠承弥勒無著近踵法護難陀依深密等經瑜珈等論立法相宗言法相者唯齊八識業相以爲諸法生起之本故法相宗以識相行布爲旨其寺同時智光大德遠稟文殊龍樹近遵青目清辯依般若等經中觀等論立法性宗言法性者以明眞如隨緣爲染淨之本故一性宗以

眞理融觀爲門洎乎東夏攝論有梁唐之異地論分南北之殊以無著菩薩造攝大乘論流至此土二譯不同梁朝眞諦乃立九識計第八識生起諸法如彼論明十種勝相第一依止勝相明第八識生十二因緣次唐時玄奘新譯攝論但立八識乃謂第九秖是八識异名此是梁唐之異也天親菩薩造十地論翻至此土南北各計相州南道計梨耶爲淨識相州北道計梨耶爲無明此乃南北之殊也其次會通者妙玄云今明無明之心不自不他不共不無因四句皆不可思議此約自行破計南北不存若有四悉檀因

緣亦可得説此約化他性相俱存以阿梨耶中有生
死種子熏習增長即成分別識若阿梨耶中有智慧
種子聞熏習增長即轉依成道後眞如名爲淨識若
異此兩識秖是阿梨耶識此亦一法論三三中論一
耳攝論云如金土染淨染辟六識金辟淨識土辟梨耶識明文在
玆何勞若淨又宗鏡云此阿賴耶識即是眞心不守
自性隨染淨緣不合而合能含藏一切眞俗境界故
名藏識如明鏡不與影像合而含影像此約有和合
義邊說若不和合義者即體常不變故號眞如本一
眞心湛然不動若有不信阿賴耶識即如來藏別求

眞如理者如離像覔鏡即是惡慧以未了不變隨緣隨緣不變之義而生二執又宗鏡以理量二門收盡一切性相識相妙有是如量門識性眞空是如理門問眞心無相云何知有不空常住湛然之體荅以事驗知因用可辨事能顯理用能彰體如見波生知有水體當觀理量之門以造性相之道

陰入界法篇第五十八

智論云一切諸法中但有名與色若欲如實觀但當觀名色心但有字故曰名也形質礙法故曰色也而凡夫人迷此色心有輕重異故佛對機說陰入界三

科法
也
塞健陀此云蘊蘊謂積聚古翻陰陰乃蓋覆積聚有爲蓋覆眞性又仁王云不可說識生諸有情色心二法色名色蘊心名四蘊皆積聚性隱覆眞實此以色受想行識名爲五蘊心經跡記具解五蘊音義指歸云漢來翻經爲陰至晉僧叡改爲衆至唐三藏改爲蘊
鉢羅吠奢此云入法界次第云通稱入者入以涉入爲義根塵相對則有識生識依根塵仍爲能入根塵即是所入今此十二從所入受名熏聞曰夫六入者凡有二義一根塵互相涉入二根境俱爲識之所入

覽諸經名十二入楞嚴唯以六根爲入者蓋根有勝義親能生識又根能受境吸塵故偏名入故云六爲賊媒自劫家寶又云六入村落法界次第云内六名入者此之六法親故屬内爲識所依故名爲入亦名根者根以能生爲義此六既並有生識之功故通名根外六入者此六踈故屬外識所游涉故名爲入亦名塵者塵以染汚爲義以能染汚情識通名爲塵又十二處者百法跡云生長義即六種識依於根塵而得生長名十二處

馱都此云界百法跡云界是因義中間六識藉六根發六境牽

生與識爲因故名爲界法界次第云界以界别爲義此十八法各有别體義無渾濫故名十八界若根相對即有識生識以識别爲義識依於根能别於塵故通名識由此根塵識三各有六法成十八界此三科法如俱舍云聚生門種族是蘊處界義愚根樂有三故說蘊處界釋曰愚三者一愚心爲說五陰則開心爲四合色爲一二愚色爲說十二處則開色爲十處半謂五根五塵及法塵少分合心爲一處半謂意根及法塵少分三愚心及色爲說十八界則更開心爲七界半謂六識意根法塵少分皆言愚者迷也根三

謂上中下根樂三謂略中廣皆如次配三科法

歌羅邏或羯邏藍此云凝滑又云雜穢狀如凝酥胎中五位此初七日大集經云歌羅邏時即有三事一命二煖三識出入息者名爲壽命不臭不爛名之爲煖即是業持火大故地水等色不臭不爛也此中心意名之爲識即是刹那覺知心也長無增減三法和合從生至死此識之種即是命根故宗鏡引論云然依親生此識種子以此種子爲業力故有持一報之身功能差別令得決定若此種子無此功能身便爛壞故以親生種子爲命根夫命根

者依心假立命爲能依依心爲所依生法師云焚薪之火旋之成輪輪必攬火而成照情亦如之必資心成用也命之依心如情之依心矣

頞部曇 或遏蒱曇或頞浮陀此云皰狀如瘡皰胎二七日

蔽尸 或閉尸或伽那此云凝結狀如就血或云聚血或云奧肉胎三七日

健男 或羯南此云凝厚漸堅硬故亦云硬肉胎四七日雖有身意鈌眼四根六處未全但號名色涅槃佛言如說名色繫縛衆生名色若滅則無衆生離名色已無別衆生離衆生已無別名色亦名名色繫縛衆生亦

名衆生繫縛名色

鉢羅奢佉此云形位具諸根形四支差別俱舍以此胎五七日名胎中五位六七日名髮毛爪齒位七七日名具根位五根圓滿故所言根者增上出生名之爲根五識藉彼爲增上緣而得生故又具五義名之爲根嚴續依發及偏別故從此五七至未出胎竝名六入言胞胎者說文云兒生裹衣者曰胎尒雅胎始養也

斫芻斫者行義芻者盡義謂能於境行盡見諸色故名爲行盡故瑜珈云屢觀衆色觀而復捨故名爲眼是照燭義楞嚴眼如蒲桃朶或

云眼如秋泉池眼有五種一肉眼二天眼三慧眼四法眼五佛眼今先通辨然後别明先通辨者大品云菩薩行般若時淨於五眼肉眼淨見三千大千世界天眼淨見十方如恒河沙等諸佛世界中衆生死此生彼慧眼菩薩不作是念是法若有爲若無爲若世間若出世間若有漏若無漏是慧眼菩薩無法不見無法不知無法不識是爲慧眼淨菩薩法眼知是人入隨信行是人隨法行是人無相行是人行空解脱門是人行無相解脱門是人行無作解脱門得五眼得五根故得無間三昧得無間三昧故得解脱智云云

乃至知是菩薩能坐道場不能坐道場知是菩薩有魔無魔是爲菩薩法眼淨（目連謂魔曰吾以道眼觀內天眼觀表內外清淨過天琉璃）菩薩入如金剛三昧破諸煩惱習即時得諸佛無礙解脫即生佛眼所謂一切種智十力四無所畏四無礙智乃至大慈大悲等諸功德是名佛眼大論釋曰肉眼見近不見遠見前不見後見外不見內見晝不見夜見上不見下以此礙故求天眼得是天眼遠近皆見前後內外晝夜上下悉皆無礙是天眼見和合因緣生假名之物不見實相所謂空無相無作無生無滅如前中後亦尓爲實相故求慧眼得慧眼不見衆生

盡滅一異相捨離諸著不受一切法智慧自內滅是名慧眼但慧眼不能度衆生所以者何無所分別故以是故生法眼法眼能令行人行是法得是道知一切衆生各各方便門令得道證法眼不能徧知度衆生方便道以是故求佛眼佛眼無事不知覆障雖密無不見知於餘人極遠於佛至近於餘幽闇於佛顯明於餘爲疑於佛決定於餘微細於佛爲麤於餘甚深於佛甚淺是佛眼無事不聞無事不見無事不知無事爲難無所思惟一切法中佛眼常照此之五眼當立四義以辨其相初約人分淨名記云欲揖人中

是肉眼故明四趣眼不及人天故爲所破此亦一往亦有龍鬼過人肉眼終是惡業從道已判又云以天眼法在色界故破欲方有四禪天眼聲聞是慧眼我從昔來所得慧眼菩薩是法眼如來是佛眼淨名記問前三眼兩教二乘亦能得之法眼三教菩薩亦能得之如何五眼併奪云無荅隨教依理其相天殊若云諸佛菩薩有者即是帶理之四眼也地住分得佛方究竟故云肉眼一時徧見十方天眼不以二相而見慧眼乃云第一淨故法眼佛眼元來永殊是則五眼具足在佛二乘與人既並無眼如生盲者問佛之肉眼與人肉眼

同異云何荅凡夫惡業障故如盲佛果功德熏故清淨故大般若云佛肉眼能見人中無數世界不唯障内故知凡夫肉眼但見障内義當盲矣問肉眼障礙云何偏見荅大論云報生天眼在肉眼中天眼開闢肉眼見色故見大千又云天眼有二種一果報得二修禪得果報得者常與肉眼合用唯夜闇天眼獨用問佛具肉眼與於佛眼同異云何荅淨名記云諸佛如來法身菩薩約體用分五相不同且如肉眼見於麁色於麁色處見於中道從麁色邊名爲肉眼約見中道即名佛眼問佛之天眼與於佛眼同異云何荅

淨名疏云今取證理見十方土及十法界麁細之色名佛天眼圓見三諦無二名爲佛眼二約用釋如淨名疏云但眼是惣名從用分別則有五種一肉眼見麁事色二天眼見因果細色三慧眼即麁細色心徧眞之理四法眼見色心麁細因緣假名俗諦諸法五佛眼見中道圓眞佛性之理又能雙照麁細因緣事理問見中道眞名佛眼者未審菩薩分證與佛究竟同異云何荅如發軫云分證與究竟五眼但有明昧之殊三約諦釋如淨名疏云圓觀三諦觀俗境破諸惡業名淨肉眼觀俗細境破諸亂心名淨天眼若觀

眞諦破界內惑名淨慧眼觀內外俗破塵沙無知名淨法眼觀中雙照圓除無明是淨佛眼是則肉天二眼乃因緣所生之法後三即三觀所照之諦焉四約教釋如淨名疏云約教則有四佛五眼不同金剛般若佛問須菩提如來有肉眼不云云準此五眼皆通四教若別釋者淨名記云若以偏圓相待惣而明之唯圓佛眼別教法眼通菩薩慧眼藏菩薩肉天二眼又淨名疏云若諸凡夫肉眼天眼見麁細相聲聞但有三眼肉眼天眼所見同前慧眼見眞諦相即是見二諦相三藏菩薩既未斷惑不見眞諦相但有肉眼天

眼見世諦麁相通教菩薩亦但三眼唯見二諦幻化之相別教菩薩得四眼三眼如前別得法眼見界内外恒沙佛法無量四諦之理並是見相見也若圓教菩薩住十信位雖有肉眼名爲佛眼相似圓見法界相惑未除猶名見相見也若入初住發眞無漏即五眼圓開此皆通辨次別明者淨名疏引首楞嚴云阿那律言我初出家常樂睡眠如來訶我爲畜生類我聞佛訶啼泣自責七日不眠失其雙目白佛具說佛言眼是眼食如人七日不食則便失命七日不寢眼命即斷難可治之當修天眼用見世事因是修禪得

四大淨色半頭而見謂之半頭者昔神悟云齊眉上半如琉璃明徹此違楞嚴明前不明後南屏云前之半頭見大千界但見於前不見于後今謂此解違淨名疏云那律修禪得四大清淨造色半頭天眼從頭上半皆得見色觀三千大千世界如庵摩勒果若三藏佛得全頭天眼一頭皆發淨色徹見無礙今觀兩說猶鷸蚌之相搤今秉其獘以會通之淨名廣疏以從上為半者乃示天眼之體也以報得天眼在肉眼中修得天眼在肉眼外既在眼外則發半頭之色雖半頭淨及其視物但見前矣所以楞嚴約用說焉然其

聲聞所發天眼半頭與佛全頭優劣碩異又佛乃隨所入定欲見能見聲聞須入所得之定方覩境矣又佛則能見一切佛土那律但見大千淨名疏云二乘雖有天眼作意欲見千界乃至大千諸佛菩薩有眞天眼不以二相見諸佛土天台云中道眞天眼非二諦之相而能徧照四土三種生死死此生彼依正並現王三昧中是眞天眼問那律既見於前云何倩人穿針荅入定則見出定不知肇云二乘在定則見出定不見荆溪記云若約那律失眼出觀但同世人壞根者不見問藏通二教既不談中以何爲佛眼荅別

行玄記云故今正使及二習氣俱時而盡故能二諦皆究竟也方異三乘弟子獨彰佛眼佛智復次那律天眼與大梵王天眼雖同聚有四異一報修異梵王報得在肉眼中那律修得居肉眼外二惣別異淨名跡云又梵王是惣相見不分明那律是別相見見則了了乃至諸阿羅漢因淨禪得者皆別相見三自他異梵王報得於自住處則見餘方不見那律以修根本得五種四禪八色清淨發眞天眼隨所至處皆見三千四通明異梵王天眼是通非明羅漢天眼是通是明又淨名跡問梵王天眼見大千界與法華肉

眼何異荅大論明報生天眼在肉眼中天眼開闢見處由天肉眼見色故見大千大品明菩薩肉眼見百由旬乃至大千過此則用天眼以肉眼與風相違故不說見他土若法華經力肉眼能見大千一切法者三藏二乘天眼慧眼所見事理尚不能及何況梵王而可比也故大經云學大乘者雖有肉眼名為佛眼二乘之人雖有慧眼名為肉眼以其慧眼見真斷惑與圓教肉眼有齊有劣故圓教肉眼名佛眼者以雖具煩惱之性能知如來秘密之藏

婆路多羅戍縷多此云能聞

瑜珈云數數於此聲至於聞故翻爲耳是能聞義楞嚴耳如新卷葉或云耳如卷樺皮

伽羅尼羯羅拏 此云能齅瑜珈云數由此故能齅於香故名爲鼻是能齅義楞嚴云鼻如雙垂爪或云鼻如盛針筒

舐若時吃縛 此云能甞能除飢渴故瑜珈云能除飢渴羸瘦數發言論表彰呼召故名爲舌是能甞義楞嚴舌如初月偃或云舌如偃月刀

迦耶 梵有四名一迦耶二設利羅三弟訶四應伽此云積聚瑜珈云諸根所隨周徧積聚

故名爲身是積聚義又依止義亦翻分謂支分楞嚴身如胷鼓頸或云身如立戟槊安般守意經云何等爲身何等爲體骨肉爲身六情合爲體

紇利陀耶

此云肉團心即意根所託也故云意如幽室見夫言根者義有二種一者浮塵外根二勝義内根言浮塵者四大是能造四微是所造色香味觸四微和合乃得成根故楞嚴云我今觀此浮根四塵只在我面資中云浮虛不實昏翳其性故曰浮塵此浮塵外根也言勝義者即清淨四大洪敏鈔云此勝義根雖用能造所造八法爲體是不可

見有對色能照境發識乃聖人所知之境其義深遠
非同塵境麄淺故名清淨此是深中說淨非無漏妙
明之淨此勝義内根也大論問何故三識所知合爲
一鼻舌身識名爲覺三識所知别爲三眼名見耳名
聞意知名爲識荅是三識助道法多是故别說餘三
識不尔是故合說是三識但知世間事是故合爲一
餘三識亦知世間亦知出世間是故别說復次是三
識但緣無記法餘三識或緣善或緣不善或緣無記
復次是三識能生三乘因緣如眼見佛及弟子耳聞
法心籌量正憶念如是等種種差别勝天王經佛告

天王菩薩摩訶薩以方便力行般若波羅蜜於一切法心緣自在緣一切色願得佛色無所得故心緣衆聲願得如來微妙音聲心緣衆香願得如來清淨戒香心緣諸味願得如來味中第一大丈夫相心緣諸觸願得如來柔輭手掌心緣諸法願得如來寂靜之心心緣自身願得佛身心緣自口願得佛口心緣自意願得如來平等之意天王菩薩摩訶薩行般若波羅蜜無有一心一行空過不向薩婆若者遍緣諸法而能不著觀見諸法無不趣向菩提之道菩薩修習諸行皆因外緣而得成立又如大地住在水上若鑿地

井即得水用其不鑿者無由見之如是聖智境界遍一切法若有勤修般若方便則便得之其不修者云何能得

鼻鼓迦　此云種肇曰此五衆生之所由生故名種婆沙問曰何名大種荅大而是種故名大種如言大地及大王等能滅能增能損能益是爲種義體相形量徧諸方域能成大事是爲大義大乘入楞伽云謂虚妄分别津潤大種成内外水界炎盛大種成内外火界飄動大種成内外風大色分段大種成内外地界圓覺云我今此身四大和合所謂髮毛爪齒皮肉筋骨髓腦垢色皆歸

於地唾涕膿血津液涎沫淡淚精氣大小便利皆歸
於水暖氣歸火動轉歸風仁王云堅持名地津潤名
水煖性名火輕動名風淨覺云通名大者且從事立
智論云佛說四大無處不有故名爲大長水直以藏
性釋大一何誤哉孤山云四輪持世其實土輪金輪
水輪風輪也此不言土者土與金同是堅性俱屬地
大故此但言四大則已攝四輪矣淨覺云然此四大
風金則由妄心而起火水復由風金而起下文結云
遞相爲種義見此矣宗鏡云皆從四大和合成盡是
一心虛妄變維摩詰問文殊師利何等爲如來種文

殊師利言有身爲種無明有愛爲種貪恚癡爲種四顛倒爲種五蓋爲種六入爲種七識處爲種八邪法爲種九惱處爲種十不善道爲種以要言之六十二見及一切煩惱皆是佛種天台釋云即是以非種爲種何者離三道之外更無如來種一正因即苦道二了因即煩惱道三緣因即業道又上文云三道是三德種種既有三如來亦三一法佛如來二報佛如來三應佛如來種以能生爲義若不能生不名爲種以此三種能生三佛從微至著終于大果亦種類義若此三種非佛種類此外更無同類之法亦種性義性名

無改此之三法從初至後不斷不滅必致三佛三德之果故名不改今約衆生明種不出此三由煩惱潤業受身有苦三無前後亦非一時不縱不横故金錍云若有衆生未禀教者來至汝所先當語云汝無始來唯有煩惱業苦而已即此全是理性三因（此乃約性開三）由未發心未曾加行故性緣了同名正因（此乃對修方合）又妙樂云三道是三德種者即性種也有生性故故名爲種生時此種純變爲修此等諸文皆以迷時爲性悟後名修然此性種天台名相對種荆溪以敵對而釋有惣有別若惣以三道之事俱對三德之理此乃事理

惣論敵對若別敵對如記主云此三從別一一各異
苦道在迷屬因法身所證是果此乃因果相對煩惱
是昏迷之法般若是明悟之法此乃迷悟敵對行違
理是繫縛之法行順理是解脫之法此以縛脫敵對
荆溪又轉名相翻種在因則翻法身爲苦道至果乃
翻苦道爲法身迷日翻般若爲煩惱悟時翻煩惱爲
般若縛則翻解脫爲結業脫則翻結業爲解脫始終
理一故名性種若法華跡釋諸佛兩足尊知法常無
性佛種從緣起是故說一乘天台解曰中道無性即
是佛種妙樂釋云立本無性爲本性德故知今種即

性家之種先德疑云淨名以三道爲性種法華以中道爲性種觀此二處文義頗異遂立四義消通二文一種本二種體三種緣四種果遂定淨名三道是種之當體法華三德是所依體乃種之本也今謂種以能生爲義種即是本豈有二殊學者須究二處經文各順一義維摩指迷令悟故以在迷三道爲佛種正助二修爲種緣（此乃迷悟分修性）法華明諸佛設教故當平等理性爲佛種逆順兩事爲種緣（此乃事理分修性）淨名三道乃約即爲種（三道是能三德是所）猶冰是水種法華三德指性自是種（乃性當家名種）如水爲冰種作此區別煥然明矣又法華跡

曰若就類論種一切低頭舉手悉是解脫種一切世智三乘解心即般若種夫有心者皆當作佛即法身種荆溪云類謂類例即修德也斯乃順修三因能成三德之果故名類種此由法華徧開六道低頭舉手彈指散花本是人天之福今開即是緣因佛種一切世智三乘解心本是五乘之智今開即是了因佛種夫有心者不知正因今開衆生皆當作佛即法身種妙樂問曰若爾般若解脫有於種類及以對論法身類種與對論種爲同爲異荅理一義異言理一者只緣理一是故修性相對離合言義異者對生死邊名

爲相對理體本淨名爲類種又聞能觀智名爲了種聞所緣理名爲正種即是理淨與事淨爲類此約開顯明類種昔經圓既隔偏但約當教三因自論類種若前三教如妙樂云別教唯有種類之種而無相對於中法身種類仍別始終常淨唯不從覆故得種名此與釋籤雖法身本有不同別教爲惑所覆二文相戾妙宗釋曰別教法身爲惑所覆者良由不知本覺之性具染惡德是故染惡非二德也云云但有法身本覺隨於染緣作上一切迷中之法以是名曰爲惑所覆既覆但中佛性之理如淳善人一切惡事非本所能

爲惡人逼令作衆惡故説善人爲惡所覆此顯定有
能覆之惑所覆眞如其理不變始終常淨故説唯不
從覆故得種名問妙立云十回向始正修中此中但
理不具諸法釋籤則曰不同別人理體具足而不相收
故絳幃難云別人既有理性三因何縁別修縁了淨
覺雖約理性三因皆但中德荅未契四明之意故於
妙宗釋此義曰亦爲不知本覺之性具染惡德不能
全性起染惡修乃成理體横具三法言不相收者以
其三法定俱在性皆是所發猶如三分各稱帝王何
能相攝是故不知性中三法二是修者二乃成横故

曰三皆在性而不互融也藏通兩教全無此義但約當教其名非無因時三學爲五分種達分即爲二解脫種第五記云解脫達分者涅槃名解脫所修善根不住生死名爲達分念處即般若種當曉有身爲種若非聞法孰能自知不加功行捨身受身奚得成就無上菩提遂示性類二法以爲標月之指歟

攝提 翻假施設假謂三假輔行云因內因外和合方成故所生法名因成假念不實故故前念滅滅已復生生者必滅計能相續名相續假他待於己假立他名己待於他假立於已相待不實名相待假成實論云三假浮虛者如煙雲塵霧也

優陀那 天台禪門

曰此云丹田去臍下二寸半大論云如人語時口中風出名優陀那此風出已還入至臍偈云風名優陀那觸臍而上去是風觸七處頂及斷齒脣舌喉及以胷是中語言生論云出入息是身加行受想是心加行尋伺是語加行大集經云有風能上有風能下心若念上風隨心牽起心若念下風隨心牽下運轉所作皆是風隨心轉作一切事若風道不通手脚不遂心雖有念即舉動無從譬如人牽關捩即影技種種所作捩繩若斷手無所牽當知皆是依風之所作也

阿那 亦云安那此云遣來入息也

般那 此云遣去出息也安般守意經云安爲身般爲息安爲生般爲滅安爲念道般爲解結所以先數入者外有七惡内有三惡用少不能勝多先數入也安名出息般名入息有四事一爲風二爲氣三爲息四爲喘有聲爲風無聲爲氣出入爲息氣出入不盡爲喘也出息爲生陰入息爲思想陰或云先數出息氣則不急身不脹滿身心輕利三昧易成或云先數入息隨息内斂易入定故或云當隨便宜以數出入若心輕浮繫心丹田當數入息若心昏沉繫心鼻端當數出息此皆不許出入俱數

提婆菩薩云佛說甘露門名阿那波那於諸法門中第一安隱道

烏波 或云薩遮此云有婆沙云有是何義謂一切有漏法是佛言若業能令後生續生是名爲有華嚴云何等名有爲法所謂三界衆生婆沙云漏是何義荅住是漏義凡夫至此被留住故浸漬是漏義至三有頂常浸漬故淶出是漏義無盡三有還出下故持義醉義在內義放逸義並是漏義成論云失道故名漏律云癡人造業開諸漏門文句云漏謂三漏妙樂云一欲漏謂欲界一切煩惱除無明二有漏謂上兩界一切煩惱除無明三無明

漏謂三界無明及輔行釋有流云有即三有流謂四流一見流三界見也二欲流欲界一切諸惑除見及癡三有流上二界一切諸惑除見及癡三無明流三界癡也於此三處因果不亡故名爲有爲此四法漂溺不息故名爲流婆沙問緣起緣生有何差別答或說無有差別緣起緣生皆有爲法或有說云亦有差別因是緣起果是緣生涅槃云有漏法者有二種有因有果無漏法者亦有二種有因有果有漏果者是則名苦有漏因者則名爲集無漏果者則名爲滅無漏因者則名爲道

薩迦耶薩此云無常荀卿曰趨舍無定謂之無常唐因明正理論云本無

今有暫有還無故名無常淨住法云生不可保唯欲
營生死必定至不知顧死況此危命凶變無常俄頃
之間不覺奄死内德論云百齡易盡五福難常命川
流而電逝業地久而天長三塗極迷而杳杳四流無
際而茫茫憑法舟而利濟謝信翮以高翔宜轉咎而
爲福何罔念而作狂正法念云有於胎藏死有生時
命終有纔行便亡有能走忽卒智論云無常有二種
一相續法壞無常二念念生滅無常宗鏡明二種四
相一約麄果報説生老病死長阿含云一生相五陰
興起已得命根二老相謂生壽向盡餘命無幾三病

相謂衆苦迫切存亡無期四死相謂盡也風先火次諸相敗壞身亡昇趣故又四諦論曰衆苦依止名生苦能令變壞名老苦逼迫身因名病苦能滅諸根名死苦非愛共聚名怨憎會苦可愛相遠名愛別離苦希望不遂名求不得苦是衆苦相名五盛陰苦婆沙論云盛陰有何義受所生是故說盛謂生受是故說盛受所養是故說盛謂養受是故說盛問陰與盛陰有何差別荅名即差別謂陰謂盛陰又陰有漏無漏盛陰一向有漏又陰染污不染污盛陰一向染污章安云今依經文以五盛陰是其別體善惡陰盛即是苦體涅槃云復次菩薩修於死想觀是壽命常爲無量怨讐所繞念念損減無有增長猶山瀑水不得停住亦如朝露勢不久停如囚趣死步步近死如牽牛羊詣於屠所出曜

經佛言是日已過命則隨減如少水魚思有何樂二約細惑業説生住异滅如起信論不覺心起名爲生能見能現妄取境界起念相續名之爲住執取計名名之爲異造作諸業名之爲滅唯識論云生表此法先非有滅表此法後是無异表此法非凝然住表此法暫有用釋曰自無而有曰生自有而無曰滅前後改變名异暫尔相續名住又論云本無今有有位名生生位暫停即説爲住住別前後復立异名暫有還無無而名滅前三有故同在現在後一是無故在過去輔行記云言三相者不立住相與异合説以人

於住起常計故故淨名云比丘汝今亦生亦老亦滅老即是異圭峯云住异二相同是現在故合爲一細分即四孤山解楞嚴云前舉四相今唯二者以生攝住以滅收异宗鏡云雖年百歲猶若剎那如東逝之長波似西垂之殘照擊石之星火驟隙之迅駒風裏之微燈草頭之朝露臨崖之朽樹爍目之電光若不還於正法必永墜於幽途

闍提闍 音社此云生死

仡 語乞 那 或繕 摩此翻生瑜伽云五蘊初起名之爲生依㲉而起曰卵生含藏而出號胎生假潤而興曰濕生無而忽現

名化生如是四生由内心思業爲因外殼胎藏濕潤爲縁約藉縁多少而成次第卵生具四是以先說胎生具二濕生具二化生唯一謂思業也俱舍云人旁生具四地獄及諸天中有唯化生鬼通胎化二人具四生者如大論云毗舍佉弥羅母生三十二子弥伽羅是大兒字其母生三十二卵剖生三十二男皆爲力士其母得三道又婆沙論云昔於此洲商人入海得一雌鶴遂生二卵出二童子端正聰明年長出家得阿羅漢大名世羅小名鄔波世羅大論云胎生者如常人生濕生者如揜音菴羅婆利婬女頂生轉輪聖王又涅槃云頂生王從頂皰生化生者大論云如

佛與四衆遊行比丘尼衆中有阿羅婆地中化生及劫初時人皆化生旁生具四者正法念云化生金翅鳥能食四生龍龍與金翅皆具四生走獸皆胎飛鳥俱卵證眞云情想合離四生皆具經文且據一往增勝邊說

末剌諵

（女咸切）此云死勝鬘云生者新諸根生死者故諸根滅正法念經云臨終四大爲害謂之四大不調有四種死若風大不調一切身分互相割裂從足至頂分散如沙又一乘章云有二種死何等爲二謂分段死（壽有分限身有形段）不思議變易死（因移果易故名變易）分段死者謂虛僞衆生不思

議變易死者謂阿羅漢辟支佛大力菩薩意生身又云以分段死故說阿羅漢辟支佛智我生已盡得有餘果證故說梵行已立凡夫人天所不能辦七種學人先所未作虛僞煩惱斷故說所作已辦阿羅漢辟支佛所斷煩惱更不能受後有故說不受後有攝大乘明七種生死一分段謂三界果報二流來謂有識之初三反出謂背妄之始四方便謂入滅二乘五因緣謂初地已上六有後謂第十地七無後謂金剛心北史李士謙字子約善談名理嘗有客坐不信佛家報應義士謙諭之曰積善餘慶積惡餘殃此非休咎

耶佛經云輪轉五道無復窮已此則賈誼所言千變萬化未始有極忽然爲人之謂也佛道未來其賢者已知其然矣至若鯀爲黃熊（音雄）褒君爲龍牛哀爲猛獸彭生爲豕如意爲犬鄧艾爲牛羊祜前身李氏之子此非佛家變化异形之謂乎

迦摩羅 或迦末羅此云黃病又云惡垢亦云癩病智論云一者外因緣病寒熱飢渴兵刃刀杖墜落推壓如是等種種外患爲惱二者内因緣病飲食不節卧起無常四百四病名爲内病

阿薩闍 此云不可治病弘明集云必死之病雖聖

莫蠲可療之疾待醫方愈故涅槃明三種病一易治
二難治三不可治淨名疏云療治有損一有從初服
藥但增而不損終無差理是名增二或雖困篤方
治即愈是名增損三或有服藥初雖漸損而後更增
是名損增四從初漸損乃至平服是爲損損又釋治
衆生病一增增者即底下凡夫若爲說法更起誹謗
闡提之罪如善星調達等也二增損者如尸利鞠多
三損增者如大論明四禪比丘謂是四果臨終見生
處謗無涅槃即墮地獄又毗曇成實明退法
人皆其相也四損損者即身子等諸得道人　珊若

娑此云癈風病一發不起智論云四百四病者四大爲身常相侵害一一大中百一病起冷病有二百二水風起故熱病有二百二地火起故止觀明治病方法旣深知病源起發當作方法治之治病之法乃有多途舉要言之不出止觀二種方便云何用止治病相有師言但安心止在病處即能治病所以者何心是一期果報之主譬如王有所至處群賊迸散次有師言臍下一寸名憂陁那此云丹田若能止心守此不散經久即多有所治有師言常止心足下莫問行住寢卧即能病治所以者何人以四大不調

故多諸疾患此由心識上緣故令四大不調若安心在下四大自然調適衆病除矣有師言但知諸法空無所有不取病相寂然止住多有所治所以者何由心憶想鼓作四大故有病生息心和悅衆病即差故淨名經云何爲病本所謂攀緣云何斷攀緣謂心無所得如是種種說用止治病之相非一故知善修止法能治衆病次明觀治病者有師言但觀心想用六種氣治病者即是觀能治病何等六種氣一吹二呼三嘻四呵五噓六呬此六種息皆於脣口之中想心方便轉側而作綿微而用頌曰心配屬呵腎屬吹脾呼肺呬聖皆知肝臟熱來噓字至三焦壅處但言嘻

高僧傳僧善疾篤將亟告弟子曰吾患腹中冷結者昔在少年山居服業粮粒既斷懶往追求噉小石子用充日夕因覺爲病死後可破腹看之果如其言南山鈔云但飢渴名主病亦名故病每日常有故以食爲藥醫之功僧祇律云佛住舍衛國難陀母人作釜飯逼上汁飲覺身中風除食消便作念闍梨是一食人應當食粥乃取多水少米煎去二分然後入胡椒蓽茇末盛滿甖持詣佛所白言惟願世尊聽諸比丘食粥佛許仍爲說偈次四分云佛在那頻頭國因蓱沙施粥佛許之又十誦云婆羅門王阿耆達施八般

粥謂乳酪胡麻豆摩沙荏蘇等佛許之高僧法開晉升平中孝宗有疾開視脉知不起不肯進藥獻后怒收付廷尉俄而帝崩獲免或問法師曰高明剛簡何以醫術經懷開曰明六度以除四魔之疾調九候以療風寒之病自利利他不亦可乎孫綽曰才辯縱橫以數術通教其在開公焉

翻譯名義集六

景德寺徒弟　守志謹將

先和尚法因首座遺下長財叁拾貫足命工助雕

諸經梵語願淨罪瑕莫生安養

翻譯名義集七

姑蘇景德寺普潤大師　法雲　編

寺塔壇幢篇第五十九　犍稚道具篇第六十
沙門服相篇第六十一　齋法四食篇第六十二
篇聚名報篇第六十三　統論二諦篇第六十四

寺塔壇幢篇第五十九

裕師寺誥云寺是攝十方一切衆僧修道境界法爲待一切僧經游來往受供處所無彼無此無主無客僧理平等同護佛法故其中飲食衆具悉是供十方凡聖同有鳴鐘作法普集僧衆同時共受與檀越作

生福之田如法及時者皆無遮礙是宜開廓遠意除蕩鄙懷不吝身財護持正法西域記云諸僧伽籃頗極奇製隅樓四起重閣三層榱梠棟梁奇形雕鏤戶牖垣墻圖畫衆彩梁僧傳云相傳外國國王嘗毀破諸寺唯招提寺未及毀壞夜一白馬繞塔悲鳴即以啓王王即停壞因改招提以爲白馬故諸寺立名多取則焉僧史略云鴻臚寺者本禮四夷遠國之邸舍也尋今別擇洛陽西雍門外蓋一精舍以白馬馱經來故用白馬爲題寺者釋名曰嗣也治事者相嗣續於其內本是司名西僧乍來權止公司移入別居不

忘其本還標寺號準天人陸玄暢云周穆王時文殊目連來化穆王從之即列子所謂化人者是也化人示穆王高四臺是迦葉佛說法處因造三會道場又云周穆王身游大夏佛告彼土有古塔可反禮事王問何方荅在鄗京之東南也又問周穆巳後諸王建置塔寺何爲此土文紀罕見荅立塔爲於前緣多是神靈所造人見者少故文字少傳楊雄劉向尋於藏書往往見有佛經豈非秦前巳有經塔或名僧坊者別屋謂之坊也或名精舍者釋迦譜云息心所栖故曰精舍靈裕寺誥曰非麤暴者所居故云精舍藝文

類云非由其舍精妙良由精練行者所居也或名道場肇師云修道之場隋煬帝勑天下寺院皆名道場止觀云道場清淨境界治五住糠顯實相米或名蓮社者社即立春秋後五戊日名社群農結會祭以祈穀白虎通曰王者所以有社何爲天下求福報土非土不食土廣不可徧敬故封土以立社往生傳云東晉遠法師憩跡廬阜一百二十三人締結方外之游於是相與而有蓮社之想焉今之以蓮社云蓋其始也

剎摩　正音掣摩多羅此云土田淨名略疏云萬境不同亦名爲剎垂裕云蓋取莊嚴差別名

之爲刹此乃通指國土名刹又復伽籃號梵刹者如輔行云西域以柱表刹示所居處也梵語刺勳瑟胝此云竿即幡柱也長阿含云若沙門於此法中勤苦得一法者便當竪幡以告四遠今有少欲人又法華云表刹甚高廣此由塔婆高顯大爲金地標表故以聚相長表金刹如法苑云阿育王取金華金幡懸諸刹上塔寺伍昂

羅摩 此云院周垣小院

招提 經音義云梵云招鬪提奢唐言四方僧物但筆者訛稱招提此翻別房施或云對面施或云梵言僧鬘此翻對面施音義云體境交現

曰對輟己惠他名施後魏太武始光元年造伽藍創立招提之名

僧祇

此云四方僧物律鈔四種常住一常住常住謂衆僧廚庫寺舍衆具華果樹林田園僕畜等以體局當處不通餘界但得受用不通分賣故重言常住二十方常住如僧家供僧常食體通十方唯局本處此二名僧祇物三現前現前謂僧得施之物唯施此處現前僧故四十方現前如亡五衆輕物也若未羯磨從十方僧得罪若已羯磨望現前僧得罪此二名現前僧物

阿蘭若

或名阿練若大論翻遠離處薩婆多

論翻閑静處天台云不作衆事名之爲閑無憒閙故名之爲静或翻無諍謂所居不與世諍即離聚落五里處也肇云忩竟生乎衆聚無諍出乎空閑故佛讃住於阿蘭若應師翻空寂苑師分三類一達磨阿蘭若即華嚴之初謂說諸法本來湛寂無起作義二名摩登伽阿蘭若謂塚間處要去村落一俱盧舍大牛吼聲所不及處三名檀陁迦阿蘭若謂沙磧之處也磧遷歷切

僧伽藍 譯爲衆園僧史略云爲衆人園圃園圃生植之所佛弟子則生殖道芽聖果也

那爛陁 西域

記曰唐云施無厭此伽藍南菴沒羅園中有池其龍名那爛陁旁建伽藍因取其稱從其實議是如來昔行菩薩道時爲大國王建都此地憐愍衆生好樂周給時美其德號施無厭大宋僧傳云那爛陁寺周圍四十八里九寺一門是九天王所造西域伽藍無如其廣矣

菴羅園 闡義云菴羅是果樹之名其果似桃或云似柰此樹開華華生一女國人歎異以園封之園既屬女女人守護故言菴羅樹園宿善冥熏見佛歡喜以園奉佛佛即受之而爲所住

迦蘭陁 善見律及經律異相

云是山鼠之名也時毗舍離王入山於樹下眠有大毒蚖欲出害王於此樹下有鼠下來鳴令王覺王感其恩將一村食供此山鼠乃號此村爲迦蘭陀而此村中有一長者居金錢四十億王即賜於長者之號由此村故所以名爲迦蘭陀長者也三藏傳云園主名迦蘭先以此園施諸外道後見佛又聞深法恨不以園得施如來時地神知其意爲現災怪怖諸外道逐之令出告曰長者欲以園施佛汝宜速去外道含怒而出長者歡喜建立精舍躬往請佛

林微尼　或流弥尼或藍毗尼或嵐毗尼

此云解脱處亦翻斷亦翻滅華嚴音義翻樂勝圓光由昔天女來故立此名新云藍奮(扶晚)尼此云監即上古守園女名

秣蘇伐那 西域記云唐言闇林千佛皆於此地說法佛滅三百年有迦多衍那於此製發智論

阿奢理貳 西域記云唐言奇特

鷄頭摩 竦跡釋鷄園引智論云昔有野火燒林林中有雉入水漬羽以救其焚篡要云即鷄頭摩寺

窣堵波 西域記云浮圖又曰偷婆又曰私偷簸皆訛也此翻方墳亦翻圓塚亦翻高顯

義翻靈廟劉熙釋名云廟者皃也先祖形皃所在也又梵名塔婆發軫曰說文元無此字徐鉉新加云西國浮圖也言浮圖者此翻聚相戒壇圖經云原夫塔字此方字書乃是物聲本非西土之號若依梵本瘞猗厲佛骨所名曰塔婆後分經佛告阿難佛般涅槃荼毗既訖一切四衆收取舍利置七寶瓶當於拘尸那城内四衢道中起七寶塔高十三層上有輪相云云辟支佛塔應十一層阿羅漢塔成以四層亦以衆寶而嚴飾之其轉輪王亦七寶成無復層級何以故未脫三界諸有苦故十二因緣經八種塔並有露槃佛塔

八重菩薩七重辟支佛六重四果五重三果四二果三初果二輪王一凡僧但蕉葉火珠而已（言輪相者僧祇云佛造迦葉佛塔上施盤蓋長表輪相經中多云相輪以人仰望而瞻相也）

支提（或名難提脂帝制底制多此翻可供養處或翻滅惡生善處雜心論云有舍利名塔無舍利名支提文句云支提無骨身者也阿含明四支徵謂佛生處得道處轉法輪處入滅處也）

舍磨奢那（此云冢西域僧死埋骨地下上累甎石似窣堵波但形卑小）

健陁俱胝（義淨云西方名佛堂爲揵陁俱胝此云香室）

毗訶羅此云遊行處謂僧遊履處也　滿荼邏力箇切此翻壇新云正名曼荼羅言壇者鄭玄注禮云封土曰壇除地曰墠常演封者起土界也壇之言坦也坦明皃也漢書音義云築土而高曰壇除地平坦曰場國語云壇之所除地曰場除掃也周書曰爲三壇同墠墠除地也說文云野土也爾雅云鹿之所息謂之場詩云九月築場圃注云春夏爲圃秋冬爲場場即平治土面於上治穀

脫闍資中翻幢熏聞云闍視遮切有作都音引爾雅云闍謂之臺而言脫者積

土脱落也今所不
取蓋是梵語故

拘吒迦此云小舍

犍椎道具篇第六十

菩薩戒經云資生順道之具中阿含云所蓄物可資身進道者即是增長善法之具辯正論云沙門者行超俗表心游塵外故應器非廊廟所陳染衣異朝宗之服北山録云簠音甫簋音軌祭器內圓外方俎莊呂切夕肉俎也豆制度文章爲禮之器升降上下周旋裼先的襲似立爲禮之文鐘鼓管磬羽籥音藥先王制舞文以羽籥干戚籥如笛三孔而短干盾也戚斧也干戚爲樂之器屈伸俯仰綴兆舒疾爲樂之文置茲則禮樂廢矣繕寫續

刻香臺法机爲道德之器髡祖拜遶禪講齋戒爲道德之文弛玆則道德微矣

犍(巨寒)椎　音地聲論翻爲磬亦翻鐘資持云若諸律論並作犍槌或作犍椎今須音槌爲地又羯磨疏中直云犍地未見稚字呼爲地也後世無知因玆一誤至於鈔文一宗祖教凡犍槌字並改爲稚直呼爲地請尋古本及大藏經律考之方知其謬今須依律論並作犍槌至呼召時自從聲論增一云阿難升講堂擊犍椎者此是如來信鼓也五分云諸比丘布薩時不時集妨行道佛言當唱時至若打

犍椎若打皷吹螺使舊住沙弥淨人打不得多應打三通若唱二時至亦使沙弥淨人唱住處多不得徧聞應高處唱猶不知集更相語知若無沙弥比丘亦得打事鈔云若尋常所行生椎之始必漸發聲漸希漸大乃至聲盡方打一通佛在世時但有三下故五分云打三通也後因他請方有長打然欲初鳴時當依經論建心標爲必有感徵應至鐘所禮三寶訖具儀立念我鳴此鐘者爲召十方僧衆有得聞者並皆雲集共同和利又諸惡趣受苦衆生令得停息故付法藏傳中罽膩吒王以大殺害故死入千頭魚中劒

輪繞身而轉隨所隨生羅漢爲僧維那依時打鐘若聞鐘聲劍輪在空如是因緣遣信白令長打使我苦息過七日已受苦即息江南上元縣一民時疾暴死心氣尚暖凡三日復甦乃誤勾也自言至一殿庭間忽見先主被五木縲械甚嚴民大駭竊問曰主何至於斯耶主曰吾爲宋齊丘所誤殺和州降者千餘人以冤訴囚此主問其民曰汝何至斯耶其民具道誤勾之事主聞其民却得生還喜且泣曰吾仗汝歸語嗣君凡寺觀鳴鐘當延之令永吾受苦惟聞鐘則暫休或能爲吾造一鐘尤善民曰我下民耳無緣得見

設見之胡以爲驗主沉慮曰吾在位嘗與于闐國交聘遺吾一瑞玉天王吾愛之嘗置於髻受百官朝一日如廁忘取之因感頭痛夢神謂我曰玉天王寘於佛塔或佛體中則當愈吾因獨引一匠携於瓦棺寺鑿佛左膝以藏之香泥自封無一人知者汝以此事可驗民既還家不敢輒已遂乞見主具白之果曰冥寞何憑民具以玉天王之事陳之主親詣瓦棺剖佛膝果得之感泣慟躃遂立造一鍾於清涼寺鐫其上云薦烈祖孝高皇帝脫幽出厄以玉像建塔葬於蔣山智興鳴鍾事出法苑增一云若打鍾時一切惡道諸苦並得停止

應法師準尼鈔云時至應臂吒犍椎應師釋云梵語臂吒此云打梵語犍椎此云所打之木或檀或桐此無正翻彼無鐘磬故也音義指歸斥云秖如梵王鑄祇桓寺金鐘又迦葉結集撾(陟瓜切椎也)銅犍椎豈無鐘耶但天竺未知有磬五分律云隨有瓦木銅鐵鳴者皆名犍地又律中集僧有七種法一量影二破竹作聲三作煙四吹貝五打鼓六打犍椎七唱諸大德布薩說戒時到事鈔明入堂法應在門外偏袒右肩歛手當心攝恭敬意擬堂內僧並同佛想緣覺羅漢想何以故三乘同法食故次欲入堂若門西坐者從戶外

旁門西頰先舉左脚定心而入若出門者還從西頰先舉右脚而出若在門東坐者反上可知不得門内交過若欲坐時以衣自蔽勿露形醜須知五法一須慈敬重法尊人二應自卑下如拭塵巾三應知坐起俯仰得時四在彼僧中不爲雜語五不可忍事應作默然凡徒衆威儀事在嚴整清潔軌行可觀則生世善心天龍叶賛華嚴云具足受持威儀教法是故能令僧寶不斷智論云佛法弟子同住和合一者賢聖説法二者賢聖默然準此處衆唯施二事不得雜説世論類於污家俳説（俳戲也）又貴靜攝不在喧亂誦經

說法必須知時成論云雖是法語說不應時名爲綺語後裔住持願遵斯式

舍羅 四分此云籌五分籌極短並五指極長拳一肘極麄不過小指極細不得減箸十誦云爲檀越問僧不知數佛令行籌不知沙弥數行籌數之若人施布薩物沙弥亦得雖不往布薩羯磨處由受籌故四分爲受供行籌通沙弥也若未受十戒亦得受籌以同受供故業疏三種行籌一顯露二覆藏以物覆籌三耳語耳畔勸勉事鈔云今僧寺中有差僧次請而簡客者此僧次翻名越次也即今客僧應得不得主人犯重隨同情者多少

通是一盜

隙棄羅　此云錫杖由振時作錫錫聲故十誦名聲杖錫杖經又名智杖

亦名德杖彰智行功德故聖人之幖幟賢士之明記道法之幢根本雜事云比丘乞食深入長者之家遂招譏謗比丘白佛佛云可作聲警覺彼即呵呵作聲喧閙復招譏毀佛制不聽遂拳打門家人怪問何故打破我門默尓無對佛言應作錫杖苾蒭不解佛言杖頭安鐶圓如醆仄限口安小鐶子搖動作聲而爲警覺動可一二無人聞時即須行去五百問論持錫有多事能警惡蟲毒獸等義淨云錫杖都有三分上分

是錫中木下或牙角也若二股六鐶是迦葉佛製若四股十二鐶是釋迦佛製齊稠禪師在懷州王屋山聞虎鬬以錫杖解之因成頌云本自不求名剛被名求我巖前解二虎障却第三果又鄧隱峰飛錫空中解於二陣

刺竭節 此云杖榔栗横擔不顧人直入千峰万峰去

軍遲 此云瓶寄歸傳云軍持有二若甆瓦者是淨用若銅鐵者是觸用西域記云捃稚迦即澡瓶也舊云軍持訛略也西域尼畜軍持僧畜澡灌謂雙口澡灌事鈔云應法澡灌資持云謂一斗已下

鉢里

薩羅伐拏

此云濾水羅會正記云西方用上白㲲東夏宜將密絹若是生絹小蟲直過可取熟絹四尺捉邊長挽兩頭刺著即是羅樣兩角施帶兩畔直怐（音寇似鼎鉉也）中安橫杖尺六兩邊繫柱下以盆承傾水時罐底須入羅內如其不尒蟲隨水落墮地墮盆還不免殺僧祇蟲細者三重濾眦尼母應作二重漉水囊若猶有應作三重不得爽作恐中間有蟲難出當各作捲逐重覆却方護生也根本百一羯磨明五種水羅一方羅用絹三尺或二尺隨時大小作二法瓶陰陽瓶也三君遲以絹繫口以繩

懸沉於水中待滿引出四酌水羅五衣角羅但取密絹方一搭手或繫瓶口或安鉢中漉水用也

鉢塞莫 或云阿喇吒迦二合此云數珠木槵子經云當貫木槵子一百八箇常自隨身志心稱南無佛陀南無達摩南無僧伽乃過一子具如彼經

鉢多羅 此云應器發軫云應法之器也謂體色量三皆須應法體者大要有二泥及鐵也色者熏作黒赤色或孔雀咽色鴿色量者大受三斗小受斗半中品可知又翻為薄謂治厚物令薄而作此器南山云此姬周之斗也準唐

梵五百七　生　五人劉氏慧道開

斗上鉢一斗下鉢五升五分云佛自作鉢坯以爲後式受時準十誦云大德一心念我比丘某甲此鉢多羅應量受常用故三說若捨準衣律云比丘持木鉢佛言不應持如是鉢此是外道法**鍵**音虔**鍿**音咨母論譯爲淺鐵鉢經音跡云鉢中之小鉢今呼爲鐼音訓子十誦律云鉢半大鍵鍿小鍵鍿四分律云鍵鍿入小鉢小鉢入次鉢次鉢入大鉢或作揵茨建鎡並梵音輕重**俱夜羅**此云隨鉢器法寶解云即**浮囊**五分云自今聽諸比丘畜匙筯鍵鍿等浮囊若羊皮若牛皮傅闓

西域渡海之人多作鳥翎毛袋或齎巨牛脬海船或
失吹氣浮身

沙門服相篇第六十一

大論云釋子受禁戒是其性剃髮割截染衣是其相
道宗鈔云儀即沙門相也削髮壞衣是體即沙門性
也無表戒法是僧祇云三衣者賢聖沙門之幖幟四
分云三世如來並著如是衣大品明十二頭陀衣有
二種一者納衣智論釋云好衣因緣故四方追逐墮
邪命中若受人好衣則生親著若不親著檀越則恨
又好衣是未得道者生貪著處好衣因緣招致賊難

或至奪命有如是等患故受弊納衣法二但三衣智論釋云行者少欲知足衣趣蓋形不多不少故受三衣白衣衣求樂故多畜種種衣或有外道苦行故裸形無耻是故佛弟子捨二邊處中道北山云憍陳如弊服五錢須菩提華房百寶俱聖人也衡岳終身一衲玄景每曙更衣俱高僧也克不克在于我可不可不不在乎物也

震越　應法師云此翻衣服應是卧具釋名曰服上曰衣衣依也所以庇寒暑也傳云衣身之章也上曰衣下曰裳白虎通曰衣者隱也裳者障

也所以隱形自障蔽也涅槃云如世衣裳障覆形體

袈裟 具云迦羅沙曳此云不正色從色得名章服儀云袈裟之目因於衣色如經中壞色衣也會正云準此本是草名可染衣故將彼草目此衣號十誦以爲敷具謂同氈席之形四分以爲卧具謂同衾被之類薩婆多云卧具者三衣之名大淨法門經云袈裟者晉名去穢大集名離染服賢愚名出世服眞諦雜記云袈裟是外國三衣之名名含多義或名離塵服由斷六塵故或名消瘦服由割煩惱故或名蓮華服服者離著故或名間色服以三如法色

所成故言三色者律有三種壞色青黑木蘭青謂銅青黑謂雜泥木蘭即樹皮也葉跡云聽以刀截成沙門衣不爲怨賊所剥故章服儀云條堤之相事等田疇如畦貯水而養嘉苗辟服此衣生功德也佛令象此義不徒然五分云衣下數破當倒披之在雨中行水入葉中應順披之章服儀云比見條葉不附正儀當馬齒鳥足縫之即須順左右條開明孔不作即同縵衣南山問比見西域僧來多縫衣葉者何荅此佛滅後將二百年北天竺僧與外道同住外道嫉之密以利刀内衣葉中同往王所外道告王沙門釋子内藏

利刀欲將害王因告檢獲由此普誅一國比丘時有耶舍阿羅漢令諸比丘權且縫合爲絕命難此乃彼方因事權制非佛所開故義淨云西國三衣並皆刺合唯東夏開而不縫依律大衣限五日成七條四日成五條二日成限日不成尼犯墮比丘突吉羅業疏云若有衣不受持者突吉羅下二衣有長者開將作從悲華經云佛於寶藏佛前發願願成佛時袈裟有五功德一入我法中犯重邪見等於一念中敬心尊重必於三乘授記二天龍人鬼若能敬此袈裟少分即得三乘不退三若有鬼神諸人得袈裟乃至四寸

飮食充足四若衆生共相違背念袈裟力尋生慈心五若持此少分恭敬尊重常得勝他瓔珞經云若天龍八部鬭爭念此袈裟生慈悲心海龍王經龍王白佛如此海中無數種龍有四金翅常來食之願佛擁護令得安隱於是世尊脫身皁衣告龍王汝取是衣分與諸龍皆令周徧於中有值一縷之者金翅鳥王不能觸犯持禁戒者所願必得搜玄引大集王問比丘不能説遂羞墮地袈裟變白法滅盡經云沙門袈裟自然變白應法師云韻作毠毟音加沙葛洪字苑始改從衣

僧伽梨 西域記云僧迦

胝舊訛云僧伽梨此云合又云重謂割之合成義淨云僧迦胝唐言重複衣靈感傳云每轉法輪披僧伽梨南山云此三衣名諸部無正翻今以義譯大衣名雜碎衣以條數多故若從用爲名則曰入王宮聚落時衣乞食說法時著薩婆多論大衣分三品九條十一條十三條兩長一短名下品十五條十七條十九條三長一短名中品二十一條二十三條二十五條四長一短名上品會正記問所以長增而短少者業跡云法服敬田爲利諸有表聖增而凡減也業跡云今準十誦加持應云大德一心念我比丘某甲是僧

伽梨(若干)條衣受(若干)長(若干)短(割截揲葉)衣持(三說)會正記云如鈌大衣下二衣有長者開將作從(去聲)受持應加云大德一心念我某甲比丘此安陀會二十五條衣受四長一短割截衣持(三說僧祇云有緣須捨者具修威儀加法云)大德一心念我比丘某甲此僧伽梨是我三衣數先受持今捨(一說下二衣亦尒)

鬱多羅僧(或郁多羅僧此譯上著衣即七條也南山云七條名中價衣從用云入衆時衣禮誦齋講時著若受應加法云此鬱多羅僧七條衣受兩長一短割截衣持(三說如鈌七條開將上下二衣作從加法例上)

安陀會(或安怛羅婆沙

此云中宿衣謂近身住也南山云五條名下衣從用云院內行道雜作衣若受應加法云此安陀會五條衣受一長一短割截衣持三說如缺五條開將上二衣作從五分云獨住比丘三衣中須有換易者應具修威儀手執衣心生口言加法云云菩薩經云五條名中著衣七條名上衣大衣名衆集時衣戒壇經云五條下衣斷貪身也七條中衣斷嗔口也大衣上衣斷癡心也華嚴云著袈裟者捨離三毒四分云懷抱於結使不應披袈裟

鉢吒唐言縵條即是一幅氎無田相者三衣俱通縵也佛法至此一百八十七年出家未識割截秖著此衣

尼師壇或尼

師但那此名坐具或云隨坐衣葉跡佛言爲身爲衣爲卧具故制畜之長四廣三更增半磔手者善見云令於縷際外增之（迦留陁夷身大坐不容故加半磔）十誦云新者二重故者四重十誦云不應受單者離宿突吉羅戒壇經云尼師壇如塔之有基也汝今受戒即五分法身之基也良以五分由戒而成若無坐具以坐汝身則五分定慧無所從生天神黄瓊云元佛初度五人及迦葉兄弟並制袈裟左臂坐具在袈裟下（云云）後度諸衆徒侶漸多年少比丘儀容端美入城乞食多爲女愛由是製衣角在左肩後爲風飄聽以尼師壇鎮上後外

道達摩多問比丘肩上片布持將何用荅曰擬將坐之云達摩多云此衣既爲可貴有大威靈豈得以所坐之布而居其上云云比丘白佛由此佛製還以衣角居于左臂坐具還在衣下但不得垂尖角如象鼻羊耳等相摩得勒伽云若離宿不須捨業疏云受應加云大德一心念我比丘某甲此尼師壇應量作今受持三說若捨准上

僧祇支 或僧却崎西域記云唐言掩腋舊或名竭支正名僧迦鵄此云覆腋衣用覆左肩右開左合竺道祖云魏時請僧於內自恣宮人見僧偏袒不以爲善遂作此衣施僧因綴於

左邊衹支上因而受稱即偏衫右邊令隱衹支名通號兩袖曰偏衫今作時須開後縫截領以存元式故也

泥縛些桑箇那　或云泥伐散那西域記唐言裙巨云舊曰湼槃僧訛也旣無帶襻其將服也集衣爲襵之涉切廣雅襵襞也通俗文曰便縫曰襵束帶以條襵則諸部各異色乃黃赤不同釋名云褁羣也連接羣幅也

舍勒　應法師譯云內衣也半者言舍勒相短似今短羣也小衣論雖不顯於相可類半泥洹也

迦絺那　明了論云爲存略故但言迦提此翻功德以坐夏有功五利賞

德也西域記以迦提翻昂星昂星直此月故律鈔引明了論翻爲堅實能感實能感多衣衣無敗壞故又名難活以貧人取活爲難捨少財入此衣功德勝如以須弥大衣聚施也或云堅固又云廕覆古翻爲賞善罰惡衣賞前安居人後安居人不得也亦翻功德衣以僧衆同受此衣招五利功德律中受此衣故畜長財離衣宿背請别衆食食前食後至他家四分云安居竟應受功德衣則前安居人七月十六日受至十二月十五日捨四分云若得新衣若檀越施衣若糞掃衣四分云糞掃者則非死人衣新物揲作淨若已浣浣已納作

淨即日來不經宿不以邪命得應法四周有緣五條作十隅用袈裟色受捨應鳴鐘集僧羯磨具出自恣篇

憍奢耶 應法師翻蟲衣謂用野蚕絲綿作衣事鈔云即黑毛卧具寧音義云梵云高世耶譯云野蚕綿東天竺有國名烏陁粳米欲熟葉變爲蟲蟲則食米人取蒸以爲綿也如此絲綿者名摩呵跋多此言大衣衣甚貴即大價之衣感通傳云伏見西來梵僧咸著布氎具問荅云五天竺國無著蠶衣由此興念著斯章服儀

屈眴 音舜此云大細布緝木綿華心織成其色青黑即達

磨所傳袈裟

睒婆 上式染切此云木綿

劫波育 或言劫貝即木綿也正言迦波羅此樹華名也可以爲布高昌名㲲罽賓南大者成樹已北形小狀如土葵有殼剖以出華如柳絮可紉女鎮以爲布

迦鄰陀衣 細綿衣也

兜羅綿 兜羅此云細香苑音義翻冰或云兜沙此云霜斯皆從色爲名或名妬羅綿妬羅樹名綿從樹生因而立稱如柳絮也亦翻楊華或稱兜羅毦而吏者毛毳也熏聞云謂佛手柔輭加以合縵似此綿也

瞿修

羅此云圖像從其衣形而立名若著瞿修羅則不著僧迦鵄尼衛此云裹衣欽跋羅即毛頭鳩羅此云細布芻摩此云麻衣西域記云衣麻之類也麻形細荆芥華青色西域麻少多用草羊毛頞鉢羅西域記云織細羊毛褐賴緰西域記云織野獸毛細輭可得緝績故以見珍而充服用毞那波吒此云絹俱蘇摩此云華摩羅此云

鬘苑師云一切花通名俱蘇摩別有一花獨名俱蘇摩此云悅意其花大小如錢色甚鮮白衆多細葉圓集共成應法師云西域結鬘師多用蘇摩羅華行列結之以爲條貫無問男女貴賤皆此莊嚴或首或身以爲飾好正法念云生天華鬘在額

齋法四食篇第六十二

佛地論云任持名食謂能任持色身令不斷壞長養善法身依食住命託食存流入五臟充浹四肢補氣益肌身心適悅（食有三德一輕輭二淨潔三如法味有六種謂苦酸甘辛醎淡）楞嚴云如是世界十二類生不能自全依四食住所謂段食觸食思

食識食是故佛言一切衆生皆依食住樵李釋曰言段食者段謂形段以香味觸三塵爲體入腹變壞資益諸根故言段食起世經云麤段微細食闍浮提人飯麨豆肉等名麤段食按摩澡浴拭膏等名微細食古譯經律皆名摶饘食說文摶圜也禮云無摶食通俗文手團曰摶熏聞云其義則局如漿飲等不可摶故於是後譯皆云段食言觸食者觸謂觸對取六識中相應觸對前境而生喜樂故名觸食通慧云如男與女相對爲觸觸能資身故得食名準僧祇見色愛著名食豈非觸食義耶設非觸食何以觀戲劇等終日不食而自飽耶起世經云一切卵生得身故以觸爲食沇跡云冷暖觸等亦名觸食言思食者思謂意思取第六識相應思於可意境生希望故起世經云思食者若有衆生意思資潤諸根增長如魚鱉蛇蝦蟆伽羅瞿陀等及餘衆生以意思潤益諸根壽命者此等用思爲食熏聞云相應觸及相應思者皆心所徧行法中也沇跡云思想飲食令人不死亦名思食言識食者識即第八執持之相由前

三食勢分所資令此識增勝能執持諸根大種故起世經云識食地獄衆生及無邊識處天等皆用識持以爲其食若約三界辨之段食唯在欲界以色無色無香味二塵餘之三食徧通三界中陰但有三食亦有段食如雜心論云如人中陰還食人中所食香氣也但現陰麤故多藉段食中陰細故多藉三食耳此乃揔叙四食也

僧跋

舊訛云僧跋梵摩難國王經云夫欲施食即等供之唱法也寄歸傳云三鉢羅佉多者皆當平等不問大小於是佛令阿難臨飯唱僧跋僧跋者衆僧飯皆平等故莊嚴論明尸利毱多長者受外道囑以毒和食請佛及衆佛知令阿難唱僧跋唱已方食唱已毒散事鈔云況僧食十方普同彼取

自分理應隨喜而人情忌陿用心不等或有閑門限礙客僧者不亦蚩乎鳴鐘本意豈其然哉出家捨著尤不應尓但以危脆之身不能堅護正法浮假之命不肯遠通僧食違諸佛之教損檀越之福傷一時衆情塞十方僧路傳謬後生所敗遠矣改前迷而復道不亦善哉慳食獨啖餓鬼之業或問僧事有限外客無窮以有限之食供無窮之僧事必不立荅曰此乃鄙俗之淺度瑣人之短懷豈謂清智之深識達士之高見夫四事之供養三寶之福田猶天地之生長山海之受用何有盡哉故佛藏經云當一心行道隨順法行勿念衣

食所須者如來白毫相中一分供諸一切出家弟子亦不能盡由此言之勤修戒行至誠護法由道得利以道通用寺寺開門處處同食必當供足判無乏少凡受食時應作五觀一計功多少量彼來處大論云復次思惟此食墾植耘除收穫蹂治舂磨淘汰炊煑乃成用功甚重計一鉢之飯作夫流汗集合量之食少汗多此食作之功重辛苦如是入口食之即成不淨更無所直宿昔之間變爲屎尿本是美味人之所嗜變成不淨偎鳥不欲見行者自思惟如此弊食我若貪著當墮地獄噉燒鐵丸從地獄出當作畜生牛羊駱駞償其宿債或作猪狗常噉糞除如是觀食則生厭想二忖己德行全缺多減三防心顯過不過三毒四正事良藥取濟形苦五爲成道業世報非意事鈔食不過三匙初匙斷一切惡中匙修一切善後匙度一切衆生增一云多食致苦患少

食氣力衰處中而食者如秤無高下

逋沙他

此云齋日請觀音經疏云齋者齊也齊身口業也齊者只是中道也後不得食者表中道法界外更無別法也中前得啖而非正中此得明表前方便但似道之中得有證義故得啖也亦是表中道法界外有法也闡義引祭統云齋之爲言齊也齊不齊以致齊者也是故君子非有大事也非有恭敬也則不齋不齋則於物無防也嗜欲無止也及其將齋也防其邪物訖其嗜欲耳不聽樂今釋氏以不過中食爲齋亦取其防邪訖欲齊不齊之義也毗羅三昧經

瓶沙王問佛何故日中佛食荅云早起諸天食日中三世佛食日西畜生食日暮鬼神食佛制斷六趣因令同三世佛食故今約理解故云齋者秖是中道後不得食者即佛制中後不得食也今表初住初地圓證中道心外無法如中後不食也中前得噉者佛制中前非正食皆得噉之毗婆沙論云夫齋者以過中不食爲體以八事助成齋體共相支持名八支齋法報恩經云以無終身戒不名優婆塞但名中間人智論問曰何故六齋日受八戒修福德荅是日惡鬼逐人欲奪人命疾病凶衰令人不吉是故劫初聖人教人持

齋修善作福以避凶衰是時齋法不受八戒直以一日不食爲齋後佛出世教語之言汝當一日一夜如諸佛持八戒不過中食云云是功德將人至涅槃如四天王經中佛說月六齋日使者太子及四天王自下觀察衆生布施持戒孝順父母少者便上忉利以啓帝釋諸天心皆不悅說言阿修羅種多諸天種減少若布施持戒孝順父母多者諸天帝釋心皆歡喜說言增諸天衆減損阿修羅云云又提謂經明八王日何等爲八王日謂立春春分立夏夏至立秋秋分立冬冬至是謂八王日天地諸神陰陽交代故名八王日

烏晡沙他此云受齋又云增長謂受持齋法增長善根南齊沈約字休文撰論云人所以不得道者由於心神昏惑心神所以昏惑由於外物擾之擾之大者其事有三一則榮名勢利二則妖妍靡曼三則甘旨肥濃榮名雖日用於心要無晷刻之累妖妍靡曼方之已深甘旨肥濃爲累甚切万事云云皆三者之枝葉耳聖人知不斷此三事故求道無從可得不爲之立法而使易從也若直言三事惑本並宜禁絕而此三事是人情所惑甚念累所難遣雖有禁約之旨事難卒從辟於方舟濟河豈

不欲直至彼岸河流既急會無直濟之理不得不從
邪流靡久而獲至非不願速事難故也禁此三事宜
有其端何則食之於人不可頓息於其情性所累莫
甚故以此晚食併置中前自中之後清虛無事因此
無事念慮得簡在始末專在久自習於是束八支紆
以禁戒靡曼之欲無由得前榮名衆累稍從事遣故
云往古諸佛過中不食蓋是遣累之筌第適道之捷
徑而惑者謂止於不食此乃迷於向方不知厥路者
也處處經佛言中後不食有五福一少婬二少睡三
得一心四無有下風五身得安隱亦不作病四分戒

云若比丘非時食波逸提

蒲闍尼 四分律云有五種蒲闍尼此云正食謂麨飯乾飯魚肉也僧祇云時食謂時得食非時不得食多論云從旦至中其明轉盛名之爲時中後明沒名爲非時令言中食以天中日午時得食僧祇云午時日影過一髮一瞬即是非時宋文帝飯僧同衆御于地筵班食遲衆疑將旰不食帝曰始可中矣生公曰白日麗天天言始中何得非中遂取鉢便食衆從之帝大悅

佉闍尼 四分云五種佉闍尼此云不正食謂枝葉華果細末磨食

半

者蒲善尼寄歸傳云唐言五噉食謂飯餅麨等半者珂

但尼此云五嚼食謂根莖葉花果等寄歸傳云若已食前五必不食後五若先食後五則前五隨意噉之今僧齋後不食果菜是佉陁尼或蹇茶此云可食物鉢

和羅應法師據自揩經云鉢和蘭亦梵語輕重耳此云自恣食應法師云坐臈臈餅謂夏罷獻佛之餅名佛臈食又西方以佛從天降下王宮之日供養佛食名佛臈食會正記云即自恣日食待

佛比丘

分衛 善見論云此云乞食僧祇律云乞食分施僧尼衛護令修道業故云分衛是則論從梵語律謂華言兩說未詳應法師云訛略正言儐茶波多此云團墮言食墮在鉢中也或云儐茶夜此云團團者食團謂行乞食也十二頭陀明常乞食大論釋三種食一受請食二衆僧食三常乞食若前二食起諸漏因緣所以者何受請食者若得作是念我是福德好人故得若不得則嫌恨請者彼爲無所別識不應請者請應請者不請或自鄙薄懊惱自情而生憂苦是貪愛法則能遮道衆僧食者入衆

中當隨衆法斷事料理僧事處分作使心則散亂妨廢行道有如是等亂事故受常乞食法輔行云諸律論文乞食之法不一處足爲福他故令至七家肇法師云乞食有四意一爲福利群生二爲折伏憍慢三爲知身有苦四爲除去滯著寶雨經云乞食成就十法一爲攝受諸有情二爲次第三爲不疲厭四知足五爲分布六爲不躭嗜七爲知量八爲善品現前九爲善根圓滿十爲離我執寶雲經明乞食四分一分奉同梵行者一與窮乞人一與諸鬼神一分自食輔行云昔有長者名曰鳩留不信因果與五百倶行遠

見叢樹想是居家到彼唯見樹神作禮已說已飢渴神即擧手五指自然出於飲食甘美難言食訖大哭神問其故荅曰有五百伴亦大飢渴神令呼來如前與食衆人皆飽長者問曰何福所致荅曰我本迦葉佛時極貧於城門外磨鏡每有沙門乞食常以此指示分衛處及佛精舍如是非一壽終生此長者大悟日飯八千僧淘米汁流出城外可以乘船

怛鉢那此云麨通慧指歸云謂糈雜米麨碎蒸曝麨論二種散麨又將糖蜜持之或言糒音備與麨不同後堂云糒是釜煑連釜硬乾飯也輔篇云取乾

飯麨三過磨篩作之稱爲精也孟子曰舜糗飯茹菜糗去久反乾飯屑也**迦師**後堂云唐言錯麥慈和云北人呼爲鸞麥南人呼爲雀麥南泉抄以錯麥爲大麥十誦指迦師爲小麥飯事鈔錯麥與迦師一物也**修陀**此譯云白或云須陀此天食也

天台禪師觀心食法旣敷座坐巳聽維那進止鳴磬後斂手供養一體三寶偏十方施作佛事次出生飯稱施六道即表六波羅蜜然後受此食夫食者衆生之外命若不入觀即潤生死若能知入觀分別生死

有邊無邊不問分衛與凊衆淨食皆須作觀觀之者自恐此身自舊食皆是無明煩惱潤益生死今之所食皆是般若想於舊食從毛孔次第而出食既出已心路即開食令新食照諸闇滅成於般若故淨名云於食等者於法亦等是爲明證（大品經云一切法趣味是趣不過味尚不可得云何當有趣非趣所言一切法趣味者味即是食此食即是不思議法界食中含受一切法食若是有一切法皆有食若是無一切法皆無今食不可思議故尚不見是有云何當有趣尚不見是無云何當有非趣若觀食不見趣非趣即是中道三昧名眞法喜禪悅之食而能通達趣非趣法即雙照二諦得二諦三昧法喜禪悅之食是名食等）以此食故成般若食能養法身法身得立即得解脫是爲三德照此食者非新非故而有舊食之故而有新食之新是名爲假求故不得

求新不得畢竟空寂名之爲空觀食者自那可食爲新既無新食那可得食者而不離舊食養身而新食重益因緣和合不可前後分別名之爲中只中即假空只空即中假只假即空中不可思議名爲中道又淨名云非有煩惱非離煩惱非入定意非起定意是名食法也什曰一揣食二願食如見沙囊命不絶也三業食如地獄無食而活四識食無色衆生識想相續也

篇聚名報篇第六十三

僧祇明五篇一波羅夷二僧殘三波逸提四提舍尼五突吉羅四分明六聚開第三偷蘭遮或明七聚開第七惡説今依事鈔列釋六聚並無正譯但用義翻

一波羅夷　僧祇義當極惡三意釋之一者退沒由犯此戒道果無分故二者不共住非但失道而已不得於說戒羯磨二種僧中共住故三者墮落捨此身已墮在阿鼻地獄故四分云辟如斷人頭不可復起若犯此法不復成比丘故偈云諸作惡行者猶如彼死屍衆所不容受以此當持戒自古從衆法絕分義譯名棄目連問罪報經云犯波羅夷罪如他化自在天壽十六千歲墮泥犁中於人間數九百二十一億六十千歲此墮燄熱地獄以人間一千六百年爲他化天一晝夜　二僧

伽婆尸沙 善見云僧伽者爲僧婆者爲初謂僧前與覆藏羯磨也言尸沙者云殘謂末後與出罪羯磨也若犯此罪僧作法除故從境爲名毗尼母云僧殘者如人爲他所斫殘有咽喉故名爲殘理須早救僧伽婆尸沙罪如不憍天壽八千歲於人間數二百三十億四十千歲此墮大叫地獄人間八百年爲天一日夜

摩那埵 論云秦言意喜前雖自意歡喜亦生慚愧亦使衆僧歡喜

阿浮訶那 善見翻爲喚入衆羯磨或名拔除罪根母

論云清淨戒生得淨解脫

三偷蘭遮

善見云偷蘭名大遮言障善道後墮惡道體是鄙穢從不善體以立名者由能成初二兩篇之罪故也明了論解偷蘭爲麁遮耶爲過麁有二種一是重罪方便二能斷善根所言過者不依佛所立戒而行故言過也偷蘭遮罪如兜率天壽四千歲於人間數五十億六十千歲此墮嗥叫地獄人間四百年爲天一晝夜

四波逸提

義翻爲墮十誦云墮在燒煑覆障地獄八熱通爲燒煑八寒黑暗等通爲覆障波逸提罪如夜

摩天壽二千歲於人間數二十一億四十千歲此墮衆合地獄人間二百年爲天一晝夜**尼薩耆**出要律儀舊翻捨墮聲論尼翻爲盡薩耆爲捨四分僧有百二十種分取三十因財事生犯貪慢心強制捨入僧故名尼薩耆也**五波羅提提舍尼**義翻向彼悔從對治境以立名僧祇云此罪應發露也提舍尼罪如三十三天壽命千歲於人間數三億六十千歲此墮黑繩地獄人間一百年爲天一晝夜**六突吉羅**善見云突

者惡也吉羅者作也聲論正音突悉吉栗多四分律本云式乂迦羅尼義翻應當學胡國訛云尸乂罽賴尼胡僧翻守戒也此罪微細持之極難故隨學隨守以立名十誦云天眼見犯罪比丘如駃雨下豈非專翫在心乃名守戒也七聚之中分此一部以爲二聚身名惡作口名惡說多論問何此獨名應當學荅餘戒易持罪重此戒難持易犯常須念學故不列罪名但言應當學犯突吉羅衆學戒罪如四天王壽五百歲墮泥犁中於人間數九百千歲此墮等活地獄人間五十年下天一晝夜俱舍頌云等活等上六如次

以欲天壽爲一晝夜壽量亦同彼極熱中半劫無間中劫全傍生極一中鬼日月五百頞部陀壽量如一婆訶麻百年除一盡後後倍二十

統論二諦篇第六十四

教傳東土（東標所至）法本西域（西顯所出）當聞香以尋根故泝流而究原辨佛陀僧伽之號解菩提般若之名隨機之語雖曰無邊言歸之意唯詮二諦今就集末略開七門

一原宗　二釋名　三辨義　四示體　五釋相

六境智　七勸誡

一原宗者中觀論云諸佛依二諦爲衆生說法一以

世俗諦二第一義諦良以佛之說法語不徒然凡所立言咸詮實理故聞法者悉有所證以依二諦爲機說故如大論云有二種衆生一者知諸法假名二者著名字爲著名字衆生故說無相爲知諸法假名衆生故說世諦是以世俗顯緣起之事諸法歷然故佛事門中不捨一法勸臣以忠勸子以孝勸國以治勸家以和弘善示天堂之樂懲非顯地獄之苦此依俗諦也眞諦彰本寂之理一性泯然所以實際理地不受一塵是非雙泯能所俱亡指萬象爲眞如會三乘歸實際此依眞諦也二釋名者此二諦法就能詮名

談眞則逆俗順俗則乖眞以眞是實義審實是眞俗是假義審假是俗故涅槃云出世人所知名第一義諦世人所知名世諦北山録云會極捐情之謂眞起微涉動之謂俗眞也者性空也俗也者假有也假有之有謂之似有性空之空謂之眞空此約事理對釋昭明太子云眞諦離有離無俗諦即有即無即有即無斯是假名離有離無此爲中道此約中邊判釋也三辨義者宗鏡問曰一心二諦理事非虛證理性而成眞審事實而爲俗皆具極成之義不壞二諦之門大小二乘同共建立如何是極成之義荅所成決定

不可移易隨眞隨俗各有道理瑜伽論云一有世間極成眞實二道理極成眞實世間極成眞實者謂一切世間於彼彼事隨順假立世俗慣習悟入覺慧所見同性謂地唯是地非是火等乃至苦唯是苦非是樂等樂唯是樂非是苦等以要言之此即如此非不如此是即如是非不如是決定勝解所行境事一切世間從其本際展轉傳來想自分別共所成立不由思惟籌量觀察然後方取是名世間極成眞實道理極成眞實者依止現比及至教量極善思惟擇決定智所行所知事由證成道理所建立所施設義是名道

理極成眞實四示體者二諦之法明所詮體如昭明云世人所知生法爲體聖人所知不生爲體從人雖異其體不殊故荆溪云秖點一法二諦宛然俗則百界千如眞則同居一念又起信云摩訶衍者惣說有二種云何爲二一者法二者義此以一法而分二義談實相不壞於假名論差别不破於平等昭明云眞即有是空俗指空爲有宗鏡云俗諦不得不有有常自空眞諦不得不空空但徹有故十疑論注云說相而萬法森羅實無所得談性而一如寂滅不礙隨緣眞是俗家之眞萬法自泯俗是眞家之俗一性恒殊

以不壞假名故則彼此生滅差別以說諸法實相故則彼此生滅自亡秪於不一而明不二故仁王云於解常自一（智照融通法性常一）於諦常自二（聖人見眞凡夫見俗）了達此一二眞入聖義諦故古德云二諦並非雙恒乖未曾各二雙顯泯中謂非眞非俗一雙孤鴈掠地高飛兩箇鴛鴦佗邊獨立又先德云眞俗雙泯二諦恒存空有兩亡一味常現是知各執則失互融則得各執則失者如云有爲雖僞捨之則大業不成無爲雖空住之則慧心不朗互融則得者如云雖知諸佛國及以衆生空而常修淨土教化諸衆生故十疑論注云聖人得

其意也於隨緣處而談不變於成事處而說體空故荆溪云應知萬法是眞如由不變故眞如是萬法由隨緣故此等明文皆論眞俗之體一也五釋相者妙玄云取意存略但點法性爲眞諦無明十二因緣爲俗諦於義則足但人心麁淺不覺其深妙更須開祏則論七種二諦釋籤解云然此七文散在諸經無一處具出唯大經十二列八二諦章安作七二諦銷之初一是惣餘七是別經云出世人心所見者名第一義諦世人心所見者名爲世諦踈云惣冠諸諦世情多種束爲世諦聖智多知束爲第一義諦即是諸教

隨情智也經云五陰和合稱名某甲是名世諦解陰無陰亦無名字離陰亦無是名第一義諦跡云名無名即生滅二諦（妙玄云實有爲俗實有滅爲眞）經云或有法有名有實是名第一義諦或有法有名無實是名世諦跡云實眞不實即無生二諦（妙玄云幻有爲俗即幻有空爲眞）經云如我人衆生壽命知見乃至如龜毛兔角等陰界入是名世諦苦集滅道是名眞諦跡云定不定二諦即單俗複眞（妙玄云幻有爲俗即幻有空不空共爲眞）經云世法有五種謂名世句世縛世法世執著世是名世諦於此五法心無顛倒名第一義諦跡云法不法亦是含中二諦也（妙玄云四者幻有爲俗幻有即空不空一切法趣空不空爲眞）

經云燒割死壞是名世諦無燒割死等是名第一義諦跡云燒不燒複俗單中也妙玄云幻有幻有即空皆名爲俗不有不空爲眞經云有八種苦是名世諦無八種苦故是第一義諦跡云苦不苦二諦亦是複俗單中妙玄云幻有幻有即空皆名俗不有不空一切法趣不有不空爲眞經云辟如一人有多名字依父母生是名世諦依十二因緣和合生者名第一義諦跡云和合二諦眞俗不二複俗複中也妙玄云幻有幻有即空皆爲俗一切法趣有趣空趣不有不空爲眞又云若略說者界內相即不相即界外相即不相即四種二諦也別接通五也圓接通六也圓接別七也天台遂明四正三接之教法

六境智者起信鈔問云境智爲一爲異荅云智體無二境亦無二智無二者只是一智義用有殊約知眞處名爲

眞智約知俗處名爲俗智境無二者謂色即是空爲眞境空即是色爲俗境由是證眞時必達俗達俗時必證眞了俗無性即是眞空豈有前後耶况無心外之境何有境外之心是即心境渾融爲一法界七勸誡者大經云所言二諦其實是一方便說二如醉未吐見日月轉謂有轉日及不轉日醒人但見不轉不見於轉謂一不一言二非二當以智解勿以情執故佛告阿難自我往昔作多聞士共文殊師利諍二諦義死墮三途經無量劫吞熱鐵丸從地獄出值迦葉佛爲我解釋有無二諦迦葉佛言一切諸法皆無定性

汝言有無是義不然一切萬法皆悉空寂此二諦者亦有亦無汝但知文不解其義當知二諦俗諦故有眞諦故無體不思議奚可偏執學佛教者當離情想故佛藏云刀割害閻浮提人其罪尤少以有所得心說實相法其過弥甚當知佛法不思議唯教相難解幸冀後賢於佛聖教研精覃思勿麁略焉

翻譯名義續補

初編集時意尚簡略或失翻名或缺解義後因披閱再思索之復述續補後賢詳悉

補十號篇

明行足　具足三明及六神通智論云一如意二天眼三天耳四他心五識宿命通六無漏通言神通者易曰陰陽不測之謂神寂然不動感而遂通通瓔珞云神名天心通名慧性天然之慧徹照無礙故名神通一如意者有三種能到轉變聖如意能到復四一身飛行如鳥無礙二移遠令近不往而到三此沒彼出四一念能至轉變者大能作小小能作大一能作多多能作一種種諸物皆能轉變外道輩轉極久不過七日諸佛及弟子轉變自在無有久近聖如意者外六塵中不可愛不淨物能

觀令淨可愛淨物能觀令不淨是聖如意法唯佛獨有天眼通者於眼得色界四大造清淨色是名天眼天眼所見自地及下地六道衆生諸物若近若遠若麁若細諸色無不能照是天眼有二種一從報得二從修得是五道中天眼從修得非報得何以故常憶念種種光明得故云天耳通者於耳得色界四大造清淨色能聞一切聲天聲人聲三惡道聲云何得天耳通修得常憶念種種聲是名天耳通識宿命通者本事常憶念日月年歲至胎中乃至過去世中一世十世百世千萬億世乃至大阿羅漢辟支佛知八萬

大劫諸大菩薩及佛知無量劫是名識宿命通知他心通者知他心若有垢若無垢自觀心生住滅時常憶念故得復次觀他人喜相嗔相怖相畏相見此相已然後知心是爲他心智無漏通者如來莊嚴入一切佛境界經云言無漏者謂離四漏謂欲漏有漏無明漏見漏以不取彼四種漏故乃名遠離諸漏智論問神通與明有何等異答直知過去宿命事名通知過去因緣行業名明（宿命）直知死此生彼名通知行因緣際會不失名明（天眼）直盡結使不知更生不生名通若知漏盡更不復生名明（無漏）

佛陀

肇曰佛者何也蓋窮理盡性大覺之稱也其道虛玄固已妙絶常境心不可以智知形不可以像測同萬物之爲而居不爲之域處言數之内而止無言之鄉非有而不可爲無非無而不可爲有寂寞虛曠物莫能測不知所以名故強謂之覺其爲至也亦以極矣何則夫同於得者得亦得之同於失者失亦失之是以則眞者同眞法僞者同僞如來冥照靈諧一彼實相實相之相即如來相　無機子叙六即佛曰

癡禪任性濫上聖以矜高狂慧隨情居下凡而自屈由是天台智者祖師明六即佛破二種見揀其太過

六分因果之事殊收彼不收即顯聖凡之理等沉生死海如寶在暗而不失升涅槃山猶金出鑛以非得不一不異其道融通無是無非此智圓妙今述鄙頌式讚大猷庶幾見聞咸得開悟云爾　一頌理即佛

動靜理全是行藏事盡非冥冥隨物去杳杳不知歸

二頌名字即佛

方聽無生曲始聞不死歌今知當體是翻恨自蹉跎

三頌觀行即佛

念念照常理心心息幻塵徧觀諸法性無假亦無眞

四頌相似即佛

四住雖先脫六塵未盡空眼中猶有翳空裏見花紅

五頌分眞即佛

豁爾心開悟湛然一切通窮源猶未盡尚見月朦朧

六頌究竟即佛

從來眞是妄今日妄皆眞但復本時性更無一法新

續補

無量壽

智論云無量有二一者實無量諸聖人所不能量如虛空涅槃衆生性是不可量二者有法可量但力劣者不能量如須弥山大海水斤兩滴數多少諸佛菩薩能知諸天世人所不能知故言無量是故天台乃立四句實有量而言

無量弥陁是也實無量而言量如此品及金光明是也實無量而言無量如涅槃云唯佛與佛其壽無量是也實有量而言量如八十唱滅是也又以三身對凡立四句故法華疏云復次法身非量非無量報身金剛前有量金剛後無量應身隨緣則有量應用不斷則無量通途詮量三句在聖一句屬凡有量無常都非佛義

堅濕弗羅跋那 翻自在大聲

迦羅鳩村馱 此翻所應斷已斷此二佛名

譯師 唐太宗焚經臺詩門徭蕭蕭長綠苔一

回登此一徘徊青牛謾說函關去白馬親從印土來確實是非憑烈焰要分眞僞築高臺春風也解嬿狼籍吹盡當年道教灰唐義淨三藏題取經詩曰晉宋齊梁唐代間高僧求法離長安去人成百歸無十後者安知前者難路遠碧天唯冷結砂河遮日力疲殫後賢如未諳斯旨往往將經容易看

天類

提和越　漢言天地易曰天地設位而易行乎其中矣繫詞云易與天地準故能弥綸天地之道仰以觀於天文俯以察其地理白虎通曰天之爲言鎮也居高理下爲人鎮也地者易

也言生萬物懷任交易變化也迦留波陀天此言象跡自有十處質多羅此翻雜地摩偷此翻美地此三天名皆居須弥四埵地獄五無間業瑜珈第九云一害母二害父三害羅漢四破僧五出佛身血尸利夜神此翻吉祥盎哦囉迦此翻火星部引陁此翻水星勿哩訶娑跛底此翻木星賒

乃以室折囉羅此翻土星戍羯羅此云金星佉勒迦著穀麥篙勿伽此云胡豆即緑豆也塞畢力迦此云苜蓿漢書云罽賓國多苜蓿薩闍羅婆或薩折羅婆此翻白膠香那羅陀那羅正云捺羅此云人也陀謂隨羅此云持也其花香妙人皆佩之故名人持花也末利此翻黃色花花如黃金色巨磨此方翻爲牛糞

阿提目多伽宗鏡引攝論云苣勝本來是炭多時埋在地中變爲苣勝西方若欲作塗身香油先以華香取苣勝子聚爲一處淹令極爛後取苣勝壓油油遂香也

解脫

肇曰縱任無礙塵累不能拘解脫也什曰亦名三昧亦名神足或令修短改度或巨細相容變化隨意於法自在解脫無礙故名解脫又曰心得自在不爲不能所縛故曰解脫淨名疏云一眞性二實慧三方便故經云諸佛菩薩有解脫名不思議若菩薩住此解脫者能以須弥之高廣内芥子中乃至種種變

現莫測即是三種解脱不思議義何者諸菩薩有解脱即是眞性若菩薩住此者即是實慧能以須弥内於芥等即是方便大品云心得好解脱慧得好解脱垂裕云心脱是俱慧脱是慧

智度

什曰窮智之原故稱度梵音中有母義

方便

什曰智度雖以明照爲體成濟萬行比其功用不及方便爲父梵音中有父義方便有二種一解深空而不取相受證二以實相理深莫能信受要須方便誘引群生令其漸悟方便義深而功重故爲父也淨名跡云方是智所詣之偏法便是菩薩權巧

用之能巧用諸法隨機利物故云方便荆溪云法華跡中爲顯實故分爲三釋謂法用及門并秘妙也今此廢二但取法用者門論趣入秘妙開權今未開權故缺後釋不取門者菩薩可入二乘缺之於菩薩中且約當分復置傳入故且不云據理亦合用門一意以當分入與法用同故且唯用法用一意又通秘教亦可具足用彼三意　論法華方便品

儒詩六義以思無邪爲指歸釋教五時開佛知見是究竟誠一化之高會眞諸佛之宗極似太虛而含衆色若瀲瀣以納群流由是管窺義天蠡酌法海粗研

味乎眞詮豈塵露于達士初辨品題次論品義初辨品題者經云諸佛法久後要當說眞實文既斥其方便題應號爲眞實安以權名而立今品如將縣額以牓州門又佛起定即自唱言諸佛智慧甚深無量此乃雙歎權實先達遂云此花不有則已有則華果雙含此經不說則已說則權實雙辨經既雙明權實題那單標方便由此疑與先達相繼共立七義以伸題意一權有顯實之功法王初化機緣未熟隱實施權權掩於實靈山妙唱普會權乘決了聲聞法是諸經之王彼秘被開於今成妙此權既有顯實之功故結

集家號善權品二名偏義圓若標眞實則違方便今品權名雖偏其實法體圓具乃彰權實之雙美三名體俱不轉此有四句一名轉體不轉如云正直捨方便但說無上道乃至第四名體俱不轉如云我等今者眞是聲聞名不轉故名方便品四顯開權絕待法華開權顯實權外無實法用能通當體秘妙若標眞實但成相待爲彰絕待之功號方便品五彰詮迷之敎祖云自非今經誰肯歎此詮迷之敎由指迷染之心即是自行方便則知此權大有詮迷之力六施開一致昔時所施既施即實之權今日所開還開權即

是實乃見施開之不二也七揀異昔經淨名報恩雖皆立方便之名既是體外之權豈同今品同體方便自昔所說不出此七先師謂舊釋纔義失至當自立附文原意二義以伸品題一附文者經家立品附文旨趣惣别須分何哉五字首題法則權實惣標喻乃華果雙舉所以三周開顯本迹二門一部之文並皆不出權實之法今品若更雙立權實之目則與惣題無異二原意者言者所以在意此經開權顯實意在於權故云過去諸佛以無數方便種種因緣種種譬喻而為衆生演說諸法是法皆為一佛乘故非權無以

明實故令機緣即於權法以曉眞實故曰不指所開
無由說實具述施權意在開也故記主釋開方便門
示眞實相云示謂指示指其見實之處且見實之處
在何在前偏權方便今日說此方便有眞實相此既
即實之方便乃異昔經之方便故得秘妙之名是故
經家題名方便纔言方便即是眞實故身子疑云何
故慇勤稱歎方便則知方便眞開權之惣號誠顯實
之大名矣或者問曰今由開權稱方便者淨名既未
開權安稱方便既稱方便權何不開荅彼經言方便
者跡云此品正明助佛闡揚善巧權謀隨機利物令

入慧起根故名方便雖言方便機緣當座烏知所證亦方便焉故昔方便之名權未開矣次論品義者吾祖預釋品題乃立法用能通秘妙三種方便令先通示然後別解且通示者此三方便初二從昔教後一屬今經初名法用者跡曰方者法也便者用也法有方圓用有差會三權是矩是方一實是規是圓記云初約能用三教得名法是所用用是能用雖法之與用俱通四教但有方圓差會之殊故方便之稱從權立名權不即實故對昔辨成體外權非今品意文中舉圓即屬眞實相對來耳二名能通者跡云又方便者

門也門名能通通於所通方便權略皆是弄引爲眞
實作門眞實得顯功由方便從能顯得名記曰次第
二釋權屬能通三教亦得名爲方便然雖不即以能
爲圓作遠詮故所詮之圓亦帶能詮爲方便故知
並非今品意也又云今以三詮一三爲一實作詮故
三名能詮是則前之三教教行人理悉爲能詮又云
不破不即從權入實故得修名若於尒前二味三教
利根菩薩有顯露得兩教二乘唯秘密得由得入故
即稱爲門三名秘妙者跡云方者秘也便者妙也妙
達於方即是眞秘點內衣裏無價之珠與王頂上唯

有一珠無二無別指客作人是長者子亦無二無別如斯之言是秘是妙如經唯我知是相十方佛亦然止止不須說我法妙難思故以秘釋方以妙釋便正是今品之意記云至第三釋方乃三權即是一實指此即實之權方名今經方便又云第三釋者即今品意但前二釋於昔但得名偏名門秘而不說今開其偏門即圓所也故云秘妙顯露彰灼故云眞秘或問妙樂記云即權而實爲所依體即實而權爲當體體不審第三秘妙之名爲從所依立號爲從當體得名答此由當體即所依體故云彼秘被開於今成妙又

云第三文者亦開前二非能非所及以能通並開成
所所中善巧名爲方便故妙方便異於方法及能通
門又云故隔偏之圓亦有體内方便故名秘妙秘妙
之名似同第三然其意則别何者第三乃以開顯爲
妙此中乃以獨圓爲妙此揀今昔秘妙義異諦思吾
祖崇建三釋若無初二豈彰爲蓮故華以施權苟缺
第三烏顯華開蓮現而顯實體偏一化妙彰七軸非
發揔持誰唱斯義鑚仰堅高嗟歎不足次别釋者若
約部教初二屬昔教法用能通皆異體權後一屬今
經秘妙方便名同體權定此秘妙方便破顯之相先

德彝訓或定爲所破或執是所顯天竺一宗論同體權定爲所破一據蓮華開喻原佛出世意爲顯實由機未堪權施昔教此譬桃李華也及至法華法既純圓絶妙遂指蓮華而立三喻一爲蓮故華譬爲實施權蓋四時未說施權此名異體今無量義既言從一清淨道施出二三四收昔異體爲今同體權既從實而施故譬爲蓮故華第二華開蓮現此開初句之權華乃顯次句之蓮實故五佛章中各有開權顯實二科開權是文敘昔教以爲顯實之所故無量義經之同體爲今法華之所破第三華落蓮成此譬廢權立實

都廢序分即實之權獨立正宗即權之實次憑權暫用義權名權暫用已還廢實名實録究音指歸則知十隻之權皆爲所破如心意識既是事權豈屬所顯矣三準祖師定解如輔行云解同體之權髻與實相之明珠又義例云如引法華部唯一實文敘昔教以爲所開既云部唯一實故同體權爲所破也近人又謂從名雖開從義不開如圓家破即法性之無明例令品開即實之權耳余觀先德破同體權一迷立喻二昧開權初迷立喻者爲蓮故花如大師云爲十妙故開出十麤如爲蓮故華此約法體用在於昔皆屬麤法云何一槩以爲蓮故華俱喻妙法乃見能

辟立喻淆混其次所況爲實施權始自華嚴終乎般若皆是隔歷三諦俱爲法華之實而施四時三教之權故名爲實施權若獨以此句喻無量義經則彰所喻法鈌略矣二昧開權者四時三教體外化他機未純淑覆權言實故非究竟屬異體麤至今方指昔未眞實執教偏情既遣即知當體本妙開此化他之法全是自行之權權實不二乃名同體故祖師云既顯實已全權是實不可謂之權非究竟況祖師云誰肯以三界有漏識心而爲佛所稱讚既佛所讚安非所顯次定所顯者南屏一宗皆謂世尊疇昔久轉法輪

所化之機既雜所施之教不一雖說三教不言此是即實之權雖演圓乘未云斯是即權之實權實各逗大小相隔是故昔教名異體權後會靈山宣妙法華開昔隱秘之法爲今微妙之教權實圓融故名同體法既麤妙相即佛化事理俱圓若爲所破乃成開妙故記文云第三釋者即開前二非能非所及以能通並開成所可證秘妙非所開矣其如蓮華三喻輔行等文復有五師消釋義異一云對論自論有殊若約偏圓相對異體是所破同體是所顯例前三教三惑須斷圓教三惑不斷斷就圓自論須斷四十二品故同

體權亦屬所破今謂偏圓對論前三名權圓教屬實
那得對論却以圓教名同體權不須破耶又今開權
顯實開偏是圓正當偏圓對論反以蓮華三喻謂之
圓教自論破同體權却顯今經都無開權之力乎三云
機情佛意機情雖開異體佛意即是同體今謂誇節
唯在今經佛意非適今也據此祖意對機開顯雖局
法華原佛密意俱偏四時是則機情佛意正約昔說
若約昔義以斷今經其猶欲至湖南面行塞北其心
雖切路愈遠矣三云法本自妙麄由物情雖開異體
之權其實法體本自微妙即是同體今謂如記主云

但開其情理自復本又云開何所開即彼能覆既但破能覆之情奚嘗開所迷之法四云約開音說以輔行解同體之權髻既點迹門流通之經此約已開異體成同體音今謂安樂行品文雖在後喻乃顯前特點正宗開麁顯妙斯言無旨徒虛語耳五云同體爲所開者意彰異體亦不可破此語孟浪吾驚怖其言猶河漢而無極也今覈昔人由昧山家諸部文義致論開權詞繁理寡今鱗比諸文令氷解凍釋殊塗同歸初釋喻舊辨蓮華或專喻妙或兼比麁餘華對辨則蓮華俱妙就蓮自分華亦兼麁今究所喻既有權實乃顯能喻亦通麁妙今

先分所喻權實後辨能喻麁妙分權實者提挈剛要大有五義一因果二九一三今昔四眞俗五本迹初因果分者以十界中前七如是屬因是權果報二如是爲實二九一分權實妙玄云餘花麁喻九法界十如是因果此花妙喻佛法界十如是因果三約今昔分者以昔爲權將今爲實故妙玄云一爲蓮故華譬爲實施權雖說種種道其實爲佛乘四約眞俗分者空智照眞爲實假智照俗爲權中智雙照爲亦權亦實中道雙亡爲非權非實故妙樂云以對昔故須爲四句通論大剛法相雖尒別論今品唯在第三亦權一

半名方便品五約本迹分者如私序云指久遠之本果喻之以蓮會不二之圓道譬之以華權實雖通五義今唯約界及與部教以論開權矣次明能喻麁妙者玄義序乎蓮華一爲蓮故華譬爲實施權二華敷譬開權蓮現譬顯實三華落譬廢權蓮成譬立實當歷三喻引而伸之且夫蓮華之喻唱出今經本況妙法而天台以初爲蓮故華一句既譬爲實施權約此法體用在昔時華喻麁法故妙玄云又諸教權實未融爲權既融開權顯實爲實由昔赴機權掩於實乃名異體由是今經破此偏情乃云雖說種種道其實

爲佛乘世尊既談爲實施權吾祖遂立爲蓮故華之喻據此說在今經繞唱爲實施權利根便知此權即實由無量義曾聞此權從實生故已破異體之見但未開顯鈍根須假第二句華敷辟開權蓮現辟顯實故曰開方便門示真實相記主釋曰指實爲權權掩於實名方便門閉今指權爲實於權見實名方便門開此點法用能通俱成秘妙三華落辟廢權蓮成辟立實文云正直捨方便但說無上道此由四時三教當體秘妙開已無外麤法一不存義當於廢約法雖開廢同時約喻乃先開後廢故分三句彰始終之有序

二釋經云開方便門示眞實相昔人引證開同體權須曉祖師二處引用踈證能通方便此取門義從前三教能通之門入於圓所故曰開方便門記主遂云於昔但得名偏名門非謂於彼已明開門若玄義中證開權者既於方便即見眞實故以此證開權相焉三釋輔行解同體之權髻與實相之明珠由安樂行約王賞賜喻佛授道昔機與魔共戰微有其功但賜禪定解脫之法如賞田宅法華大破魔網至一切智如王解髻明珠賜之昔時權掩於實如髻覆珠就機不知是權喻異體開令經赴機指昔三教權法全是

秘妙方便故決聲聞之法即是諸經之王經既以王
喻佛約佛開異體時無非同體故曰解同體之權髻
矣四釋義例如引法華部唯一實文叙昔教以爲所
開天竺引此部唯一實證破同體今謂所叙麁法既
點爲妙權實相即能所圓融故謂法華唯一實耳五
釋科目五佛章門皆有開權顯實二科前四則先開
權次顯實今佛乃先顯實次開權天竺乃謂開權是
文叙昔教顯實乃破同體權今謂纔開權時意已顯
實但約說次第開權言未顯實顯實方曉開權立言
垂範遂分二科故法明講主云言無並出語不頓施

殊有旨哉余慕法王之遺教學而時習之遂括古今之論以究權實之道雖不足品藻淵流庶亦無乖商搉編贈後賢願開佛慧

剎摩　此云土田瓔珞云土名賢聖所居之處天台釋維摩佛國云諸佛利物無量無邊今略爲四一染淨國凡聖共居二有餘國方便人住三果報國純法身居即因陀羅網無障礙土四常寂光即妙覺所居四土之名雖出智者四土之義本載經論今仲遺教略開七門

初憑文　二釋名　三辨義　四定體

五示相　六對身　七解惑
初憑文者維摩經云隨所化衆生而取佛土隨所調伏衆生而取佛土隨諸衆生應以何國入佛智慧隨諸衆生應以何國起菩薩根天台釋云若對四土宛然相似若别出者思益經云東方之國佛号日月光有菩薩梵天曰思益白佛我欲詣娑婆世界佛言便往汝應以十法游於彼土斯乃淨聖來游穢土又智論云穢土先施三乘後顯一乘娑婆是淨土先施三乘後顯一乘安養是二有餘土如法華云我於餘國作佛更有異名智論云有淨佛土出於三界乃無煩

惱之名於是國土佛所聞法華經三果報土如仁王云三賢十聖住果報唯佛一人居淨土四常寂光普賢觀云釋迦牟尼名毗盧遮那其佛所住名常寂光二釋名初曰染淨同居者染淨三種一迷悟分九界迷逆名染佛界順悟名淨如妙樂云相約隨緣緣有有染淨又不二門云法性之與無明徧造諸法名之爲染無明之與法性徧應衆緣号之爲淨二情理分不二門云故知刹那染體悉淨指要云今之染淨約情理說三九聖分淨名疏云六道鄙穢故名染三乘見眞故名淨三六共住染淨同居問不二門云一理

之內而分淨穢別則六穢四聖通則十通淨穢然此
染淨淨穢文心解云染淨從迷悟體用而言淨穢約
凡聖界如而辨今謂淨名染淨正約凡聖而分云何
淨覺却云淨穢約凡聖界如而辨又垂裕云染淨之
名約正淨穢之名約依二土凡聖共居通名染淨此
土砂礫充蒲別受穢名彼土金寶莊嚴別受淨号今
謂淨名疏云四趣共住名穢無四惡趣名淨此從正
報立依報名云何孤山却云染淨之名約正淨穢之
名約依當知染淨從凡聖之心以立名淨穢約依正
之境而標号問既從染淨立同居名還許亦從淨穢

立同居乎答染淨是通名淨穢是別号故垂裕云此方即染淨穢土安養即染淨淨土故知同居正從染淨而立若從通義如淨名中身子見穢梵王見淨乃是娑婆淨穢同居又婆沙云若人種善根疑則華不開信心清淨者華開即見佛此是安養淨穢同居雖通此義名非正立此染淨土亦名凡聖同居故淨名疏云染即是凡淨即是聖如疏文云凡聖各二凡居二者一惡衆生即四趣也二善衆生即人天也聖居二者一實二權實者四果及支佛通教六地別十住圓十信通惑雖斷報身猶在二權聖者方便有餘三

乘受徧眞法性身爲利有緣願生同居若實報及寂
光法身菩薩及妙覺佛爲利有緣應生同居皆是權
也此等聖人與九共住故名九聖同居二方便有餘
土言方便者如禪門云善巧修習故名方便此有三
義一眞中淨名疏云二乘三種菩薩證方便道之所
居也輔行云所以在方便者並屬空邊二眞似妙玄
云別圓似解未發眞修皆名作意三徧圓妙樂云並
以三教而爲方便雖通三義正從證眞立方便名言
有餘者觀經疏云無明未盡故曰有餘淨名疏云若
修二觀斷通惑盡恒沙別惑無明未斷捨分段身而

生界外受法性身即有變易所居之土名有餘國亦名果報如輔行云通有由因感果之報未入實報又云今文且說偏空偏假所感之報則不如初住巳上居果報土又名法性如智論云受法性身非分段生三果報土淨名疏云報身所居依報淨國名果報土輔行云言果報者從報果爲名亦号實報觀經疏云行眞實法感得勝報淨名疏云以觀實相發眞無漏所得果報故名爲實亦名妙報如輔行云唯有別圓初地初住獲妙果報又名勝妙報如止觀云違即二邊果報順即勝妙果報亦名無障礙觀經疏云色心

不相妨故曰無障礙淨名疏云一世界攝一切世界一切世界亦如是此名世界海亦名世界無盡藏四常寂光者觀經疏云常即法身寂即解脫光即般若此以不遷不變名常離有離無名寂照俗照眞名光亦名果報如文句云同居有餘自體皆是妙色妙心果報之處記云故知三土皆是證道色心報處寂光既徧遮那亦徧此以妙色妙心果報也問如輔行云今論感報不論寂光據此寂光豈名果報乎荅所云寂光非果報者三惑究盡業報都亡所以寂光身土亡泯雖無惑業之報而爲願行之果淨名疏云修於

圓教願行之因因極果滿道成妙覺居常寂光問如垂裕云中下寂光攝在果報不審四十一地生實報土云何得受寂光名邪荅淨名疏云前四十一地若約果報名生實報分見眞理名常寂光又彼記云約報論生是故有邊論於果報約所入邊則非果報但所入邊即是見眞名常寂光三辨義此約教門辨四土義復開五門初論體用寂光是體餘三屬用如釋籤云諸佛寂理神無方所所依寂境号常寂光是故沙石七珍隨生所感又輔行云常寂光土清淨法身無所莊嚴無能莊嚴爲衆生故而取三土二論事理

淨名跡云寂光是理餘三是事此乃對分事理若各分事理如淨名跡云諸土非垢寂光非淨畢竟無説此四俱理而説諸土爲垢寂光爲淨記云理論不當垢之與淨約事唯有寂光永淨三論能所荆溪記云但以寂光而爲所成即以三土而爲能成故所成唯一能成有三是則能所事別故也四論凡聖準雜編云十界對土有横有竪若竪對者同居六凡方便二乘實報菩薩寂光佛果（横悞爲竪）若横敵對同居有十凡聖同居故方便有四無六凡故實報有二無二乘故寂光唯一無菩薩故（竪悞爲横）五論淨穢淨名疏云諸土爲垢寂光

爲淨三惑覆蔽故爲垢三德究顯故爲淨此約四土對論若各分者觀經疏云五濁輕重同居淨穢妙宗釋云此淨甚通須知別意如戒善者四教九位皆悉能令五濁輕薄而圓觀輕濁感同居淨依正最淨如此經說地觀已去一一相狀比於餘經修衆善行感安養土其相天殊雜編乃云嘗觀鼓音之外六經土相其實是一縱有依報大小不同此蓋如來善權赴機隨時之義也良由凡夫心想羸劣未能觀大故方便示小爲發觀之境若生彼土所見俱大今難雲川既修偏行安獲勝果非獨彰行人之偶報抑亦顯

世尊之妄說因果不類徒虛語耳二體析巧拙有餘淨穢判正記云通人體色即空故巧藏人析色明空故拙妙宗云體觀感淨不專通人衍門三教對三藏拙俱明體法通但空體別次第體圓不次體三人生彼俱感淨相圓人最淨又往生記引輔行云次明體法依門修觀亦應具含三種四門三次第頓入實報淨穢判正云別人漸修次第三觀登地入實以之爲穢圓人頓修一心三觀登住入實以之爲淨妙宗云若論實證此土唯有圓聖所居別人初地證與圓同稱實感報有何優降今就教道十地不融致使感土

異於圓人雜編覆取謂偏成非次第頓入者即別圓所修巧拙二觀也實報淨穢者即地住所見融礙二相也良由別人久習次第雖回向圓修入地之時仍見一分染礙之色名之爲穢圓人始終唯修頓行入住之時但見此土融通之相號之爲淨往生記破約教道說則見神智自違輔行義學之者當思審矣四分證究竟寂光淨穢妙宗鈔云若就別人同證圓實論寂光者唯約眞因對圓極果而分淨穢今論教道詮於極果但斷無明一十二品寂光猶穢圓知須斷四十二品名究竟淨往生記云今約分滿相對故合

中下但名分證寂光猶穢妙覺上品眞常究滿方爲極淨請觀今文諸佛如來所游居處極爲淨土豈非分得究竟寂光正約圓家眞因極果對分淨穢四明云别教教道深不可也刋正記云由分證寂光方生實報今約分證猶帶無明無明故穢究竟無明已盡故淨雜編難云若尒則成穢屬實報淨屬寂光今謂無明分破證少分無相故穢無明全盡證究竟無相故淨四定體先達通以三道爲下三土當體之體引輔行云分段三道謂見思惑爲煩惱道煩惱潤業爲業道感界内生爲苦道方便三道謂塵沙惑爲煩惱道

以無漏業名爲業道變易生死名爲苦道實報三道謂無明惑爲煩惱道非漏非無漏業爲業道彼土變易名爲苦道通以三德爲所依體苦道即法身結業即解脫煩惱即菩提先師乃謂惑業是因苦道是果今之土體三世間中唯取苦道爲國土一千當體之體還以三德爲所依體故荆溪云既許法身徧一切處報應未嘗離於法身若寂光土觀經旣約四德釋名當以三德爲土當體理無所存徧在於事乃以三土爲所依體廣慈法師準妙樂云本有四德爲所依修德四德爲能依遂指修德三因爲當體性德三法

爲所依今謂妙樂因釋下方空中菩薩所以將身表
智以空表土故明身土今唯辨土安得兼身況將修
德以對理土乃彰能所義顛倒矣五示相此約教門
示四土相初示一異相娑婆安養垢淨相別故名異
方便有餘純清淨境故名一淨名疏云三乘同以無
言說道發眞無漏所感國土一往相同故言一也二
示融礙相方便雖是一相無明未破果報隔別淨名
疏云染淨有餘二種衆生見有障礙別圓地住分破
無明依正互融一多相即故名融也三示橫竪相舊釋
橫竪句義紛雜惑亂學者今分二義泠然易解初就

土自分如妙玄云若分別而言謂方便在三界外若分別而言謂實報在方便外例此分別謂寂光在實報外故淨名記問三土之外何殊太虛荅徧同理別言理別者法身即土離身無土離土無身但眞如實相非智非境說智說境非身非土說身說土約此分別義當竪矣若約相即如妙樂云豈離伽耶別求常寂非寂光外別有娑婆淨名記云橫解者如前所引法華經文秖於此土而覩上二故小被斥見淨不驚足指按地即其事也約此相即義屬橫焉若約相攝淨名記云既一土攝一切土故得此界徧攝下二準

此以勝攝劣土亦橫矣二與教對分妙樂記云橫論土體與教相當豎論約土用教多少然其豎論如止觀云若以四諦豎對諸土有增有減同居有四方便則三實報則二寂光但一輔行釋曰豎約設教對機機既增減不同致使教有差別四土對教優劣多少故名爲豎此則土相雖豎教乃橫說故淨名記云然約橫論同居具四餘三漸減同居機雜遂設四教方便但以大乘訓令修學理唯別圓蓋爲稟三藏者始生方便未習通門逗其爲知故學遂談通教以蕩執情實報約行證道同圓但約有餘用教之時教道化

機說別異圓具用二教方生實報寂光上品不須用教但被中下故有圓乘設教之相雖橫就土自分成豎若約相即同居橫具四土體相與四教旨論其相當三藏談於生滅乃與同居無常相當通教談乎幻化即空乃與方便證眞相當別教從事受名乃與實報感果相當圓教談乎性德乃與寂光理體相當橫辨四教無復優劣故名橫矣四亦有無相妙宗云經論中言寂光無相乃是已盡染礙之相非如太虛空無一物良由三惑究竟清淨則依正色心究竟明顯故大經云因滅是色獲得常色受想行識亦復如是

仁王稱爲法性五陰亦是法華世間相常大品色香
無非中道是則名爲究竟樂邦究竟金寶究竟華池
究竟瓊樹又復此就捨穢究盡取淨窮源故苦域等
判屬三郭樂邦金寶以爲寂光若就淨穢平等而談
則以究竟苦域泥沙而爲寂光此之二說但順悉檀無
不圓極又淨覺撰雜編云且常寂光者實三德之妙性
也離爲三法合成一性一尚無一豈有苦樂華胎之相
乎當知無相之言其語猶略具足須云無相不相所
謂無生死相不涅槃相強而名之稱曰實相今議二
師所論與而言之若依說示分別如普賢觀示寂光

土乃以四德釋三德法故祖師判寂光是理餘三是事約此就說分別淨覺乃合分別之義若約相即所依理無所存偏在於事故維摩跡問別有寂光土邪荅不然秖分段變易即常寂光四明乃合相即之義槩而言之分別但解三土之外別有寂光而迷寂光亦徧三土遂執寂光空空然誠不異乎太虛故吾無取焉然淨覺雜編難四明云今問此依正色心為體為用若言體者且妙玄明體用權實中云體即實相無有差別用即立一切法差降不同妙樂指淨緣為一切法豈非實體亦無淨相若言用者則依正色心 正是

下三土事何得認爲寂光之理邪今謂如指要云夫體用之名本相即之義故凡言諸法即理者全用即體方可言即輔行云即者尒雅云合也若依此釋仍似二物相合其理猶踈今以義求體不二故名爲即今謂全體之用方名不二故釋迦之王娑婆即毗盧之處常寂故文句云同居有餘自體皆是妙色妙心果報之處荊溪釋云寂光既徧遮那亦徧此皆事理相即之明文云何撥事別求理邪雜編又問他引妙經疏云常即常德寂即樂德光即我淨是爲四德秘密之藏妙樂云本有四德爲所依修德四德爲能依

能所並有能依之身依於能所所依之土二義齊等
方是毗盧遮那身土之相以此爲證寂光有相不亦
可乎荅此人但聞身土之名便作形相而解而不知
四德爲是何物又云須了遮那本無身土隨順世間
彊指妙覺極智爲身如如法界之理爲土若消妙樂
之文應云本有四德者理也修德四德者智也能所
並有能依之身所依之土者謂性德之理爲所依本
覺之智爲能依又修德之理爲所依始覺之智爲能
依修性雖殊詎存萬有之境始本雖二寧留五陰之
形故維摩䟽云法身即土離身無土離土無身今謂

此釋凡有二非一能所不辨妙樂因釋下方空中菩薩遂以菩薩之身以表能依之修德以虛空土以表所依之性德安得唯釋所表修性全棄能表身土乎二修性不即他以性德之理爲所依本覺之智爲能依修德之理爲所依始覺之智爲能依今謂本覺望修俱屬乎性修理望性俱屬於修依其所解則成以性泯性以修會修非修性之不二焉當云全性起修故所依之土即能依之身寂光是應身全修在性故能依之身即所依之土應身是寂光方顯身土之齊等乃見事理之無别矣又云若謂寂光無相便同偏眞

猶如太虛者斯由不知大小二理智非智別也如維摩跡云大乘法性即是眞寂智性不同二乘偏眞之理今問寂光法身既俱無相眞寂智性爲依何法既彰智性之無依顯非卓識之明鑒也雜編又云若據三身相即四土互具必須身身即三土土具四若然者法身寂土豈得無相耶通曰今爲子論四土互具之義若約事理相對論互具者寂具三土乃全體起用無相而相也三土具寂乃全用是體相即無相也今問全用是體可得無相全體起用應云有相那得一槩言無相耶雜編又云問若三相不可混同者何故

荆溪難云一一塵剎一切剎耶荅此指剎性徧收故云一切如金錍即狹徧義狹何以徧狹即性故又如芥容須彌芥何以容芥亦性故此文但見事即是理不見理即是事理不即事安得芥納須彌無傷樹木毛呑巨海不撓龍魚乎雜編又云若無依正之相斯則理無所具事無所存豈可法身便同灰滅荅小乘無相猶如太虛無生法之理大乘無相辟若明鏡具現像之性像由形對鏡匪自殊無謂鏡具像性便云性巳差別今謂若言但具於性不具於相觀音玄義安云千種性相冥伏在心又不二門云理即名字觀

行已有依正不二之相嗚呼雲川雖留意于山家但解修性之相依未達事理之融即違法示徒後嗣絕矣六對身淨名疏云前二是應即應佛所居良以王宮誕質鶴樹潛神現生滅相說三藏法化同居土名劣應身洎有餘國現法性身機興應興機息應息斯異娑婆通佛灰斷既非果報但名勝應第三亦報亦應即報佛所居以他受用稱實感報赴於地住菩薩大機故彼土佛亦名應也後一但是真淨非應非報法身所居此約土體橫對四佛若豎論土凡聖同居具現四身方便唯勝故無劣應其實報土無二乘人

唯別圓佛寂光無機獨妙法身　七解惑者或曰維
摩經云欲得淨土當淨其心隨其心淨即佛土淨心
如形聲土如影響秖須自淨其心何假別求淨土荅
初言心淨應辨理事一者性淨二者事淨且性淨者
大集經云一切衆生心性本淨心本淨故煩惱諸結
不能染著猶如虛空此則衆生國土同一法性地獄
天宮俱爲淨土二事淨者性雖本淨心乃忽迷一念
不覺二障亽翳當修三觀以破三惑故仁王曰三賢
十聖住果報唯佛一人居淨土登妙覺果方究竟淨
最下凡夫愼勿叨濫次云土淨須曉難易婆沙論云

於此世界修道有二一者難行在於五濁惡世於無量佛時求阿鞞跋致甚難可得此難無數塵沙說不可盡（十疑論明五種難事）二易行道謂信佛語教念佛三昧願生淨土乘阿彌陁佛願力攝持決定往生名易行道此七義門辨諸佛土縱數逾地塵皆理同鏡象舒雖萬化横陳卷實一法不立編至此時六十四歲幸目未昏得書小字絕筆自慶遂述頌曰

梵語星分難徧求　列篇舉要會群流

惣持三藏如觀掌　顒望後賢爲續周